DROEMER

Über den Autor:

Prof. Dr. Thomas Klie ist Professor für öffentliches Recht und Verwaltungswissenschaft an der Evangelischen Hochschule Freiburg und Privatdozent für Gerontologie an der Alpen-Adria-Universität Klagenfurt. Er leitet das Forschungsinstitut AGP Sozialforschung in Freiburg sowie das Zentrum für zivilgesellschaftliche Entwicklung in Freiburg und Berlin. Er war Mitglied der 6. und 7. Altenberichtskommission und Vorsitzender der 2. Engagementberichtskommission der Bundesregierung. Er arbeitet nebenberuflich als Rechtsanwalt in Freiburg und Berlin und lebt in Tutzing.

THOMAS KLIE

WEN KÜMMERN DIE ALTEN?

**Auf dem Weg in eine
sorgende Gesellschaft**

Besuchen Sie uns im Internet:
www.droemer.de

Erweiterte und aktualisierte Taschenbuchausgabe
Oktober 2019
© 2019 Droemer Verlag
Ein Imprint der Verlagsgruppe
Droemer Knaur GmbH & Co. KG, München
Alle Rechte vorbehalten. Das Werk darf – auch teilweise –
nur mit Genehmigung des Verlags wiedergegeben werden.
Die Erstausgabe erschien 2014 unter dem Titel
»Wen kümmern die Alten?« bei Pattloch Verlag
© 2014 Pattloch Verlag
Ein Imprint der Verlagsgruppe
Droemer Knaur GmbH & Co. KG, München
Dieses Werk wurde vermittelt durch
Aenne Glienke / Agentur für Autoren und Verlage,
www.aenneglienkeagentur. de
Covergestaltung: ZERO Werbeagentur, München
Satz: Adobe InDesign im Verlag
Druck und Bindung: GGP Media GmbH, Pößneck
ISBN 978-3-426-30231-6

5 4 3 2 1

INHALT

Eine Einführung

D ie Idee der Kindheit ist eine der großen Erfindungen der Renaissance, »vielleicht ihre menschlichste«, formulierte Neil Postman (Postman 1992). Erst im 19. Jahrhundert wurde sie zur gesellschaftlich ausgestalteten eigenen Lebensphase, vor allem weil junge Menschen nicht mehr als »kleine Erwachsene« gesehen wurden und ihnen Raum zur Entwicklung und Entfaltung ihrer Persönlichkeit gegeben wurde.

Im 21. Jahrhundert haben wir die Chance und sind wir herausgefordert, der historisch noch jüngeren Lebensphase Alter – die von Erwerbsarbeit befreit ist – eigenständig Gestalt zu geben. Vielleicht auch mit dem Ziel, die Idee und die Wirklichkeit des Alters als menschenfreundliche Aufgabe des beginnenden dritten Jahrtausends zu begreifen!

Wir sind auf dem Weg in eine Gesellschaft des langen Lebens. Wir empfinden es als Geschenk, unser Alter leben zu können. Noch nie ging es einer Generation Älterer so gut wie der heutigen. »Hauptsache, gesund, alles andere kannst du vergessen«, lässt Peter Gaymann zwei alte Männer an einem Kneipentisch im DEMENSCH-Kalender sagen, mit dem wir beide zu einem menschenfreundlichen Humor im Umgang mit Demenz einladen. Dieser Wunsch ist längst kein frommer mehr: Die meisten älteren Menschen erfreuen sich vergleichsweise guter Gesundheit. Die Gesundheits- und Anti-Aging-

Industrie kümmert sich um sie. Fitnesscenter für die Älteren sprießen aus dem Boden, und es ist gut so, dass sich die ältere Generation um ihre körperliche und geistige Aktivität bemüht – solange nicht alle Gedanken um die eigene Gesundheit kreisen. Auch das Engagement für andere, ob in Familie, Freundeskreis oder politisch, kulturell, sozial, hält gesund, psychisch und physisch. Noch nie haben sich so viele ältere Menschen engagiert wie heute. Dennoch lässt sich nicht leugnen: Das Geschenk des langen Lebens wird für viele mit zunehmendem Alter von gesundheitlichen Einschränkungen und chronischen Beschwerden geprägt. Die Biologie ist keine Freundin des Alters. Das Alter und das Älterwerden lehren uns, dass wir unsere Vorstellungen von Gesundheit ändern müssen. Für Hans-Martin Rieger ist Gesundheit die Kraft und Fähigkeit zum Menschsein in Krankheit (Rieger: 2013). An einer Vorstellung von Gesundheit, wie sie von der Weltgesundheitsorganisation (WHO) formuliert wurde, kann man im Alter nur scheitern: »... ein Zustand des vollständigen körperlichen, geistigen und sozialen Wohlergehens und nicht nur das Fehlen von Krankheit oder Gebrechen« (WHO 1946). Viele Menschen haben die Kraft zum Menschsein auch angesichts mancher Krankheiten und gesundheitlicher Ärgernisse. Sie meistern ihr Alter. Es bleibt aber für viele die Furcht vor einem Alter, das begleitet wird von Demenz und Pflegebedürftigkeit und unter Rahmenbedingungen gestellt ist, die die Kraft zum Menschsein nehmen.

Wird für mich gesorgt sein, wenn ich Hilfe benötige? Und dies unter menschenwürdigen Bedingungen? Diese Fragen wissen viele Bundesbürger nicht zu beantworten. Und dann kommen die Bilder des Schreckens: Dieter Hallervorden mag sich nicht vorstellen, in ein Pflegeheim zu ziehen, und lässt in seinem Film »Sein letztes Rennen« Paul, den ehemaligen Marathonläufer, vor seiner Depression im Alter »weglaufen«. Was aber, wenn man nicht mehr weglaufen kann?

Es gibt die Geschichten der Vernachlässigung älterer Menschen. Gestern und heute. Ich erinnere mich noch an eine Nachbarin in meiner Kindheit. Ihr Mann hatte mir als Zehnjährigem seine Geige vermacht. Die Nachbarin wurde immer »tüddeliger« und verwirrter (Alzheimer und Demenz waren damals noch nicht die üblichen »Diagnosen«) und lebte über Jahre in einem abgedunkelten Raum, eingeschlossen und vor der Nachbarschaft mehr oder weniger versteckt. Dreißig Prozent der zu Hause versorgten Menschen mit Demenz sind heute von abgeschlossenen Haustüren und von Fixierungen betroffen. Nicht nur in Deutschland. Da ist zum Beispiel Dimitri, der Automechaniker in dem griechischen Dorf, das zu einer Art zweiter Heimat für mich geworden ist. Es waren seinerzeit gerade die alten Menschen, die mich bei meinen Reisen durch Griechenland faszinierten – mit ihrer Ausdrucksstärke, mit ihrer Präsenz im öffentlichen Raum, ihrer Ruhe und Gelassenheit. Nun sehe ich, wie Dimitri, der früher unsere Autos reparierte, kaum beachtet in seinem kleinen Haus lebt und in seinem »Dreck« verkümmert. Die Vernachlässigung kann so nah, in unserem Lebensumfeld geschehen. Der Bericht über kollektive Vernachlässigung in Heimen, aber auch im eigenen Zuhause füllen immer wieder die Gazetten, und sie sind nicht erfunden. Wir alle kennen die vielfältigen Formen gesellschaftlicher Vernachlässigung und Ausgrenzung alter Menschen. Die wenigsten Staaten der Welt haben eine staatlich garantierte Alterssicherung. So wird von den Vereinten Nationen eine Charta der Rechte alter Menschen gefordert, in der das, was in Deutschland selbstverständlich erscheint, für alle alten Menschen zum Ziel erklärt wird: eine Grundsicherung im Alter, Schutz vor Misshandlung und Gewalt sowie gesellschaftliche Teilhabe. Es ist aber vor allem eine kulturelle Herausforderung, die Würde verletzlicher und gebrechlicher alter Menschen zu wahren. Schon die Zehn Gebote im Alten Testament fordern die Achtung der Alten und etablieren eine Moral, die die Schutzbedürftigkeit alter Menschen reflektiert. In anderen Kulturkreisen treffen wir auf vergleichbare Forderungen. Die Achtung vor dem Alter ist auch in China ein Thema. Konfuzius hat in vielen »Belehrungen« die Kinder dazu aufgefordert, ihre Eltern immerfort zu ehren. Die Ehrfurcht vor dem Alter gilt als wichtige Grundlage aller Moral und eines funktionierenden Staatswesens. In dieser Tradition wurde im Jahre 2013 ein Gesetz verabschiedet, das dem »Schutz der Rechte der älteren Menschen« dient. Kinder und Enkel werden darin verpflichtet, ihre Eltern häufig zu besuchen und nach ihnen zu schauen. Ein erstes Gerichtsurteil zwingt eine Tochter, ihre Mutter mindestens alle zwei Monate zu besuchen. Nun mag man daran zweifeln, dass man Elternliebe gesetzlich verordnen kann. Alle Regelungen zur Achtung der Älteren verweisen aber darauf, dass die Ambivalenzen der Gesellschaft gegenüber den alten Menschen zeitlos und universell sind. In einer Gesellschaft des langen Lebens, angesichts der großen Zahl älterer Menschen und der zunehmenden Zahl von auf Hilfe Angewiesenen stellt die Achtung vor alten Menschen eine besondere Herausforderung und Leistung dar. Und dies in mehrfacher Hinsicht: politisch, fiskalisch, fachlich und kulturell.

Weltweit wurde das Leitbild des aktiven Alters ausgegeben. Die produktiven und kreativen Seiten des Alters werden zum Glück erkannt und auch von vielen Bürgerinnen und Bürgern angenommen. Wir alle können einen wichtigen Beitrag dazu leisten, dass sich die Altersbilder in der Gesellschaft ändern und wir differenzierter über das Älterwerden und das Altsein miteinander im Gespräch sind. Differenzierte Altersbilder tragen dazu bei, dass wir die Potenziale des Alters erkennen und nutzen, wo immer möglich.

Unser Wissen über das Alter widerlegt viele Vorurteile und Stereotypen: von wegen »altes Eisen«, von wegen nicht mehr dazulernen können. Es gilt, den weitverbreiteten Bildern vom (passiven) Ruhestand, vom »Pflegefall«, von der »Alterslast« entgegenzutreten. Es bleibt aber die Frage der »Sorge«: »Who cares?« Sie gehört auf die politische Agenda. Wer kümmert sich um die alten Menschen, die allein nicht zurechtkommen, wenn sie krank sind, die zu vereinsamen drohen, die Hilfe benötigen? In unserer an Leistung orientierten Gesellschaft, die von uns eine hohe Flexibilität in der Lebensführung und im Lebenslauf verlangt, ist es nicht einfach, die Sorge für Menschen, die verletzlich sind, zu gestalten und sicherzustellen.

Die Sorge und Pflege für alte Menschen ist – in der heutigen Dimension – geschichtlich betrachtet neu. Betrug Ende des 19. und Anfang des 20. Jahrhunderts die Zeit der Pflege von Angehörigen in der Regel einige Wochen oder maximal Monate, so sind es heute im Schnitt sieben Jahre. Partner und Familien stellen sich dieser Aufgabe. Der Staat setzt auf sie. Die Pflegeversicherung flankiert die häusliche Pflege mit ihren Leistungen und finanziert die Heime – in die kaum einer will.

Dieses Buch lädt ein, die individuellen und kollektiven Gestaltungsaufgaben, die mit dem Altern und dem Alter in seinen verschiedenen Ausprägungen verbunden sind, in den Blick zu nehmen. Es setzt sich kritisch mit unseren Vorstellungen von Pflegebedürftigkeit und Demenz auseinander und fordert auf, den Gefahren einer zunehmenden Ökonomisierung der Pflege ins Auge zu sehen; es dechiffriert die über-

bordenden Kontrollen in Heimen und die erst in 2019 abge-
schafften »Pflegenoten« als untauglichen Weg einer »Fast
Food«-Qualitätssicherung. Es bietet an, sich dem Thema Demenz als einer Ausdrucksform des vulnerablen Alters und
eines Wegs aus dem Leben zu öffnen. Es problematisiert die
Patientenverfügungen und die gesundheitliche Versorgungsplanung sowie die Sterbehilfediskussion aus der Sicht von
Palliative Care. Es prüft, wie das Subsidiaritätsprinzip als
Grundlage für eine faire und nachhaltige soziale Ordnung
taugt, und versucht, das Leitbild der Caring Community, der
»sorgenden Gemeinschaft«, mit Konturen und Inhalt zu ver-
sehen. Viele Beispiele werden angeboten, die Mut machen,
sich den Gestaltungsaufgaben des Alters zu widmen.

Es ist eine Innovationskultur gefragt, wenn wir eine Gesellschaft des langen Lebens menschenfreundlich gestalten wollen, jenseits von traditioneller Familienpflege und Heimen.
    Am Ende steht ein aktualisierter Politikentwurf, der Fami-
lien-, Gesundheits-, Teilhabe- und Pflegepolitik miteinander
verbindet, Kommunen eine zentrale Rolle zuweist und ein
neues Finanzierungsmodell als Grundlage kennt. Denn –
auch nach zahlreichen »Pflegestärkungsgesetzen« und der
»Konzertierten Aktion Pflege« – »weiter so« geht nicht: Wir
brauchen eine neue und zum Teil grundlegend andere »Sorgepolitik« in Deutschland. Das Thema Alter und Pflege ist und
bleibt im Souterrain der Politik. Die Pflegepolitik ist zwar zu
einem neuen Profilierungsfeld der Parteien avanciert, bleibt
aber – trotz aktuellem pflegepolitischen Aktivismus – ein
Stiefkind der Gesundheitspolitik und tief in die Ambivalenzen der Gesellschaft und der Politik gegenüber dem Thema
Alter verstrickt. Die Pflegekassen fristen ihr Dasein neben
den dominanten Krankenversicherungen. Kaum jemanden

schert es, wenn die Pflegepolitik in der Praxis nicht verfängt, Reformen nicht umgesetzt werden, notwendige Infrastrukturen vor Ort nicht verfügbar sind und dabei vulnerable alte Menschen auf der Strecke bleiben.

Die Politikempfehlungen und der vorgestellte Politikentwurf münden nicht in vereinfachenden Lösungen, nach dem Motto: »Mehr Geld ins System, dann ist alles in Ordnung.« Die Frage, wie wir für unser Alter und unsere Alten zukünftig sorgen, ist komplizierter und interessanter. Sie gilt uns, jedem Einzelnen von uns, jeder Familie, den Nachbarschaften, den Vereinen und Kirchengemeinden. In jedem Dorf und jeder Stadt stellt sie sich anders – nach Größe, Kultur, demografischer Perspektive. Wohlfahrtsverbände und Professionelle müssen umdenken und Ministerien und Behörden zu Ermöglichungsinstanzen werden. »Who cares«, das ist unser aller Thema – wie der Klimawandel, den die Jugend mit ihren Aktionen »Fridays for Future« in seiner Dringlichkeit und seiner Dramatik aufgreift, und es ist selbstverständlich ein Thema für die Politik, die in der Verantwortung steht, dass überall in Deutschland Bedingungen für ein gutes Leben im Alter und unter Bedingungen von Pflegebedürftigkeit geschaffen werden. Das ist bis heute keinesfalls gewährleistet. Alter und Pflege sind ein soziales und ein Schicksal, das davon abhängt, an welchem Ort ich lebe. Voraussetzungen müssen geschaffen und eingefordert werden, damit wir uns in guter Weise um das Alter und die Alten kümmern, auf notwendige Unterstützung setzen, Menschenrechte wahren und in fairer Weise Sorgeaufgaben zwischen Familien, Staat, Professionellen, Zivilgesellschaft und Institutionen teilen können.

Die Duldsamkeit vieler alter Menschen scheint unbegrenzt: derer, die Sorge für andere tragen, und derer, die der Sorge bedürfen. Sie alle verdienen unsere anteilnehmende Aufmerksamkeit und Empörungsbereitschaft. Beides sind Voraussetzungen, um das Thema Pflege und Sorge, das kein Gewinnerthema ist, in die Mitte der Gesellschaft zu tragen und nicht Talkshows, Lobbyisten und Kostenträgern zu überlassen. Es gilt, eine Politik der Sorge und Pflege konsequent vom Menschen her zu denken und zu gestalten. Dann mag es gelingen, auch in der modernen Gesellschaft etwas von der Zuversicht im Diesseits zurückzugewinnen, dass wir die Kraft zum Menschsein bewahren können und für uns gesorgt sein wird, wenn wir es ohne Hilfe nicht mehr schaffen, unser Leben eigenständig zu gestalten.

Thomas Klie
Tutzing / Freiburg / Berlin, im Mai 2019

1

»Wenn ich alt bin, werde ich Lila tragen und einen roten Hut …«

SPÄTE FREIHEITEN UND VERLETZLICHKEITEN

»Aktiv im Alter«, das ist das Leitbild für einen gelingenden Lebensabend. Wir lernen die produktiven Seiten des Alters kennen und schätzen. Gleichwohl: Die Biologie ist keine Freundin des Alters. Wo finden wir Orientierungen für das Älterwerden, die auf die Freiheiten und Verletzlichkeiten des Alters Rücksicht nehmen und die Sorge füreinander einbeziehen?

Wenn ich alt bin, werde ich Lila tragen und einen roten Hut …«: Seit den 1980ern steht der Anfang des Gedichts von Jenny Joseph für eine neue Generation älter werdender Menschen, die sich nicht zurückziehen und den Ruhestand genießen wollen: Der »Unruhestand« ist das Leitbild für die »neuen Alten«. Es gehe darum, nicht dem Leben Jahre, sondern den Jahren Leben zu geben, verkündete einst Ursula Lehr, die erste und bislang einzige Gerontologin im Amt der Familienministerin. Von wegen Alterslast – heute gilt es, die Lust am Alter zu entdecken. Eine ähnliche Sicht auf das Alter brachte 1983 auch der österreichische Soziologe Leopold Rosenmayr in seinem biografisch inspirierten Buch »Die späte Freiheit« zum Ausdruck. Der Titel ist mittlerweile für viele ältere Menschen zum Programm geworden. Schon Bertolt Brecht hat in seinem Werk »Die unwürdige Greisin« die Geschichte einer alten Frau beschrieben, die ein neues Leben nach dem Tod ihres Mannes beginnt. Sie bricht mit Konventionen, die ein gesittetes Alter fordern, und beginnt, sich bescheidene Freuden selbstbewusst zu gönnen: ein Glas Rotwein, eine Bekanntschaft, kleine Entdeckungen. Ihre Kinder wollen ihr diese nicht zugestehen, zweifeln sogar ihre geistige Gesundheit an.

Mein frühes »Vorbild« in dieser Hinsicht ist Dorothee Hummel, eine blinde alte Frau, die ich in Hamburg als Schüler über Jahre hinweg besuchte und zu der ich eine ungleiche Freundschaft pflegte. Sie führte eine moderat glückliche Ehe und entdeckte nach dem Tod ihres Ehemannes in einem Heim auf ihre Weise eine kleine späte Freiheit: Sie verliebte sich mit Mitte achtzig – still und ohne Reue. »Wenn dat min Oller weeten wöör, wie goot mi dat hier baben geiht, der wöör sich bannig umkieken.«[*]

Unsere Sicht auf das Alter ist befreit von Bildern vom Sofa, vom umsorgten Alten. Wir leben heute in einer bunten Altersgesellschaft, in der jede und jeder aufgefordert ist, (auch) aus seinem Alter etwas zu machen: »Sie können mehr Spuren hinterlassen als nur eine Kuhle im Sofa.« Aus der sogenannten Altenfürsorge und Altenhilfe wurden Förderprogramme für aktives Altern. Die Älteren werden als zahlungskräftige und unternehmungslustige Konsumenten umworben. Die Wirtschaftskraft alter Menschen verspricht Binnennachfrage im demografischen Wandel. Alte Menschen bilden die größte Gruppe unter den Kreuzschiff-Reisenden, sie bauen ihre Wohnung um, schaffen kleine Wellness-Inseln in ihren bis dato spröden Badezimmern, kaufen Neuwagen, studieren an

---

[*] Plattdeutsch: Wenn mein Alter sehen würde, wie gut es mir hier oben auf der Erde geht, würde er sich im Grabe umdrehen.

den Hochschulen, engagieren sich und fordern politische Einflussnahme. Aus den Pionieren der 1980er-Jahre, denjenigen mit dem lila Kleid und dem dazu so gar nicht passenden roten Hut, und den Nonkonformisten des Alters wurden die »Silver Ages«.

»Der Ruhestand kommt später«, überschrieb der Kommunikationsexperte und Publizist Henning von Vieregge sein 2012 erschienenes Buch, in dem er zeigt, wie Manager eine dritte oder vierte Karriere im Alter beginnen können: etwa als Berater oder Mentoren. Alter muss nicht Untätigkeit bedeuten. Der Arbeitsmarkt hat für Ältere immer noch etwas zu bieten. Zivilgesellschaftliche Aktionsformen eröffnen Chancen für neue, sinnstiftende Aufgaben. Auch sind Führungskräfte in der Zivilgesellschaft gefragt, um gemeinsam und generationsübergreifend Gestaltungsaufgaben in einer Gesellschaft des demografischen Wandels zu übernehmen: als Jobcoach, als Pate für Kinder aus bildungsbenachteiligten Milieus, als Seniorpartner in School, als Hospizhelfer oder Patientenbegleiter. Die Wirtschaftskraft Älterer wird geschätzt, ihre Kompetenzen werden beschworen, das Leitbild der Produktivität wird ausgerufen. Als bürgerschaftlich Engagierte sind sie umworben.

Es sind nicht wenige, die diesen neuen Leitbildern des Alters folgen. Die Generali-Altersstudie 2013 machte deutlich, dass knapp 60 Prozent der Älteren angaben, mit ihrem Leben sehr zufrieden zu sein. Das gilt auch für die Hochbetagten, jedoch nicht für alle Älteren. Das Fazit der Studie: Je besser Einkommen, Bildung und Gesundheit sind, je höher der Lebensstandard ist, desto ausgeprägter ist auch die Zufriedenheit.

Alter bedeutet auch nicht farbloses Grau: Jenny Josephs lyrisches Ich will den roten Hut aufsetzen, andere greifen zu

Make-up oder gehen zum »Falten-Rock«-Tanz. Wie die Generali-Altersstudie errechnete, tragen knapp 50 Prozent der Frauen im Alter zwischen 65 und 74 Jahren regelmäßig Lippenstift, vor 30 Jahren war es nicht einmal ein Viertel. Man ist unterwegs, pflegt Kontakte und übt Solidarität mit den Jüngeren: 9,7 Milliarden Euro jährlich werden laut Statistischem Bundesamt von den 65- bis 85-Jährigen an ihre Kinder gezahlt, doppelt so viel wie für die Grundsicherung im Alter im Jahr 2011.

Sich nach Familienphase und Beruf noch einmal ganz neu zu (er)finden, eine neue Heimat zu finden, befriedigende Formen des Lebens und der Gemeinschaft zu entdecken, neue Wohnformen auszuprobieren – das spricht viele älter werdende Menschen an, das trauen sich immer mehr Menschen zu. Vor allem das Interesse an gemeinschaftlichem Wohnen im Alter hat zugenommen.

Mehrgenerationenhäuser und andere Formen des Austausches und der Begegnung fördern das Zusammenleben von Jung und Alt, von Behinderten und Nicht-Behinderten. Diese Lebens- und Wohnformen sind ansprechend und resonanzfähig und machen Lust auf das Alter. Auf die Suche nach neuen Wohn- und Lebensformen machen sich vor allem Frauen, die im Alter häufig allein leben, da Männer durchschnittlich sieben Jahre früher sterben.

Gleichwohl: Die Gestaltungschancen eines produktiven und aktiven Alters sind in der Gesellschaft ungleich verteilt. Wir werden im Alter verschiedener. Die sozialen Unterschiede und die Benachteiligungen im Lebenslauf kumulieren sich im Alter: Wer über einen geringen Verdienst verfügte, wird eine noch geringere Rente erhalten, wer schlechtere Bildungschancen hatte, ist im Alter in der Regel auch weniger gesund. Heute generell von Altersarmut zu sprechen, geht indes völlig an der Realität vorbei. Es sind etwa 444 000 alte Menschen, die die Grundsicherung erhalten. Heute gilt: Es gab noch nie eine Generation älterer Menschen, der es ökonomisch, gesundheitlich und in Bezug auf die subjektive Lebenszufriedenheit so gut ging wie der gegenwärtigen Generation der älteren Menschen. Es ist nicht zu erwarten, dass sich das in Zukunft noch einmal wiederholen wird, da die materiellen Bedingungen sich deutlich verschlechtern werden und Altersarmut wieder viele – vor allem Frauen – treffen wird.

In dieser goldenen Zeit des Alters ändern sich auch die Bilder vom Alter. Wir nehmen uns als älter werdende Menschen anders wahr als früher. Ältere fühlen sich subjektiv jünger, als sie sind. Zudem ändern sich die Vorstellungen davon, was als gutes Leben im Alter gilt.

Auf einer Fahrt mit der Bahn nach Bayreuth konnte ich die Neujustierung des Alters mit ihren Ausprägungen studieren: Zwei ältere Herren, jeweils alleinstehend, waren unterwegs, um das Wochenende aktiv zu gestalten, kostengünstig mit dem Bayernticket, für einen geringen Aufpreis in der ersten Klasse. Sie tauschten sich aus über das, was man tun und lassen sollte, um erfolgreich zu altern: aktiv bleiben, den Kontakt mit anderen Menschen suchen – so wie sie es auch in der Bahn taten. Sich bewegen, »damit man nicht steif wird«, geistig wach bleiben, sich für die Zeit interessieren und immer etwas Neues lernen, etwas, womit man sich ein Leben lang noch nicht befasst hat. Das gehe häufig einfacher, als etwas zu verändern, das man bereits gelernt hat. Richtig, kann man da nur beipflichten.

Der Schweizer Gerontologe Urs Kalbermatten hat früh begonnen, seine Vorstellungen vom »Lernen im Alter« in die Praxis umzusetzen: Es geht nicht darum, die Einschränkungen des Alters auszugleichen, sondern die Lebensphase »Alter« als eigenständigen Teil der Biografie zu gestalten. So interessiert und beschäftigt sich Kalbermatten mit Blick auf die nachberufliche Lebensphase mit für ihn ganz neuen Dingen und Themen: Vogelarten, Orchideen. »Der Mensch versteht sich nicht als ein Abgeschlossener, sondern Werdender«, zitiert er Heraklit und lädt ein, im Alter zu neuen Ufern aufzubrechen (vgl. Kalbermatten 2012). Dem schließt sich auch die Evangelische Kirche in Deutschland (EKD) an: »Im Alter neu werden können« heißt die Orientierungshilfe, die sie 2010 präsentierte.

So oder so – ob bezogen auf alte oder neue Fähigkeiten und Kompetenzen – lernen ältere Menschen die aktiven und produktiven Seiten des Alters kennen. Das ist in vielerlei Hinsicht gut so. Denn die hinter den gesetzlichen Regelungen zum Ruhestand stehenden Vorstellungen tragen Diskriminierendes in sich. Ältere Menschen werden faktisch mit einem Arbeitsverbot belegt. So zumindest erleben es viele. Andere können den Ruhestand nicht erwarten. Die Zahl derer, die länger arbeiten als früher, und die Zahl derer, die länger arbeiten möchten, steigt (vgl. Nowossadeck/Vogel 2013).

Warum muss es überhaupt Altersgrenzen geben, fragte sich die sechste Altenberichtskommission. Kann man nicht flexibler mit der Gestaltung des Lebenslaufes umgehen, ein oder zwei Sabbatjahre einlegen und dafür länger arbeiten? Dass ein flexiblerer Umgang mit Altersgrenzen möglich ist, zeigt ein Blick ins Ausland. In Dänemark ist die Regelaltersgrenze inzwischen auf 74 Jahre angehoben worden. Und in Japan, wo eine Mehrheit nach Erreichen der gesetzlichen Altersgrenze weiterarbeitet, ist es selbstverständlich, dass ältere Menschen ihre Rente durch Rentnerjobs aufbessern. Sie arbeiten aber auch, um ihrem Alltag Struktur zu geben. Es gibt Gesellschaften, etwa die der *Cum* im südafrikanischen Buschland, die die

Kategorie Alter nicht kennen, da die Menschen so vollständig in Familien- und Verwandtschaftsstrukturen eingebunden sind, dass es auf das Alter, gemessen in Jahren, nicht ankommt.

Wir »fröhlichen Gerontologen« (Zimmermann 2012, S. 80) sollten aber auch mit einer gewissen Skepsis dem Lobgesang auf das aktive Alter entgegentreten und darüber nachdenken, inwieweit die Leitbilder des »Active Aging«, die inzwischen weltweit gelten, tatsächlich für ein gutes Leben bürgen. Die ständige Betonung der Potenziale des Alters kann auch als unterwerfende Macht und Bürde empfunden werden. Die Älteren sind aufgefordert, sich stets aktiv, produktiv und erfolgreich auf die Herausforderungen des modernen Lebens einzustellen. Auch im Alter noch erfolgreich sein müssen? Was ist mit denen, die dazu nicht in der Lage sind, deren Lebenssituation es schwer oder gar nicht zulässt, Potenziale zu nutzen, oder deren Handlungsspielräume aus finanziellen, aus familiären oder gesundheitlichen Gründen geringer sind? Muss ich mein Leben bis ins hohe Alter aktiv führen? Was geschieht mit all denjenigen, denen es an solcher Leistungsfähigkeit mangelt?

In der Forderung bzw. im Vorschlag des populären Philosophen Richard David Precht, ein Pflichtjahr für Senioren einzuführen (Precht 2012), wird deutlich, wie sehr das Alter durch Appelle, sich aktiv und nützlich zu verhalten, belagert wird. Späte Freiheit heißt eben auch, wie Bertolt Brecht es ausgeführt hat und wie es im anarchisch anmutenden Gedicht von Jenny Joseph zum Ausdruck kommt, das Leben im Alter nicht (allein) in einen Nützlichkeitsbezug stellen zu müssen. Auch das ist ein Aspekt der späten Freiheit: eigensinnig und weltfern leben zu dürfen.

Es ist ein verkürzter und oberflächlicher Blick auf das Alter, wenn nur das als ein gutes Leben im Alter gilt, was erfolgreich, produktiv und aktiv ist. Es gibt auch einen anderen Modus der Aktivität, der sich nicht im Reisen, im Engagement, in der geistigen Vitalität messen lässt. Das gilt insbesondere für das hohe Alter, in dem die verletzlichen Seiten des Lebens immer deutlicher werden. Das Leitbild des produktiven Alters steht in der Gefahr, die ökonomischen Kategorien von Erfolg und Scheitern allzu sehr zu betonen. Was ist das Alter wert, wenn es nicht mehr erfolgreich ist, wenn es »unproduktiv« wird und ökonomische Ressourcen bindet? Dann sind wir bei der »Alterslast«, beim »Rentnerberg« und beim »Pflegefall Deutschland«. Schon lange wird die Problematik eines ambivalenten Altersbildes beschworen (vgl. Zeman 1997): hier die jungen Alten, dort die alten Alten, hier das dritte, dort das vierte Lebensalter, hier die Produktiven, dort die Unproduktiven. Ein solches Gegenüber ist gefährlich, da es in einem weiteren Sinne die konstruktive Auseinandersetzung mit der Vielgestaltigkeit des Alters behindert.

Andreas Kruse betont die Entwicklungsaufgaben im hohen Alter und erschließt damit ein tieferes Verständnis von Alter und Altwerden, das in der Lage ist, das Gegenüber von positiven und negativen Altersbildern in ihren Wirkungen zu überwinden (vgl. Kruse 2018). Nur wenn wir das schaffen, gelingen uns individuell und kulturell ein wertschätzender Umgang mit dem hohen Alter und ein Reifungsprozess beim Älterwerden. Wir müssen bei aller Freude über die gewonnenen Lebensjahre zur Kenntnis nehmen, dass unsere genetische Disposition es uns nicht leicht macht mit dem Alter, insbesondere mit dem hohen Alter. Paul B. Baltes hat die drei Prinzipien der Unvollendetheit der individuellen lebenslangen Entwicklung eines Menschen so beschrieben: Der genetische Evolutionsvorteil wird im Lebenslauf geringer, der

Bedarf an Kultur nimmt zu, und die Effektivität von Kultur nimmt ab (vgl. Baltes 1999).

Auch wenn ein heute 75-Jähriger in seinem biologischen Alter und seiner Fitness einem 65-Jährigen vor 30 Jahren entspricht, bleibt es dabei, dass die biologischen Umbauprozesse, die mit dem Alterungsprozess verbunden sind, unsere Fähigkeiten in sensorischer, in kognitiver und in körperlicher Hinsicht beeinträchtigen. Auch wenn die Biologen inzwischen die Alterungsprozesse entziffern können, von der Unsterblichkeit und dem Alter eines Methusalem bleiben wir weit entfernt. Daran ändern auch die Biologen und Anti-Aging-Protagonisten nichts, die eine Lebenserwartung von 120 bis 150 Jahren versprechen. Zwar steigt die Lebenserwartung in Deutschland jedes Jahr um drei Monate. Doch die Auswirkungen des Alters auf die Fitness des Organismus bleiben davon weithin unberührt. Wir müssen lernen, mit der biologischen Uhr in uns zu leben und mit veränderten Fähigkeiten und neuen Interessen und Themen das Altern zu lernen. Das gelingt vielen Menschen in guter Weise und hat etwas mit Lebenskunst zu tun. Ein von mir sehr geschätzter Kollege, Konrad Maier, liebte das Wandern in den Alpen und entdeckte notgedrungen aufgrund einer Herzerkrankung die nordfriesischen Inseln. Letztere gewährten ihm einen größeren Radius an Mobilität und bescherten ihm im Alter neue Naturerfahrungen. Die bewusste Entscheidung, sich für neue Dinge zu interessieren, eröffnet neue Erfahrungen und Lernfelder.

Es geht aber nicht nur um die Kompensation unserer eingeschränkten körperlichen Leistungsfähigkeit, auch die emotionale Dimension des Lebens, die in uns Menschen evolutionsbiologisch im Alter angelegt ist, nimmt zu. Emotionales Wohlbefinden wird für viele Menschen im Alter wichtiger als das Erreichen bestimmter Ziele. Auch das Bedürfnis, sich für das Wohlergehen anderer Menschen einzusetzen, gewinnt an Bedeutung und gleicht die begrenzte Selbstentfaltung aus, die in anderen Bereichen des Lebens spürbar ist. Diese veränderte Vorstellung von einem guten Leben wird insbesondere im sogenannten vierten Lebensalter wichtig, der Zeitspanne ab dem 80. oder 85. Lebensjahr, in der die Verletzlichkeit des Menschen zunimmt. Das dritte Lebensalter, von relativer Gesundheit und körperlicher Leistungsfähigkeit geprägt, beginnt mit dem Ausscheiden aus der Erwerbsarbeit und reicht bis zum 80. oder 85. Lebensjahr. Die mit dem dritten Lebensalter häufig verbundene relativ gute Gesundheit zeigt im Übrigen, dass es gerontologisch keine verallgemeinerbare Begründung einer Altersgrenze von 65 Jahren gibt. So wie sich Kinder höchst unterschiedlich entwickeln – was jahrgangsbezogene Schulklassen als nicht sehr sinnvoll erscheinen lässt –, sind generell unterstellte Leistungsminderungen ab einem Alter von 65 Jahren unzutreffend. Ab 80 oder 85 nehmen Erkrankungen, die im Alter typischerweise auftreten, zu. Erst mit 80 bis 85 wird das, was in Deutschland als Pflegebedürftigkeit beschrieben wird, die Einschränkung in der Selbstständigkeit, zu einem verbreiteten Phänomen. Auch die Wahrscheinlichkeit, an einer Demenz zu erkranken, nimmt erst im sehr hohen Alter zu. Dabei ist es nur etwa die Hälfte der Hochaltrigen, die von Demenz und Pflegebedürftigkeit betroffen ist.

Wie gelingt es mir, meine Identität zu bewahren, wenn die Verletzlichkeit zunimmt und der Körper zum Ärgernis wird? Ursula Lehr, inzwischen knapp 90, formulierte es in einem taz-Interview wie folgt: »Natürlich war es früher anders, ich hatte zum Beispiel keine Probleme mit den Haaren – man sollte dieser Zeit nicht nachtrauern. Man nimmt diese kleinen

Einschränkungen in Kauf. Die Alternative wäre schließlich, unter der Erde zu sein« (Gräff 2013). Es ist eine Leistung, zu sich zu stehen, sich im hohen Alter zu akzeptieren. Und ob dies gelingt, hängt ganz wesentlich davon ab, wie uns andere Menschen sehen und wie die Gesellschaft mit hochaltrigen Menschen umgeht. Die Auseinandersetzung mit den verletzungsanfälligen Seiten des eigenen Lebens ist nach Erikson eine Quelle des Wachstums der Persönlichkeit (vgl. Erikson 1997). Die Verarbeitung des Wechselspiels zwischen Integrität und Verzweiflung, zwischen Vertrauen und Verlassenheit gehört zu den Themen, die mit dem hohen Alter und der menschlichen Existenz untrennbar verbunden sind. Das darf nicht überspielt oder ignoriert werden.

Gerade mit Blick auf die Endlichkeit des Lebens stellt sich die Frage, wie sich im hohen Lebensalter bzw. gegen Lebensende eine sinnerfüllte, über das eigene Ego hinausreichende Lebens- und Weltbetrachtung gewinnen lässt. Die Experten sprechen in diesem Zusammenhang von »Generativität«. Die Bereitschaft, sich etwa für Kinder und Enkelkinder oder gegen den Klimawandel zu engagieren, ist Ausdruck dieses Ringens um Generativität, die Bereitschaft und den Wunsch, einen Beitrag zum Fortbestand der Familie, der Gemeinschaft oder der Gesellschaft insgesamt zu leisten. Die Liebe in die Zukunft zu tragen und sich um zukünftige Generationen zu kümmern, mit allem, was für künftige Generationen wertvoll sein könnte, ist ein weiterer positiver Aspekt der Generativität. Vielfach konzentriert sie sich auf die eigene Familie, sie erschöpft sich aber keineswegs darin. Das Engagement für andere, die Anteilnahme an gesellschaftlichen Entwicklungen, die Investition in die Zukunftsfähigkeit der Gesellschaft, das Engagement für Nachhaltigkeit ist Verwirklichung von

Generativität. Sie ist eine Entwicklungsaufgabe des Menschen.

Beispielhaft zeigt das Projekt der Zukunftspioniere (vgl. Schurr 2018) in den Wohnstiften und Pflegeheimen des Kuratoriums Wohnen im Alter, wie jenseits von klassischen Kultur- und Beschäftigungsangeboten die Bewohner*innen – gemeinsam mit den Mitarbeiter*innen – mit großer Begeisterung, hohem Engagement und Expertise ihren Beitrag zur Nachhaltigkeit leisten: vom regionalen Lebensmitteleinkauf, Müllvermeidung bis zu Bienenvölkern auf dem Heimareal.

Die Entwicklungsaufgaben des Alters anzunehmen und zu meistern, stellt eine besondere Form der Produktivität des Alters dar. Es ist eine besondere Leistung, wenn die Kräfte und die Selbstständigkeit abnehmen, mit Blick auf die eigene Verletzlichkeit das Selbst zu erhalten, und dies angesichts von Brüchen in der Biografie. Viele sehen die Notwendigkeit, Vorstellungen vom Leben zu korrigieren, angesichts des Fragments, das das Leben für die meisten Menschen in vielerlei Hinsicht bleibt. Von grundlegender Bedeutung für den Menschen bleibt das Bedürfnis, dass er sich auch und gerade angesichts dieser Entwicklungsaufgaben ausdrücken kann, sich mitteilen kann, sich in verschiedener Weise zeigen kann. Diese Tendenz zur Selbstaktualisierung geht uns nicht verloren, auch bei einer Demenz nicht. Lebensäußerungen von Menschen mit Demenz sind auch in diesem Sinne »produktiv«.

Das Altern und das hohe Alter sind mit Grenzerfahrungen und Grenzsituationen verbunden, die als Entwicklungspotenziale verstanden werden können. Andreas Kruse formuliert diese Entwicklung im sehr hohen Alter folgendermaßen: »Grenzsituationen des Leidens, des Verlustes, des Sterbens lassen sich als solche nicht verändern, sie erfordern eine Veränderung des Menschen, die auch eine neue Einstellung zu sich selbst und zu seiner Existenz verlangt« (Kruse 2012, S. 53). Kruse verweist auf die Erfahrungen des Lyderkönigs Krösus: »Mein Leid, so unerfreulich es war, ist mir zur Lehre geworden. Wenn du meinst, unsterblich zu sein und ebenso über so ein Heer zu gebieten, so wäre es sinnlos, dass ich dir riete. Wenn du dir bewusst bist, selbst ein Mensch zu sein und über andere ebensolche Menschen zu gebieten, so lass dir dieses als Erstes sagen: Es gibt einen Kreislauf der Menschendinge, der lässt mit seinem Umlauf nicht zu, dass immer dieselben im Glück sind« (ebd., S. 54). Eine besondere Leistung älterer Menschen im Umgang mit Grenzsituationen liegt, wie es der Lyderkönig Krösus zum Ausdruck bringt, in der potenziellen Vorbildfunktion, die sie übernehmen, indem sie nachfolgenden Generationen Einblick in die Grenzen des Lebens und in die Fähigkeit zum reflektierten Umgang mit diesen Grenzen geben.

Wir leben in einer Gesellschaft des langen Lebens. In den vergangenen Jahrhunderten konnte man mit einer solchen Perspektive nicht rechnen. Heute dürfen und müssen wir dies tun. Sich mit den An- und Herausforderungen im Lebenslauf auseinanderzusetzen, gehört zu den Gestaltungsaufgaben des alternden Menschen. Die mit dem Alter verbundenen Themen der Gesunderhaltung, der Nutzung und Entfaltung der Potenziale, der Lebenskunst im Alter bis hin zum bewussten Umgang mit den Grenzsituationen des Lebens sind in der Mitte der Gesellschaft angekommen. Das zeigen uns Filme, Bücher und Theaterstücke wie jüngst das Theaterprojekt in Hamburg: *Dem Weggehen zugewandt.* Es gibt kaum mehr eine Party der Generation 50 plus, auf der nicht über pflegebedürftige Eltern, über eigene Vorstellungen des Lebens im

Alter oder über Demenz gesprochen wird. Es ist nicht mehr die Toskana allein, nicht die nächste Reise, es sind auch die verletzlichen Seiten des Alters, die zur Sprache kommen. Hierin liegt eine Chance für die gesellschaftliche Aneignung der mit dem Alter verbundenen Entwicklungsaufgaben. Dabei erscheint kulturell besonders bedeutsam, dass die Fragen eines guten Lebens im hohen Alter, der Umgang mit der Hinfälligkeit, die Sorge für sich und den anderen dabei in produktiver Weise aufgegriffen und verarbeitet werden.

Die Themen Sorge, Pflege, hohes Alter dürfen nicht an die Medizin, an die Pflegeheime oder die Pflegeversicherung delegiert werden. Gutes Leben im Alter setzt nicht nur auf Selbstständigkeit. Es akzeptiert auch die vordergründig unproduktiven Seiten des Alters. Die vorausschauende anteilnehmende Verantwortungsübernahme für sich und für andere macht die Qualität menschlichen Zusammenlebens und eine Kultur der gegenseitigen Sorge aus. Sie steht in besonderer Weise unter der Bewährungsprobe der nächsten Jahrzehnte, in denen uns der demografische und soziale Wandel sehr viele »Sorgeaufgaben« auferlegt. Um diese Aufgaben zu meistern, bedarf es differenzierter Altersbilder und der Vorstellung eines aktiven und produktiven Alters, verbunden mit der Akzeptanz und der grundlegenden Wertschätzung der Verletzlichkeit des hohen Alters. Im sechsten Altenbericht der Bundesregierung (vgl. BMFSFJ 2010) haben wir unseren Ausführungen und Empfehlungen vier Dimensionen einer Anthropologie des Alters vorangestellt, die von Andreas Kruse grundgelegt wurden (Kruse 2007): die *Selbstständigkeit,* für deren Erhalt ältere Menschen zumeist viel tun können, die *Selbstverantwortlichkeit,* die die vorausschauende Verantwortungsübernahme für sich selbst anspricht, die *Mitverantwortlichkeit,* die sich in der Fähigkeit, sich in andere hineinzuversetzen, ebenso äußert wie in dem grundlegenden Bedürfnis, öffentliche Angelegenheiten mitzugestalten, und die *Akzeptanz der eigenen Abhängigkeit*. Mit ihr werden die besondere Entwicklungsaufgabe des Alters angesichts der Angewiesenheit auf die Hilfe anderer, aber auch die Sorgebereitschaft und -fähigkeit der Gesellschaft angesprochen, um die es in diesem Buch in besonderer Weise geht.

2

»Über der gewonnenen Zeit hängt eine Bedrohung«

»PFLEGEFALL« UND DEMENZ ALS SCHRECKENSSZENARIO

Im Sorgenbarometer rangiert das Thema Pflege neben denen der Zuwanderung und des Klimawandels ganz oben: Wird für mich einmal gesorgt sein? Autonomieverlust bedroht in der Vorstellung moderner Menschen ihre Identität und Würde. Wie setzen wir uns in Beziehung zu Abhängigkeit und der Verwiesenheit auf Unterstützung?

In einer Gesellschaft des langen Lebens kann man sich auf eine nachberufliche Lebenszeit einstellen, die gegebenenfalls länger währt als die Zeit der Jugend: Bei einem Renteneintritt mit 65 Jahren bleiben Männern im Schnitt 17,4, Frauen 20,7 Lebensjahre (vgl. Kühntopf/Tivig 2006). Aus den »Go-Gos« der über 60-Jährigen werden mit den Jahren die »Slow-Gos« der Endsiebziger bis zu den »No-Gos« der Generation 85 plus, so die etwas plakative Charakterisierung der idealtypischen Alterskarriere. Die Aussicht auf ein langes Leben wird begleitet von der Sorge, hilfsbedürftig und damit abhängig zu werden sowie die Selbstständigkeit zu verlieren und anderen zur Last zu fallen.

»Was tun im Pflegefall?« – die Ratgeberliteratur zu diesem Thema füllt inzwischen Regale. Millionen von Familien in Deutschland sind mit der Frage beschäftigt, wie sie die Versorgung eines nahen Angehörigen bewältigen und gestalten.

In Deutschland wurde mit der Pflegeversicherung 1994 der Begriff der Pflegebedürftigkeit in den Sprachgebrauch eingeführt. Dabei ist Pflegebedürftigkeit ein rechtliches und soziales Konstrukt. Die Mehrheit der Bevölkerung ist sich keineswegs sicher, dass sie »im Pflegefall« versorgt sein wird. Die kränkende Aussicht, die Fähigkeit zur Selbstpflege verlieren zu können und »gebrechlich zu werden«, verbindet sich mit der Unsicherheit, ob dann für einen gesorgt sein wird. Ist eine Familie da, die für einen sorgt, lebt der/die Partner*in noch, reicht das Geld, werde ich Sozialhilfe in Anspruch nehmen müssen, gar meine Kinder? Es war eine historische Tat, in den 90er-Jahren die Pflegeversicherung einzuführen. Damit wurde das Thema Pflege auf das sozialpolitische Niveau der Sozialversicherung gehoben und als ein allgemeines Lebensrisiko ebenso anerkannt wie als Gestaltungsaufgabe der Sozialpolitik. Mit Einführung der Pflegeversicherung hat sich aber gleichzeitig ein Pflegeverständnis eingestellt, das in hohem Maße defizitorientiert ist.

Dabei ist der Begriff der Pflege an sich positiv besetzt. Etymologisch geht er auf das althochdeutsche Wort *pfleghan* zurück. Das meint so viel wie »das Feld bearbeiten«. Dieser Begriff ist sprachlich verwandt mit »Pflug«. »Pflege« war zunächst mit der Bedeutung »für etwas einstehen, sich für etwas einsetzen« verbunden. Aus diesem ursprünglichen Sinn entwickelten sich unterschiedliche Bedeutungen: einerseits »sorgen für, betreuen, hegen« und andererseits die Bedeutung »sich mit etwas abgeben, betreiben, gewohnt sein«.

Im deutschen Sprachgebrauch gruppiert sich um das Verb *pflegen* die Bedeutung von Pflege im Sinne von Sorge, Obhut und Betreuung – von den Kindern bis zu den Alten. Dieser breite Bedeutungsgehalt hat sich im Zusammenhang mit der Krankenpflege und dem Konzept der Pflegebedürftigkeit eingeengt und verändert: Heute versteht man unter Pflege (ohne Zusatz wie Körperpflege, Denkmalpflege, Gartenpflege) die Pflege kranker und insbesondere betagter Menschen.

Doch auch hier muss man differenzieren. Pflege kann als individueller Unterstützungsbedarf beschrieben werden und als berufliches Handeln. Heute prägt der mit der Pflegeversicherung eingeführte Pflegebedürftigkeitsbegriff das Verständnis von Pflege und Pflegebedürftigkeit. Er geht zurück auf die Kriegsopferfürsorge. Sie räumte den Kriegsveteranen einen sozialleistungsrechtlichen Anspruch auf Unterstützung bei ihren körperlichen Verrichtungen ein, die sie aufgrund ihrer Verletzung und Schädigung nicht mehr selbst ausführen konnten. Dieser Bedeutungsgehalt war bis zur Einführung der Pflegeversicherung prägend für die aus der Sozialhilfe finanzierte »Hilfe zur Pflege«, die bei einkommensschwachen Personen für die Finanzierung der Pflegeheime zuständig war und ist. Die Pflegeversicherung knüpfte nahtlos an diesen alten sozialhilferechtlichen Begriff an und definierte streng, was unter Pflegebedürftigkeit zu verstehen ist, denn es galt, die Ausgaben des neuen Versicherungszweiges unter Kontrolle zu behalten. Ein ganzheitlicher Pflegebegriff, der alles, was mit dem Hegen, Pflegen und Besorgen zusammenhängt, aufnimmt, hätte die Leistungsfähigkeit eines Pflegeversicherungssystems gesprengt, das von Anfang an nur mit einem geringen Beitragssatz ausgestattet war.

Pflegebedürftigkeit wurde als Einschränkung der Selbstständigkeit und Angewiesenheit auf fremde Hilfe verstanden. Die Pflegeversicherung akzeptierte bislang von diesen Einschränkungen nur den Hilfebedarf bei bestimmten Verrichtungen: im Bereich der Hygiene, der Ernährung, der Mobilität und im Bereich der Hauswirtschaft. Der Leistungsanspruch knüpfte an das an, was ein Mensch in diesen sogenannten Verrichtungsbereichen eben nicht mehr kann. Damit wurde einem defizitorientierten Verständnis von Pflegebedürftigkeit gefolgt, das moderner Pflege und pflegewissenschaftlichen Vorstellungen widerspricht. In der Alltagssprache fest verankert, steht der Begriff des »Pflegefalls« pars pro toto für schwierige und belastende Seiten, die mit der Pflege alter Menschen verbunden sind. Er steht für Bilder von Bettlägerigen, auf fremde Hilfe Verwiesene. Das Problem des »Pflegefalls« und des defizitorientierten Verständnisses von Pflegebedürftigkeit sind die negativen Bilder, die hierbei mitschwingen. Sie drücken Hoffnungslosigkeit aus: Die Medizin ist am Ende. Rehabilitationsaussichten werden für »Pflegefälle« verneint. Pflegebedürftige in Heimen werden schlechter gestellt als andere Versichertengruppen. Der »Pflegefall« steht allgemein für die Gebrechlichkeitspflegebedürftigkeit (vgl. Udsching 2007). Er ist ein überflüssiger Begriff mit Tradition und kultureller Prägekraft.

Schon in den 1990er-Jahren hat das Kuratorium Deutsche Altershilfe, das sich jüngst wieder als Plattform für eine grundlegende Pflegereformdiskussion positioniert, eine Kampagne ins Leben gerufen, die sich gegen die weitere Verwendung des Begriffs und für seine Verbannung aus der fachpolitischen Diskussion aussprach. Er sei diskriminierend und entfalte hochproblematische Wirkungen auf alte Menschen, die auf Unterstützung angewiesen sind, und diejenigen, die sich mit ihnen beruflich oder in anderer Weise befassen. Das gilt bis heute. Der Begriff ist Ausdruck eines negativen Altersbildes, das in hohem Maße verhaltenswirksam ist: Er prägt, wie Remmers und Walter (vgl. Remmers/Walter 2012) herausgearbeitet haben, den Umgang mit hilfsbedürftigen alten Menschen, und er steht der Aktivierung und einem rehabilitationsorientierten Konzept im Wege. Er verstärkt Stereotype von älteren Menschen und beeinflusst die Beziehung zwischen Pflegenden und auf Hilfe verwiesenen Menschen. Er lässt die Individualität der Betroffenen nicht erkennen und verdeckt ihre spezifischen Bedürfnisse und Kompetenzen. Auch entwertet er die fachlich und menschlich anspruchsvolle Tätigkeit, die mit der Begleitung auf Pflege angewiesener Menschen verbunden ist. Er stützt Bilder von Pflege, die mit Siechtum, mit unwürdigen Lebensbedingungen und mit der Skandalberichterstattung über Pflegeheime verbunden sind.

Es ist kein Wunder, dass viele Menschen aus Angst davor, einmal dieses Schicksal selbst tragen zu müssen, einen ärztlich assistierten Suizid bzw. die Legalisierung der Sterbehilfe befürworten. Diese Optionen würden sie dem Schicksal, ein »Pflegefall« zu sein, vorziehen (vgl. Blinkert/Klie 2004). Der Begriff »Pflegefall« ist kaum differenziert und eignet sich in seiner Schlichtheit nicht für die Fragen, die mit fachlichen Maßnahmen und der individuellen Lebensgestaltung von Menschen in Verbindung stehen.

Die notwendigen neuen Bilder, Vorstellungen und Erkenntnisse speisen sich aus den verschiedenen Disziplinen, die sich mit Fragen der Versorgung unterstützungsbedürftiger Menschen beschäftigen. Im letzten Jahrzehnt hat sich neben der Medizin eine eigenständige Pflegewissenschaft entwickelt. Ihr ist es ansatzweise gelungen, das Konzept der Pflegebedürftigkeit und damit auch die Berufsgruppe selbst aus einer defizitären Betrachtungsweise herauszuholen. Die Pflegewissenschaft leitet ihr Verständnis von Pflegebedürftigkeit von der Einschränkung der Selbstständigkeit und der Abhängigkeit von persönlicher Unterstützung ab. Pflegebedürftig sind Menschen, bei denen gesundheitsbedingte Einbußen, Belastungen und Anforderungen nicht mehr mit den zur Verfügung stehenden Ressourcen bewältigt werden können (vgl. Wingenfeld u. a. 2008, S. 29). Dabei wird Pflegebedürftigkeit nicht als Merkmal einer Person verstanden. Das, was ein auf Pflege angewiesener Mensch braucht und will, muss mit ihm ausgehandelt werden. Es geht um die Bedürfnisse der zu Pflegenden, die im Mittelpunkt zu stehen haben. Es geht um die Interaktion zwischen Pflegenden und Gepflegten und auch darum, mithilfe der Pflege Gesundheit zu fördern und das Selbstpflegevermögen zu erhalten oder gar wiederherzustellen. Dieses pflegewissenschaftliche Verständnis von Pflege und Pflegebedürftigkeit sieht den ganzen Menschen, auch in seinen sozialen Bezügen und Werten. Der neue Pflegebedürftigkeitsbegriff – 2017 eingeführt – liest sich als Versuch, pflegewissenschaftliche Erkenntnisse und ein ganzheitliches Menschenbild mit dem sozialrechtlichen Konzept der Pflegebedürftigkeit zu versöhnen – was bei einem gedeckelten Finanzvolumen für die Pflegeversicherung allerdings schwerlich gelingen kann. Immerhin: Er lädt zu einem anderen Blick auf »Pflegebedürftigkeit« ein.

Aus der Perspektive der Medizin, insbesondere der Geriatrie, der Altersmedizin, hat der Begriff der Pflegebedürftigkeit eine rein sozialrechtliche Bedeutung. Man spricht hier von »Frailty«, von Gebrechlichkeit. Die Geriatrie ist in ihren Handlungsmöglichkeiten nicht durch einen engen Pflegebedürftigkeitsbegriff begrenzt und setzt sich gegen den therapeutischen Nihilismus zur Wehr, der in der Medizin gegenüber »Pflegefällen« weitverbreitet ist: Austherapiert heißt es dann.

Für den Mediziner Prof. Dr. Rainer Neubart bedeutet Alter nicht zwangsläufig Krankheit. Aber die Wahrscheinlichkeit zu erkranken nimmt mit den Lebensjahren zu. Ältere Menschen leiden oft an mehreren Krankheiten gleichzeitig, was in der medizinischen Versorgung ganz neue Ansätze erfordert. Diese moderne »ganzheitliche« Medizin heißt Geriatrie (Altersmedizin). Sie umfasst nicht nur eine Behandlung aller Krankheiten der betroffenen Patienten, sondern auch die Berücksichtigung der Begleitumstände. Für jeden Erkrankten wird ein individuelles Gesundheitskonzept erarbeitet, das sich im persönlichen Lebensumfeld bewährt und möglichst langfristig funktioniert.

Die Geriatrie ist ausgerichtet auf die Bemühungen, die gesundheitliche Situation eines alterstypisch an mehreren Krankheiten leidenden Menschen zu verstehen und ihr zu begegnen, Genesungspotenziale auszuschöpfen und eine möglichst selbstständige Lebensführung zu ermöglichen.

Betrachtet man die Pflegebedürftigkeit aus einer sozialen Perspektive, so werden nicht so sehr die körperlichen Einschränkungen in den Blick genommen, sondern der jeweilige Lebenszusammenhang, in dem ein Mensch, der auf Hilfe angewiesen ist, lebt.

Es geht um die subjektive Wirklichkeit des auf Pflege angewiesenen Menschen, um seine Lebenslage, um seine sozialen Beziehungen und die Art und Weise, wie ein Leben unter Bedingungen eingeschränkter Selbstständigkeit gestaltet werden kann. Nicht die Frage, wie man einem Dekubitus vorbeugt – das ist Aufgabe der Pflege –, sondern die Frage, wie der Alltag gelingt, wie sich das Familienleben ausbalancieren lässt, wie die soziale Unterstützung funktioniert, sollte im Vordergrund stehen, wenn man über Pflege spricht. In den meisten Gesellschaften, Gesundheits- und Sozialsystemen kommt man ohne den Begriff der Pflegebedürftigkeit aus. Man spricht von »long-term care«, von Langzeitpflege, und beschreibt die

Aufgaben der beteiligten Berufsgruppen. Von besonderer Bedeutung und international anerkannt ist der Begriff der Behinderung, der auch in Deutschland ein notwendiges Merkmal von »Pflegebedürftigkeit« ist. Es gibt keinen Pflegebedürftigen, der nicht auch im Sinne des Sozialrechts behindert ist.

Das hat Konsequenzen. Sowohl für das Verständnis dessen, was wir heute Pflegebedürftigkeit nennen, als auch für die Leistungsansprüche von Menschen mit Pflegebedarf. Maßgeblich ist in diesem Zusammenhang das von der Weltgesundheitsorganisation entwickelte Konzept der funktionalen Gesundheit und ihrer Beeinträchtigung (ICF) (vgl. Schuntermann 2005). Es stellt die Wechselwirkung zwischen den funktionalen Einschränkungen einer Person, etwa nicht mehr richtig laufen zu können, im Sehen eingeschränkt zu sein, sich nicht bücken zu können oder sturzgefährdet zu sein, mit den förderlichen und hinderlichen Faktoren der Umwelt in Beziehung. Das Ziel dieses Konzepts ist es, die mit den gesundheitlichen Einschränkungen einhergehenden funktionalen Probleme, insbesondere die negativen Auswirkungen von Krankheiten auf das Leben eines betroffenen Menschen beschreiben zu können. Die ICF ist damit so etwas wie ein Intelligenzverstärker für die Wahrnehmung von Teilhabedefiziten behinderter Menschen. Im Sinne der ICF gilt eine Person dann als gesund, wenn vor dem Hintergrund ihres gesamten Lebens

- ihre körperlichen Funktionen und Körperstrukturen dem entsprechen, was wir für normal halten; sie das tut und tun kann, was von einem Menschen ohne Gesundheitsprobleme erwartet wird (also: gehen, laufen, sehen, hören können);

- sie zu allen Lebensbereichen, die ihr wichtig sind, Zugang hat und sich in diesen Lebensbereichen in der Weise und in dem Umfang entfalten kann, wie es von einem Menschen ohne Beeinträchtigung erwartet wird.

Im Zentrum des Konzepts der funktionalen Gesundheit steht die Teilhabe von Menschen an dem, was für sie persönlich bedeutsam ist. Das ist bei Menschen im hohen Alter etwas anderes als bei jungen Menschen mit Behinderung, für die etwa die Teilhabe am Arbeitsleben oder das Verbringen der Freizeit mit Freunden im Mittelpunkt steht. Die Lebensthemen hochbetagter Menschen sind häufig andere. Für einen Borussia-Dortmund-Fan kann es aber auch im hohen Alter unverzichtbar sein, die Spiele seines Vereins nach Möglichkeit *live* verfolgen zu können. Ein Mensch, der religiös veranlagt ist, wird es als wichtig empfinden, weiterhin seine Spiritualität in einer Gemeinschaft ausleben zu können. Ob Nachbarschaft, Freundeskreis, Kultur, der öffentliche Raum, die Familie: Das, was Menschen auch unter den Bedingungen der Abhängigkeit von fremder Hilfe wichtig ist, ist höchst unterschiedlich und im Sinne der ICF »elementar«. Pflegebedürftigkeit ist in diesem Sinne eine spezifische Form der Beeinträchtigung in den wichtigen Lebensbereichen des Menschen. Deshalb öffnet die ICF den Blick auf den ganzen Menschen und seine Lebenssituation. Sie macht das deutlich, was bei der »Pflegebedürftigkeit« schnell übersehen beziehungsweise an den Rand gedrängt wird: die Sicherung der Teilhabe am biografisch relevanten sozialen Leben (vgl. Behrens 2008, S. 195). Harry Fuchs, einer der Väter eines modernen Rehabilitationsrechts in Deutschland, betont immer wieder, dass der Mensch auch nach Eintritt einer schweren Krankheit oder Behinderung ein ganzheitlicher Mensch bleibt, der trotz des eingetretenen Leistungsbedarfs sein gewohntes Leben in seinem Lebensumfeld so normal wie möglich weiterführen und seine Freiheit, eigene Entscheidungen treffen zu können, nicht durch Fremdbestimmung ersetzt sehen möchte. Damit spricht er sowohl die Rechtslage als auch das Grundbedürfnis vieler alter Menschen an.

Der 2017 eingeführte neue Pflegebedürftigkeitsbegriff greift Aspekte dieses anderen Verständnisses von Pflegebedürftigkeit auf, bleibt aber gefangen in der zentralen Funktion des Begriffs, nämlich Leistungsansprüche von pflegebedürftigen Menschen zu begründen und zugleich auch zu begrenzen, um die Ausgaben der Pflegeversicherung in Schach zu halten.

Man hätte nicht unbedingt einen Pflegebedürftigkeitsbegriff gebraucht. Die meisten Länder kommen ohne das Konstrukt der Pflegebedürftigkeit aus. Es ließen sich die Leistungen, die von Fachpflegekräfte erbracht werden (müssen) wie die der Ärzte beschreiben, festlegen und mit einem Rechtsanspruch hinterlegen. Den übrigen Versorgungsaufwand könnte man an die behinderungsbedingten Einschränkungen knüpfen, flexiblere und nicht nur an die Pflege gebundene Leistungen sowie Budgets zur Verfügung zu stellen, ohne die Errungenschaften der Pflegeversicherung infrage zu stellen (s. Kapitel 12).

Insbesondere die Pflegewissenschaft hat sich viel Mühe mit dem Pflegebedürftigkeitsbegriff gegeben. Er rückt die Selbstständigkeit und ihre Beeinträchtigung in den Mittelpunkt der Aufmerksamkeit und schaut nicht nur auf die körperliche Seite von »Pflegebedürftigkeit«, sondern auch auf die Gestaltung des Alltagslebens, auf Mobilität, auf kognitive und kommunikative Fähigkeiten. Wenn am Ende aber nur der Pflegegrad und das den Pflegegraden zugeordnete Geld zählt, wenn der neue Pflegebedürftigkeitsbegriff, wie auch 2019 noch zu beklagen, keinerlei Auswirkung auf die Leistungen der Pflegeversicherung und ihre individuelle Passfähigkeit hat, da kann man ihn als pflegewissenschaftliches Gesellenstück würdigen, der inzwischen auch für die Qualitätssicherung genutzt werden soll. In seinen pflegepolitischen Wirkungen bleibt er aber weit hinter seinen Möglichkeiten und den an ihn gerichteten Erwartungen zurück.

Als eine weitere Bedrohung, die über der »gewonnenen Zeit« hängt, erscheint immer mehr das Thema Demenz, ein Thema, das mit einer bemerkenswerten Aufgeregtheit behandelt wird. »Hauptsache, klar im Kopf« lautet die Kurzformel für eine weitverbreitete Einschätzung zum hohen Alter (Grebe 2012, S. 97 ff.). Mit der Abnahme körperlicher Fähigkeiten mag man sich noch abfinden, wenn aber der alternde Kopf seine Fitness einbüßt, wird Alzheimer zur zentralen Bedrohung im hohen Lebensalter. Diese Bilder, dieses Reden in der Öffentlichkeit, von der Bildzeitung bis zur FAZ, nehmen Einfluss auf uns und auf unsere Vorstellungen und betonen das, was dann nicht mehr möglich ist: massiv eingeschränkte Gedächtnisleistungen, Verlust des Urteilsvermögens und der sprachlichen Ausdrucksfähigkeit – in einer Wissensgesellschaft, in einer Zeit, in der geistige Fähigkeiten als zentrale menschliche Qualität die körperlichen Gegebenheiten in den Hintergrund drängen, ist das ein Desaster.

Sie kennen die Schilderungen über Betroffene, die nicht mehr in ihre Wohnung zurückfinden und unsinnige Dinge tun. Martin Suter beschreibt in seinem Krimi »Small World«, wie Konrad Lang, die Hauptfigur, unter fortschreitender Demenz leidet und sich in der Gegenwart nicht mehr gut zurechtfindet. Die »Schuhe im Kühlschrank« ist eine Ikone der medialen Demenzrepräsentationen (Grebe 2012, S. 100), sie findet sich auch in »Small World«. Nur vergisst Konrad Lang nicht nur, er erinnert sich zugleich an die Vergangenheit, und das mit zunehmender Demenz immer besser. So kommt ein schreckliches Geheimnis zutage, das eine zentrale Rolle in Suters Kriminalroman spielt. Solch eine Beobachtungsgabe, solch ein Einfühlen, das auch die Kompetenzen und Ressourcen von Menschen mit Demenz aufnimmt, ist in den Medien selten zu finden. Eher steht die existenzielle Orientierungslosigkeit der Betroffenen im Vordergrund der Schilderungen. Nicht nur Schuhe im Kühlschrank, sondern grundlegende Ordnungsverluste in allen alltäglichen Dingen prägen das Leben. Die fehlende Antwort auf die Frage »Wer bin ich?« ist typisch im öffentlichen Reden über Demenz. Der Kern der Persönlichkeit werde zerstört, heißt es. Das Phänomen Demenz wird in die Hierarchie der menschlichen Tragödien eingeführt und auf Platz eins des Rankings von Schrecken und Leid positioniert (vgl. Grebe 2012, S. 101). Die Angst vor Demenz wird zur Angst vor dem Leben, davor, kein Mensch mehr zu sein. Nicht nur den Menschen, sondern auch die Familie zerstört Alzheimer. Dem Zerfall und Erlöschen des Menschen zusehen zu müssen, mit dem man Jahrzehnte verheiratet war, wird zur Geißel der Angehörigen. Und teuer ist die Demenz. Auch davon wird breit berichtet. Der Alterslastdiskurs als Geschichte der apokalyptischen Demografie wird mit der Demenz fortgeschrieben (vgl. Robertson 1990).

Es wird noch von einem anderen Verständnis von Demenz die Rede sein (s. Kapitel 8): besondere Fertigkeiten, hohe emotionale Sensitivität, die subjektiv erlebte Lebensqualität, die Demenz als Weg aus dem Leben – solche Sichtweisen vertragen sich nicht mit dem dominanten Menschenbild, das Demenz pathologisiert. Dem hält Reimer Gronemeyer entgegen: »Demenz ist keine Krankheit« (Gronemeyer 2013). Es ist ein Syndrom. Wir müssen Demenz anders deuten lernen – dabei allerdings nicht das verleugnen, was sich für den Betroffenen als starke gesundheitliche Beeinträchtigung darstellt und auf welche medizinisch fachpflegerische Versorgung er angewiesen ist und ein Recht hat. Es ist unsere Vorstellung von Persönlichkeit, von Normalität und Lebensqualität, die maßgeblich ist für unsere Einstellung und unseren Umgang mit Demenz. Ist es das menschliche Gehirn, das wir als Ort ausmachen, an dem Persönlichkeit und Menschsein ihren Sitz haben, dann wird Demenz als zwangsläufiger Verlust von Persönlichkeit und Menschsein interpretiert. Mit seinem Gehirn stirbt auch der Mensch. So lebt der alte Geist-Körper-Dualismus fort: Ich denke, also bin ich, und denke ich nicht, so bin ich nicht (mehr) (vgl. Post 2000).

Gerade im Bildungsbürgertum ist die Angst vor der Depersonalisierung durch Demenz besonders verbreitet. Ich erinnere mich an eine Reihe von Podiumsdiskussionen mit dem 2013 verstorbenen Walter Jens, mit dem ich über Fragen der Sterbehilfe und der Patientenverfügungen diskutierte. Er trat vehement für das Recht auf den eigenen Tod, das Recht, sich dabei helfen lassen zu dürfen, ein, und dies mit dem Bekenntnis, er möchte nicht als sabbernder Greis der Nachwelt in Erinnerung bleiben. Er gehörte zu den prominenten Menschen mit Demenz neben Ronald Reagan, Margaret Thatcher, Walter Scheel und vielen anderen. Es fällt gerade denen schwer, die aus einem bildungsbürgerlich akademischen Umfeld stammen, Demenz als eine Lebensform und Weise des Seins zu akzeptieren. Sie sind es, die die Kolumnen der Zeitungen und die Talkshows beherrschen. Es fällt ihnen oft schwer zu akzeptieren, dass Weltoffenheit auch heißt, ein anderer werden zu können, einer, der man sich nicht zu sein wünscht. Folgen wir diesen Menschen, die sich in hohem Maße um ihren Geist und ihre Intellektualität sorgen, so leisten wir einen

Beitrag dazu, dass Menschen mit Demenz das Menschsein und damit latent das Recht auf Achtung und Leben abgesprochen wird.

Der Freiburger Sozialmediziner Alfred Hoche sprach 1920 in seinem mit dem Juristen Karl Binding veröffentlichten Buch »Die Freigabe der Vernichtung lebensunwerten Lebens« geistig Behinderten, aber auch Demenzkranken das Lebensrecht ab: »In wirtschaftlicher Beziehung würden diese Vollidioten [...] diejenigen sein, deren Existenz am schwersten auf der Allgemeinheit lastet. Es ist eine peinliche Vorstellung, dass ganze Generationen von Pflegern neben diesen leeren Menschenhülsen dahinaltern. Mitleid ist den geistig Toten gegenüber dem Leben und dem Sterbensfall die an letzter Stelle angebrachte Gefühlsregung. Wo kein Leiden ist, ist auch kein Mit-Leiden« (Binding/Hoche 1920). Hoche steht damit in der Tradition kantianischen Denkens, das die Vernunft zur Voraussetzung der Personenwürde erklärte. Auffallend ist, dass die Texte einiger Prominenter eine ähnliche Terminologie verwenden wie Hoche. So beschreibt etwa Ilse Biberti ihren demenzkranken Vater als »leere Hülle«. Er sei »eine Hülle Mensch, die aussieht wie mein Vater«. Der Gnadentod als Wunsch ist dann nicht mehr fern: »Heimlich, still und leise wünsche ich ihm ein friedvolles Einschlafen für immer, bevor er auf die ›tierische Ebene‹ sinkt«, heißt es an anderer Stelle (Biberti/Scherf 2009, S. 70).

Welf-Gerrit Otto nennt dies das Dehumanisationsnarrativ, für das es unzählige Beispiele gibt und das fest verankert ist in unserem Reden über Demenz – einer Bedrohung, die über der gewonnenen Zeit hängt. Es gibt aber auch viele andere, positive Geschichten. Sie werden eher im Stillen erzählt, in Alzheimer-Gesellschaften ausgetauscht, in der Apotheken Umschau zitiert oder bei den »Konfetti im Kopf«-Aktionen groß inszeniert: Sie zeigen Betroffene, die Freude, Staunen, Würde und Individualität ausstrahlen. Hier werden nicht die Defizite in den Mittelpunkt gestellt. Man versucht vielmehr, das zu betonen, was der Mensch (noch) kann, und zu zeigen, wie ein gutes Leben mit Demenz unter bestimmten Bedingungen möglich ist.

In Forschungsprojekten und den vielen Aktionen der Allianz für Demenz* wird dokumentiert und beschrieben, dass und wie sich ein positives Alltagserleben von Menschen mit Demenz unterstützen lässt. Viele Angehörige, die sich um ein gutes Leben mit Demenz sorgen, beschreiben, wie wichtig für sie die Beziehung zu ihren Angehörigen ist, mit deren Hilfe sie gelernt haben, das Leben neu zu sehen. Aussagen wie diese verändern unser Bild von Demenz.

Derartige Äußerungen sind nicht selten humanistisch oder religiös inspiriert, aber auch mit entsprechenden Erfahrungen hinterlegt, die einen Verlust auch als besondere Dimension oder gar als Gewinn eines Lebens mit Demenz beschreiben: Gegenwartsbezogenheit, die Intensität des Erlebens und das Sichtbarwerden spiritueller und kreativer Potenziale. Dazu passen Aussagen von Demenzbetroffenen, die das Vergessen als eine Steigerung ihres Wohlbefindens betrachten, als köstliches Verweilen im ewigen Jetzt, wie es Jonathan Franzen in seinem Essay »Das Gehirn meines Vaters« beschreibt (vgl. Franzen 2002). Auch Arno Geiger berichtet in seinem Buch »Der alte König in seinem Exil« über die neu sichtbar werdende Kreativität seines Vaters: »Jetzt begann die Krankheit neue Fähigkeiten hervorzubringen.« Die inzwischen selbst an Demenz erkrankte Ursula Koch-Straube spricht von dem Selbstheilungsversuch, der in der Demenz bisweilen zu sehen

---

* https://www.wegweiser-demenz.de/allianz-fuer-menschen-mit-demenz

sei (vgl. Koch-Straube 1997). Auch Reimer Gronemeyer deutet Demenz neu, und zwar als »Krankheit«, die unsere Zeit verdient. Peter Sloterdijk benutzte die Metapher des Rechts auf Weltferne für Menschen mit Demenz, die auch ein Recht darauf hätten, in Ruhe gelassen zu werden (vgl. Sloterdijk 1996).

Eine Gesellschaft des langen Lebens steht vor der kulturellen Herausforderung, ihr Verhältnis zu einem Leben in Abhängigkeit, einem Leben mit Demenz neu zu bestimmen. Das verlangt auch nach einer Neubestimmung dessen, was wir unter Persönlichkeit verstehen, was Normalität heißt, was wir Lebensqualität nennen. Es mag weit über die Frage des Umgangs mit Demenz hinaus sinnvoll sein, unsere heutige Lebensweise kritisch zu hinterfragen und in einen größeren Zusammenhang zu stellen. Auf jeden Fall müssen wir uns verabschieden von der Vorstellung, dass man sich gegen Demenz wird versichern können. Auch die Vorstellungen von Gesundheit gilt es einer gerontologischen Revision zu unterziehen. Der Gesunde ist auch in jüngeren Jahren niemals völlig gesund; er ist es mehr oder weniger, »und das ist nicht wenig« (Rieger 2013, S. 41). Denn wenn, wie im hohen Alter häufig, Krankheiten mehr und mehr zum Bestandteil des täglichen Lebens werden, müssen wir eine Vorstellung von Gesundheit entwickeln, die nicht die Abwesenheit von Krankheit voraussetzt (Peters 2004, S. 232). Rieger hat den Vorschlag gemacht, Gesundheit als Kraft zum Menschsein in Krankheit zu verstehen (Rieger 2013). Er öffnet damit die Tür zu einem erweiterten Verständnis und verweist auf die vielfältigen in dieser Weise zur »Gesundheit in Krankheit« befähigenden Umgangsweisen – auch mit dem, was wir heute als Pflegebedürftigkeit bezeichnen: auch bei eingeschränkter Selbstständigkeit eine Umgangsweise mit der von Abhängigkeit geprägten Situation zu finden, die die Kraft zum Menschsein erhält. Es gilt darüber hinaus, auf Zeit die Begleitung von Menschen, die unserer Fürsorge bedürfen, in unsere Lebensführung einzuschreiben und uns selbst in Beziehung zu setzen zu den Menschen, die es betrifft.

Pflege und Demenz müssen ein öffentliches Thema werden, jenseits von medial inszenierten apokalyptischen Beschreibungen, und dies sowohl gesamtgesellschaftlich als auch im eigenen Alltag, vor Ort in Gemeinden, Städten, Nachbarschaften. Dass das möglich ist, zeigen viele Beispiele und berichten viele Menschen. Fachleute, Kommunalpolitiker, bürgerschaftliche Initiativen und Selbsthilfegruppen haben das bereits zum Programm erhoben. Klaus Dörner spricht gar von einer großen und unsichtbaren Bürgerbewegung, die sich in neuer Weise der Themen Pflege und Demenz annimmt und damit einer Herausforderung entgegentritt, auf die es noch keine (qualitätsgesicherten) Antworten gibt. Sendungen wie die »Die Wahrheit über … das Altwerden« (rbb 2019) tragen dazu bei, Wissen in die Breite zu tragen und Bilder zu verändern.

Der Defizit- und Lastdiskurs führt in die Exklusion (vgl. Schuhmacher 2018). Die Belastungen, die mit einem Leben mit Demenz und starken körperlichen Einschränkungen verbunden sind, dürfen nicht bagatellisiert werden. Auch darf die Dramatik, die sich in Familien und Heimen abspielt, nicht banalisiert werden. Gleichwohl bleibt kulturell und fachlich keine Alternative, als ein Leben mit Hilfebedarf und Demenz anzunehmen. Zum Glück wissen wir inzwischen viel mehr als noch vor zehn Jahren darüber, was für Menschen mit Demenz hilfreich ist und unter welchen Bedingungen sie so etwas wie Zufriedenheit, Sicherheit und Zugewandtheit erleben können. Wir wissen auch viel mehr darüber, unter welchen Bedingungen die Sorge um Menschen mit Demenz erträglicher gestaltet werden kann. Es bleibt dabei wichtig, kollektiv und individuell »Sinnfenster in der Demenz« (vgl. Otto 2012) zu entdecken und Einsichten über das Menschsein zu gewinnen – wir müssen uns gemeinsam auf diesen Weg machen. Das heißt aber auch: Wir müssen aufhören, Menschen mit Unterstützungsbedarf zu stigmatisieren (»Pflegefall«) und zu pathologisieren (Demenz). Das wäre ein wichtiger Schritt, um diesen Bedrohungen etwas von ihrem Schrecken zu nehmen.

In den jährlich gemeinsam mit dem Institut für Demoskopie Allensbach durchgeführten Bevölkerungsumfragen zum Thema Pflege hatten wir 2017 das Thema Demenz in den Mittelpunkt gestellt. Hier zeigt sich ein durchaus differenziertes Verständnis von dem, was für ein menschenwürdiges Leben mit Demenz bedeutsam ist: Respekt, Schutz vor Zwang, die Pflege von bedeutsamen sozialen Kontakten in Familie, Freundeskreis und Nachbarschaft. Wir wissen, welche Bedingungen für ein gutes Leben von Menschen mit Demenz bedeutsam sind. Sind sie gegeben, fällt ein Ja zu Demenz leichter. So viele Bundesbürger*innen auch für die Legalisierung des assistierten Suizides sind, so wenige halten den seinerzeit von dem MDR-Intendanten Udo Reiter gewählten Weg für den ihren: Er nahm sich nach der Diagnose Demenz das Leben. Die meisten halten es für wichtig, das Positive, das Lebenswerte, das in vielen Menschen mit Demenz zum Ausdruck kommende kleine Glück zu sehen, wie es etwa Margot Käßmann in dem Satz zum Ausdruck bringt: »Wenn Ilse glücklich Ball spielt mit 86 und juchzt, ist das nicht lebenswert?« (Klie 2017).

3

»In guten wie in schlechten Tagen«

DIE FAMILIE ALS GRÖSSTE PFLEGESTELLE DER NATION – UND IHRE NEUEN DIENSTBOTEN

70 Prozent der Pflegebedürftigen in Deutschland werden zu Hause versorgt – und dort ganz überwiegend von Angehörigen. Hat das Familienpflegemodell Zukunft? Welche Rolle spielen osteuropäische Pflegekräfte zur Aufrechterhaltung der Pflege in der Familie? Pflege wird künftig als Teil der Familienpolitik betrachtet werden müssen.

Die eigene Mutter pflegen? Den Vater, die Partnerin? Für viele ist das eine sehr schwierige Vorstellung. »Das könnte ich nie«, sagen die einen, »Mutter kommt in ein Heim? Das kommt gar nicht infrage«, sagen die anderen. Unter Akademikern war es lange Zeit verpönt, eher Ausdruck mangelnder Ablösung und Individuation, sich der Pflege von nahen Angehörigen zu verschreiben. In Migrantenmilieus dagegen ist die Pflege der Angehörigen vielfach die Bewährungsprobe für die traditionellen Werte und Rollenzuteilungen – ob bei Russlanddeutschen oder türkischen Migranten der ersten und zweiten Generation. Die Bereitschaft zur Übernahme von Sorgeaufgaben gegenüber alten Menschen in der Familie ist nach wie vor vorhanden, aber in hohem Maße abhängig von der kulturellen Prägung (vgl. Blinkert/Klie 2004). Nach Ansicht des Vorstandschefs des AOK-Bundesverbandes, Dr. Herbert Reichelt, ist in Deutschland die Familie immer noch die zentrale Institution bei der Pflege von Angehörigen. »Man kann hier mit Fug und Recht vom größten Pflegedienst der Nation sprechen« (vgl. Ärzte-Zeitung vom 12.01.2010). Es ist erstaunlich, in welchem Umfang in deutschen Familien Pflegeaufgaben übernommen werden. Damit hatte keiner gerechnet, als die Pflegeversicherung 1994 verabschiedet wurde. Heute werden 2,59 Millionen Pflegegebedürftige zumeist von Angehörigen in ihrer eigenen Häuslichkeit versorgt, 818 000 leben in einem Heim. In fast einem Drittel der Pflegehaushalte entspricht der wöchentliche Betreuungsaufwand von pflegenden Angehörigen dem Umfang einer vollen Arbeitsstelle; dies gilt auch noch bei 20 Prozent jener pflegenden Angehörigen, die ein Familienmitglied betreuen, das keine Leistungen aus der Pflegeversicherung bezieht; bei mehr als 40 Prozent der pflegenden Angehörigen entspricht der wöchentliche Betreuungsaufwand mindestens dem Umfang einer halben Arbeitsstelle; dies gilt auch für 29 Prozent jener Angehörigen, die ein Familienmitglied betreuen, das keine Leistungen der Pflegeversicherung erhält (Klie 2018).

Kein anderes nord- und westeuropäisches Land verfügt über einen so hohen Anteil an pflegenden Angehörigen wie Deutschland. Noch niemals zuvor wurde in Deutschland innerhalb der Familien so lange, so intensiv und in der Regel so gut gepflegt wie heute. Selbst in Italien werden mehr auf Pflege angewiesene Menschen von beruflichen Helfern versorgt, auch wenn diese im häuslichen Bereich ganz überwiegend Menschen mit Migrationshintergrund sind, häufig illegal und mit ungesichertem Aufenthaltsstatus (vgl. Lamura u. a. 1999). Auch in Deutschland wird geschätzt, dass 300 bis 600 000 meist osteuropäische Pflegekräfte in Privathaushalten tätig sind (vgl. Klie/Arend 2017), die Variante der Familienpflege für die liberal-bürgerlichen Milieus: Pflege rund um die Uhr für jeweils drei Wochen, illegal für etwa 1000 Euro, mehr oder weniger legal für 2500–4500 Euro pro Monat – eine echte Alternative zum Heim. Genaue Zahlen gibt es nicht.

Man will sie wahrscheinlich auch gar nicht kennen. Forschungsprojekte, die Licht in das Dunkel bringen würden, werden nicht in Auftrag gegeben, auch wenn das Phänomen weithin bekannt ist. Die Gefahr, erwischt zu werden, ist gering. Es wird als eine Art Kavaliersdelikt gewertet. Man spricht auf Partys von den aufopferungsvollen Frauen aus dem Osten, die sich so rührend um den alten Vater kümmern, der ansonsten sein geliebtes Zuhause verlassen müsste. Allein in einem Nachbarort von Freiburg mit etwa 2500 Einwohnern wurden bei einer entsprechenden Analyse 20 Haushalte gefunden, in denen osteuropäische Pflegekräfte tätig sind – vom Pflegeexpress aus der Ukraine oder aus Polen und über Tankstellen als konspirative Verteilungsorte hin- und hergekarrt.

Selbst Prominente nutzen die Pflegeressourcen aus Osteuropa, wie etwa Maria Furtwängler im Gespräch mit Ursula von der Leyen bekannte (vgl. Borchardt/Schneider 2013).

Mancher Neubau für altersgerechtes (Service-)Wohnen, manch private Vorsorge im Wohnungsumbau kalkuliert die osteuropäische Pflegekraft gleich mit ein, indem für sie ein Zimmer vorgesehen wird, inklusive eigener Nasszelle. Die Wiederentdeckung der Hausmädchen ist in Ländern mit einer völlig unzureichenden sozialstaatlichen Sicherung für die Langzeitpflege und gleichzeitig erodierender Familiensolidarität viel verbreiteter als in Deutschland. In Italien sind es inzwischen über eine Million Haushalts- und Pflegehilfen in Privathaushalten. Wie die FAZ im Februar 2019 berichtete, schauen die zuständigen Ministerien weg oder schieben sich die Zuständigkeiten zu. Man könnte von brauchbarer Illegalität sprechen: Die Versorgungsprobleme würden noch dramatischer hervortreten, würde man konsequent gegen die illegalen Beschäftigungsformen vorgehen. Der ehemalige Pflegebeauftragte der Bundesregierung Laumann, seit 2018 wieder Sozialminister in NRW, bekannte: *Ohne die Engel* aus dem Osten, wie sie bisweilen angepriesen werden, würde unser Pflegesystem kollabieren. Osteuropäische Pflegekräfte ermöglichen vor allem für die modernen Familien neue Arrangements. Sie erlauben die Delegation der Pflege bei gleichzeitiger Aufrechterhaltung familiärer Verantwortung. Studierende aus Freiburg haben die Parteien und Listen bei der Kommunalwahl 2019 mit dem Thema konfrontiert: nur eine Liste hatte von sich aus das Thema aufgegriffen – auf der Liste »Unabhängige Frauen« immerhin befürworteten zahlreiche Kandidat*innen kommunale Maßnahmen wie Anlaufstellen, einen Kodex und Aufsichtsmaßnahmen.

Sogar Bundesgesundheitsminister Spahn hat sich dem lange völlig tabuisierten Thema gewidmet. In einem Rechtsgutachten soll geklärt werden, welche legalen Optionen es in Deutschland gibt. Diese sind, wie Arne Petermann weiß, schwierig zu haben und in der Wirklichkeit kaum zu finden. Die Arbeitnehmerlösung wird durch die Rechtsprechung des Europäischen Gerichtshofes zum Stundennachweis für alle Beschäftigten fast unmöglich gemacht, das Modell Haushaltshilfen als Selbstständige nach dem Vorbild Österreichs ist und bleibt bei aller vordergründigen Attraktivität eine »katholische Lösung«.

Exkurs: »Kannst du mir eine Slowakin besorgen?«

Während in Deutschland der Einsatz osteuropäischer Pflegekräfte so gut wie nicht legal zu gestalten ist, gibt es in Österreich seit einigen Jahren offiziell die 24-Stunden-Betreuung. Es sind zumeist Slowakinnen, die in die österreichischen Haushalte mit Pflegebedürftigen kommen. Allein im kleinen Bundesland Vorarlberg sind es offiziell 700 Haushalte, in denen osteuropäische Frauen jeweils für zwei bis drei Wochen tätig werden und sich dann abwechseln mit einer »Kollegin«. Das Ganze ist legalisiert: Es sind offizielle Vermittler tätig, etwa das Wiener Hilfswerk oder das Österreichische Rote Kreuz. In Vorarlberg gibt es einen von der Landesregierung geförderten Betreuungspool, der sich gegebenenfalls auch in Notlagen um die Slowakinnen kümmert, etwa wenn sie vor die Tür gesetzt werden und noch nicht wieder nach Hause reisen können. Es gibt einen Zuschuss des Staates für die Sozialversicherung der Pflegekraft, und die Pflegebedürftigen können das frei verfügbare Geld nach Gutdünken einsetzen. Dieser Betrag wird in manchen Bundesländern noch erhöht, etwa in Vorarlberg um 200 Euro im Monat. Damit können es sich die meisten Familien leisten, ihre Slowakin im Haushalt zu beschäftigen. Nicht selten kommt es vor, dass etwa der Sohn einer pflegebedürftigen Mutter sich an örtliche Beratungsstellen mit der Frage wendet: »Können Sie mir eine Slowakin organisieren?« Man muss sich dann zwar selbst mit einer der Vermittlungsagenturen in Verbindung setzen, aber alles andere ist relativ reibungslos: Die Transporte sind bestens organisiert, es gibt die bekannten Knotenpunkte, von denen aus die einen Frauen in die Haushalte zu ihren Pflegebedürftigen gefahren werden und die anderen nach Hause zu ihren Kindern, die sie alle drei Wochen für drei Wochen sehen. Ansonsten leben die Kinder bei ihren Großeltern oder allein mit ihren Vätern. Für ihre Entwicklung ist das nicht gut. Sie entfremden sich nicht selten von ihren Müttern, doch sind die Familien angewiesen auf den Verdienst im Ausland.

Bei den Pflegekräften handelt es sich keineswegs um Menschen mit niedrigem Bildungsstand: Es sind vielfach Lehrerinnen und Krankenschwestern, die sich als Betreuerinnen im Ausland verdingen. Ihre Zahl wird steigen, so prognostiziert Herr Gruber von der Landesregierung in Vorarlberg. Spätestens im Jahr 2030 wird es allein in Vorarlberg 1000 solcher Pflegekräfte geben. Und wenn es dann nicht mehr die Slowakinnen sind, die nach Österreich kommen, dann wird man in der Ukraine, in Rumänien oder später in Russland fündig werden. Gerade für Ein-Personen-Haushalte ist diese Lösung attraktiv, und die Zahl der in Ein-Personen-Haushalten lebenden pflegebedürftigen Menschen nimmt zu, in Deutschland, in der Schweiz und in Österreich.

Österreich mit seinem höheren Lohnniveau ist für die Slowakinnen attraktiver als Deutschland. Daher kommen die in Deutschland transnational tätigen Pflegedienste aus anderen Ländern, insbesondere aus Polen, immer mehr auch aus der Ukraine, Bulgarien und Rumänien. Es heißt, in Österreich sei die 24-Stunden-Betreuung legalisiert. Das ist formal zwar richtig, stimmt in dieser Verkürzung aber nicht. Man hat eine »katholische Lösung« gefunden, mit der alle leben können: Für den Staat sind die osteuropäischen Pflegekräfte billig und machen den Ausbau professioneller Dienste und Heime nicht erforderlich. Die in der Regel monopolartigen mobilen Hilfen und die häusliche Krankenpflege haben sich nach anfänglichem Widerstand mit der 24-Stunden-Pflege arrangiert und beziehen sie in ihr Portfolio mit ein. Sie unterstützen den überall propagierten Vorsatz »ambulant vor stationär« und ermöglichen vielen auf Unterstützung und auf Pflege angewiesenen Menschen einen Verbleib in ihrem eigenen Haushalt. So auch dem »alten König in seinem Exil«, Herrn Geiger, der von seinem Sohn Arno Geiger in dem gleichnamigen Bestseller sehr einfühlsam beschrieben wird.

Ohne die 24-Stunden-Pflege, so Herr Gruber, wäre er viel früher in ein Pflegeheim gekommen, und das hätte nicht zu ihm gepasst, da wäre er nicht zurechtgekommen. Dort hätte er nicht das von seinem Sohn eingefangene Leben führen können. Und ohne die 24-Stunden-Betreuer gäbe es auch nicht das wunderbare Buch. Viele würden in diesen Chor einstimmen und feststellen, dass die osteuropäischen Pflegekräfte es möglich machen, dass pflegebedürftige Angehörige weiter zu Hause leben können und ihre lieb gewordene Umgebung nicht verlassen müssen. Das stimmt in ganz vielen Fällen. Es entwickeln sich auch zwischen den Familien Bande, nicht selten auch zwischen Gepflegten und Pflegenden. Sie gehören häufig zu den wichtigsten Bezugspersonen, werden zu Vertrauten, manchmal auch zu Geliebten. Dennoch: Von einem Idyll sind die Verhältnisse weit entfernt. Manche der Betreuerinnen werden wie Dienstboten gehalten und dürfen nicht das Haus verlassen. Da mag man dann nicht genau hinsehen, sagt Herr Hebenstreit von der *Connexia* in Feldkirch, der für die Organisation des *Case und Care Managements* in Vorarlberg zuständigen Organisation. Er weiß auch von Fällen zu berichten, in denen die Pflegebedürftigen grob behandelt werden und kaum Kommunikation stattfindet. Ohne professionelle Begleitung können solche Arrangements gefährlich werden. Das gilt auch dann, wenn sich die mütterlich bevormundenden Betreuungskräfte eigenmächtig der Medikation ihrer »Pfleglinge« annehmen und einen slowakischen Cocktail verabreichen. Eine der »Slowakinnen« wird von Herrn Hebenstreit mit den Worten zitiert: »Jetzt hab ich sie endlich so weit, dass sie meine slowakischen Medikamente nimmt.« Und sie sagt es sichtlich zufrieden.

Das Problem ist, dass keine Kontrolle stattfindet und der Staat auch kein Interesse daran hat. Er ist konfrontiert mit einer Grauzone, die er auch und gerade unter arbeitsschutzrechtlichen Gesichtspunkten nicht akzeptieren kann: 24-Stunden-Pflege, wo sind denn da die Pausen? Wo sind da die Ruhezeiten? Nicht alle sind rund um die Uhr im Haushalt. Manche haben ihren Achtstundentag, das aber in der Regel die ganze Woche lang, auch am Wochenende. Die meisten Osteuropäerinnen in Deutschland und in Österreich sind (fast) die ganzen drei Wochen mit ihren Pflegebedürftigen zusammen. Und der Mindestlohn? Die europäische Dienstleistungsrichtlinie? Da mag man nicht gern hinsehen und drückt beide Augen zu. Was wäre denn die Alternative? Die osteuropäischen Pflegekräfte fungieren als »Schockresorber«, als Pflegepuffer, und sie stabilisieren die häuslichen Pflegearrangements und kompensieren die fehlende oder überforderte Familie. Sie sind der Partner- und Tochterersatz. Und sie sind bezahlbar.

Sie gibt es nicht nur in Österreich und Deutschland. Sie finden sich auch in Spanien, Italien, in Israel und sogar in Griechenland. Dort kommen sie dann aus anderen Ländern: aus Schwarzafrika, von den Philippinen oder aus Bulgarien. Überall dort, wo man über kein ausgebautes Versorgungssystem für Pflegebedürftige verfügt, werden sie gebraucht. Ohne sie würden die Pflegesysteme kaum bestehen können. Symbolisch wird dann immer wieder einmal konsequent durchgegriffen, wie etwa Esther Lecovich berichtet: In einer Nacht-und-Nebel-Aktion wurden in Tel Aviv im Rahmen einer Razzia alle illegalen Haushaltshilfen für Pflegebedürftige aufgespürt, festgenommen, abgeschoben und mit drastischen Strafen belegt. Inzwischen sind sie aber wieder da, ihr Rechtsstatus hat sich indes nicht geändert. Gegenüber den ethischen Fragen, die mit der Renaissance der Dienstboten im 21. Jahrhundert verbunden sind, stellen wir uns taub. Es gibt ja noch viel größeres Unrecht in der Welt!? Welch eine Diskrepanz besteht da zwischen den elaborierten Qualitätssicherungssystemen gegenüber ambulanten Diensten auf der einen Seite und dem konsequenten Wegducken gegenüber den osteuropäischen »Pflegeengeln« auf der anderen Seite! Immerhin gibt es Bemühungen, den Markt der Vermittlungsagenturen etwas zu zivilisieren.

In den meisten deutschen Familien wird die Pflege allein von den Familien geschultert, und dies meist über Jahre hinweg. Meistens pflegen die Frauen, als Partner*innen, Töchter oder Schwiegertöchter. Pflege und Sorgetätigkeit ist weiblich: im privaten wie im beruflichen Kontext. Dabei darf nicht übersehen werden, dass und was auch Männer im Zusammenhang mit häuslicher Pflege leisten: Dass ein Ehemann oder Partner seine auf Unterstützung angewiesene Partnerin versorgt, ist mindestens ebenso häufig wie umgekehrt. Auch nimmt die Zahl der Söhne, die sich an Pflegeaufgaben beteiligen, zu. Es werden jedoch bemerkenswerte Unterschiede sichtbar in der Art, wie gepflegt, wie Unterstützung organisiert und der Alltag gemanagt wird. Männer holen sich schneller und in größerem Umfang weitere Hilfe als Frauen. Dies ist im Prinzip richtig. Denn Pflegeleistungen sollten ebenso wie die Kindererziehung auf mehrere Schultern verteilt werden. Wir brauchen nicht die Held*innen der Pflege, die als Einzelkämpfer den Alltag allein meistern.

Iren Steiner hat mit pflegenden Angehörigen Geschichten

gegen das pflegerische Heldentum geschrieben und Geschichten erzählen lassen, wie ein Leben aussieht, in dem die Sorgeaufgaben auf Jahre hin übernommen, aber eben nicht allein bewältigt wurden (vgl. Steiner 1994). Wenn es in der Kindererziehung selbstverständlich ist, dass man sich gegenseitig unterstützt, etwa in der Familie, im Freundeskreis oder in der Nachbarschaft, gilt dies heute noch keineswegs für die Unterstützung und Versorgung der »Alten«: des Partners, dem der Körper nicht mehr gehorcht, der Mutter mit Demenz. Sie werden zum eigenen Schicksal und zur Privatsache. Das ist gefährlich oder kann gefährlich werden:

- für die sogenannten pflegenden Angehörigen, die sich überfordern, die häufig hoch belastet sind und in einem erschreckend hohen Ausmaß als klinisch depressiv diagnostiziert werden (vgl. Zank/Hedtke-Becker 2008) und den Kontakt zu anderen ihnen wichtigen Menschen verlieren: Pflegen macht einsam;
- für die Pflegebedürftigen, die angesichts der Last, die sie subjektiv für andere darstellen, auch damit beginnen, sich als Last zu fühlen; manchmal werden sie auch zu Opfern von Aggressionen und Gewalthandlungen oder leiden unter den in der häuslichen Pflege verbreiteten freiheitsentziehenden Maßnahmen: Sie werden eingesperrt, sediert oder fixiert. Das betrifft immerhin 10 Prozent aller Pflegebedürftigen und 30 Prozent der Menschen mit Demenz.

Die Pflege der Eltern oder des Partners kann zur Zerreißprobe für das eigene Leben werden. Martina Rosenberg hat darüber ein Buch geschrieben: »Mutter, wann stirbst du endlich?« Die große Resonanz auf das Buch zeigt, dass viele

Menschen mit Frau Rosenberg mitfühlen und ähnliche Erfahrungen kennen. Die Ambivalenz gegenüber dem geliebten, aber nicht sterben wollenden Menschen ist steter Begleiter überforderter Angehöriger. Sie wird verstärkt, wenn ökonomische Interessen im Spiel sind: finanzielle Unterstützungsleistungen der Kinder, die im deutschen Unterhalts- und Sozialhilferecht fest verankert sind, die Befürchtung, dass das Erbe darüber aufgezehrt wird: Nur 5000 Euro bleiben den Pflegebedürftigen als Schonvermögen. Die Unterhaltspflicht reicht weiter als bei der Grundsicherung für alte und behinderte Menschen. Immerhin gibt es das Pflegegeld, das allerdings in sehr unterschiedlicher Weise genutzt wird: bei manchen zur Sicherung des Lebensniveaus, bei anderen zur Kompensation von Verdienstausfällen. Es wird aber auch für die osteuropäischen Pflegekräfte eingesetzt oder angespart. Sicheres Wissen über die Verwendung des Pflegegeldes liegt nicht vor. Es ist offensichtlich attraktiver als Pflegedienste, über 70 Prozent der Pflegebedürftigen respektive ihrer Angehörigen ziehen das Pflegegeld den sogenannten Sachleistungen vor – und das auch dort, wo es (noch) ausreichend Pflegedienste gibt, was keineswegs überall der Fall ist.

Die Pflegeversicherung provoziert ein problematisches Abwägen zwischen Sachleistung und Geldleistung, zwischen cash und care. 20 Prozent der pflegenden Angehörigen übernehmen aus einer finanziellen Zwangslage heraus die Pflege und nutzen das Pflegegeld. 185 000 von rund 2,5 Millionen Personen, die heute Angehörige zu Hause pflegen, stehen kurz davor, diesen Dienst einzustellen (Barmer 2018)[*].

Fachliche Begleitung ist in jedem Pflegehaushalt gefragt.

[*] https://www.barmer.de/presse/infothek/studien-und-reports/pflegereport/ pflegereport2018-170354.

Die Fachpflege sollte daher auch nicht als Alternative zur Geldleistung vorgesehen werden. Es sind vielfach rein pragmatische Gründe, die dazu führen, die Geldleistung der sogenannten Sachleistung, der häuslichen Pflege durch einen der 14 100 Pflegedienste, vorzuziehen. Im Schnitt ist es eine Stunde, die ein Pflegedienst am Tag aus den Mitteln der Pflegeversicherung im Haushalt tätig werden kann. Dann ist der Anspruch gegen die Pflegekasse zumeist aufgebraucht. So hilfreich ein ambulanter Pflegedienst sein kann, so hochgeschätzt seine Professionalität sein mag – die Pflegeberufe rangieren in der Wertschätzung der Bevölkerung ganz oben, gleich nach der Feuerwehr –, so wenig wird er als nützlich und hilfreich empfunden, wenn es darum geht, die Gesamtsituation der Versorgung zu managen. Überhaupt wird das Managen des Alltags zu einer zentralen Herausforderung für die Angehörigen.

Wie im Kindergarten- und Schulalter der Kinder: Immer wieder geschieht etwas Unvorhersehbares, unterschiedliche Anforderungen treten zur gleichen Zeit auf – private eigene Dinge sind zu erledigen, die Berufstätigkeit ist mit den Pflegeaufgaben unter einen Hut bringen, es gilt den Arztbesuch zu organisieren, einzukaufen, Anträge zu bearbeiten. Und dann heißt es wieder, den redundanten Alltag auszuhalten. Der immer wiederkehrende Toilettengang, das Aufstehen und Zubettbringen, die gleichen Redewendungen, die täglichen Rituale. Den größten Einfluss auf die häusliche Pflegesituation, auf die Belastung von pflegenden Angehörigen haben das Netzwerk, in dem ein Pflegebedürftiger lebt, sowie der Ort, an dem er lebt. Zeitbudget-Studien, die wir in dem bundesweit angelegten Forschungsprojekt »persönliches Pflegebudget« durchführen konnten, zeigen, dass für die pflegebedürftigen Menschen nicht der Grad der Pflegebedürftigkeit für den Umfang der empfangenen Leistungen und der Unterstützungszeit, die ihnen zuteilwurden, maßgeblich waren, sondern die Frage, in welchem Netzwerk sie leben und ob sie in einer ländlich oder städtisch geprägten Umgebung zu Hause sind.

Dabei unterscheiden wir stabile Netzwerke von labilen und prekären. Ein stabiles Netzwerk ist dadurch gekennzeichnet, dass der auf Pflege angewiesene Mensch mit Angehörigen in einer Wohnung oder einem Haus zusammenlebt. In einem labilen Netzwerk lebt der auf Pflege angewiesene Mensch allein, hat aber in unmittelbarer Nähe einen unterstützenden nahen Angehörigen, einen Freund oder Verwandte. Im prekären Netzwerk kann die Person mit der täglichen sozialen Unterstützung von nahen Angehörigen nicht rechnen. Sie ist mehr oder weniger auf sich gestellt. Bedeutend sind nun die Unterschiede in der Zeit, die einem auf Pflege angewiesenen Menschen in der Woche zur Verfügung gestellt wird. Im ländlichen Bereich sind es 87 Stunden pro Woche – Unterstützung wird hier überwiegend durch Angehörige, aber auch Nachbarn und Freunde erbracht. Wenn er in einem stabilen Netzwerk lebt, sind dies in einem städtisch geprägten Ort nur 36 Stunden (vgl. Blinkert/Klie 2006).

Das Leben in der Stadt ist anders. Pflegende Angehörige gehen typischerweise ihrer Berufstätigkeit nach. Andere soziale Anforderungen und Angebote kultureller Art stehen in Konkurrenz zur alleinigen Pflege. Die Opportunitätskosten bei der Übernahme von Pflegeaufgaben sind höher: Man muss auf Dinge verzichten, die einem wichtig sind. Im prekären Netzwerk, dort also, wo Menschen im Wesentlichen auf sich gestellt sind, auch wenn sie der täglichen Unterstützung bedürfen, auch wenn Pflegebedürftige von der Pflegeversicherung als pflegebedürftig eingestuft wurden, erhalten sie im

Durchschnitt im städtischen Umfeld nur neun Stunden Unterstützungszeit pro Woche, etwa ein Zehntel der Zeit, die einem auf Pflege angewiesenen Menschen im stabilen Netzwerk in einem überschaubaren Dorf zur Verfügung steht. Lebt der Pflegebedürftige allerdings nicht in der Stadt, sondern in einem Dorf allein, ohne nahe Angehörige in der näheren Umgebung, sind es immerhin 28 Stunden Unterstützung, auf die er zählen kann. Eine Stunde pro Tag wird durch einen Pflegedienst, der Rest wird von Nachbarn oder Freunden und in einem noch sehr geringen Umfang von Ehrenamtlichen abgedeckt.

Es sind die sozialen Einflussfaktoren, die maßgeblich sind für die Qualität der häuslichen Versorgungssituation. Und es sind die sozialen Umstände, die eine Heimunterbringung auslösen: Nicht die Krankheit, nicht der Grad der Pflegebedürftigkeit sind ausschlaggebend, sondern das soziale Netzwerk, in dem ein auf Pflege angewiesener Mensch lebt – gegebenenfalls auch die baulichen Bedingungen. Wir haben in Deutschland nur etwa sechs Prozent an altentauglichen Wohnungen im Wohnungsbestand (vgl. BMVBS 2011). Für die vielen Menschen, die etwa auf einen Rollstuhl angewiesen sind oder sich nur noch mit einem Rollator bewegen können, ist das zu wenig.

Vor dem Hintergrund der Bedeutung sozialer Netzwerke ist es wichtig, dass die soziale Architektur in den Mittelpunkt der kommunalpolitischen Aufmerksamkeit gerückt wird. Wie können Menschen im (hohen) Alter leben, und zwar so leben, dass sie dazugehören? Wie kann die Nachbarschaft reaktiviert werden – in ihrer Aufmerksamkeit und diskreten alltäglichen Solidarität? Für die alltägliche Sorge und Umsorge bleibt meist die Familie verantwortlich, und dort ist zumeist nur eine Person zuständig: die, mit der der Pflegebedürftige zusammenlebt. Das, was hier von Angehörigen und Partner*innen geleistet wird, ist bemerkenswert. In der Zukunft kann und darf man allerdings nicht uneingeschränkt damit rechnen. Das Pflegepotenzial schrumpft, und die Zahl der Pflegebedürftigen steigt. Denn die Familien werden kleiner, Frauen werden viel häufiger berufstätig sein. Ihre Erwerbsbeteiligung steigt, und die nachfolgenden Generationen, insbesondere die der Babyboomer, werden keineswegs in gleicher Weise in der Lage sein, Aufgaben zu übernehmen wie die Kriegskindergeneration heute.

Die Wahlfreiheit zwischen Familie und Beruf steht für die Emanzipation von tradierten Geschlechterrollen. Sie steht aber auch für eine Unterordnung der Familie unter die Ratio der Wirtschaft und für eine Verabsolutierung der Konsumentenfreiheit als höchster Form der Freiheit im neoliberalen Denken (Blüm 2013). Die Diskrepanz zwischen der Zahl der auf Pflege angewiesenen Menschen und der pflegenden Angehörigen wird immer größer. Die Mobilität nimmt zu: Man kann nicht davon ausgehen, dass die Kinder immer am selben Ort bleiben. Allerdings findet sich interessanterweise meist ein naher Angehöriger in der Nähe des Pflegebedürftigen. Nur etwa 20 Prozent der älteren Menschen leben mehr als zwei Stunden von einem ihrer Kinder entfernt. Die räumliche Nähe ist entscheidend für die alltägliche Unterstützung. 38 Prozent der erwachsenen Kinder von Pflegebedürftigen wohnen in Laufnähe zu ihren Eltern. Davon unterstützen 71 Prozent ihre Eltern bei der Bewältigung alltäglicher Aufgaben, wenn diese hilfsbedürftig sind. Bei Menschen, die mehr als sechs Kilometer von ihren Eltern entfernt leben (34 Prozent), leisten das noch 37 Prozent, bei mehr als 50 Kilometern Entfernung (28 Prozent) sind es nur 17 Prozent, die im Alltag helfen (vgl. Initiative Hausnotruf 2010).

Die Umzugsbereitschaft Älterer mit Blick auf die eigene Versorgungsbedürftigkeit ist hoch ausgeprägt: Über 60 Prozent sind bereit und geneigt, in die Nähe ihrer Kinder zu ziehen, wenn sie allein nicht mehr zurechtkommen. Aber bitte nicht in denselben Haushalt; es gilt weiter der gerontologische Lehrsatz von Ursula Lehr: »Nähe auf Distanz«, aber eben doch auch Nähe. So wie die Eltern früher erwarteten, dass ihre Kinder irgendwann zurückkommen, sogar das Elternhaus übernehmen, ist heute häufig eine andere Richtung angesagt: der Umzug in die Nähe der Kinder. Die Familienbande sind und bleiben die stärksten aller möglichen Beziehungen. Man will nur begrenzt zur Last fallen, schätzt aber die emotionale Nähe. Dies gilt zumindest für viele Familien, insbesondere in bildungsgeprägten Milieus. Hier wird es zu einem zivilisatorischen Problem: den eigenen Vater waschen, die Mutter versorgen – das ist von beiden Seiten nicht leicht zu akzeptieren.

Nadja Wolf beschreibt in einfühlsamer Weise in ihrem Beitrag »Unten am Bach« die Geschichte einer Familie, die lernte und akzeptierte, ihren Vater zu pflegen (Wolf 2013). Sie waren immer in Sorge, dass ihr Vater stürzen könnte, und konnten nicht immer bei ihm sein, aber ermöglichten ihm einen wenn auch risikoreichen Verbleib in seiner Wohnung. Sie gingen seinen Weg mit ihm und teilten mit ihm die kleinen Abschiede von dem, was sein Leben früher ausgemacht hatte. In vielen Familien werden solche Erfahrungen gesammelt, ändern sich die Rollen, aus den fürsorglichen Eltern werden Sorgebedürftige. Eindrücklich berichteten Maria Furtwängler und Ursula von der Leyen von den Erfahrungen mit ihren (inzwischen verstorbenen) Vätern, von den Kämpfen unter der Dusche und beim Zähneputzen, von den liebevollen Formen der Unterstützung – etwa dem Anlegen von Schwimmflügeln für das

Morgenbad im See. Für viele Angehörige ist das eine sehr elementare Erfahrung, ihren Partner, ihre Eltern anders, neu, häufig offener und in jedem Fall mit ganz anderen Daseinsthemen als früher beschäftigt zu erleben. Es ist eben auch dieses Unmittelbare – zur Toilette gehen, waschen, anziehen –, das zu akzeptieren vielen schwerfällt.

In anderen Familien wird die Pflege der Eltern nicht nur selbstverständlich erwartet, sie ist Teil der Familiensorge und Bewährungsprobe für den Zusammenhalt: typisch etwa für Familien mit Migrationsgeschichte in der ersten Generation, etwa bei Russlanddeutschen oder auch vielen Familien aus der Türkei (vgl. Schnepp 2002). Es gibt auch die Gleichgültigen oder die mit einer schwierigen Beziehung zu dem auf Pflege angewiesenen Menschen. Hier drohen alte Geschichten aufzubrechen, ist Konfliktpotenzial vorhanden. In unseren Forschungsprojekten über freiheitsentziehende Maßnahmen in der eigenen Häuslichkeit fanden wir auch manch menschenrechtsverletzende Gleichgültigkeit, wenn die Angehörigen fast ständig eingeschlossen in ihren Wohnungen zurückgelassen wurden. Was heute schon kompliziert und nicht selbstverständlich ist, wird morgen in vielerlei Hinsicht noch einmal schärfer hervortreten. Wie verträgt sich die alltägliche Sorge mit einer egozentrierten Gesellschaft im digitalen Zeitalter (vgl. Schirrmacher 2013)? Da erscheint so etwas wie Pflege von nahen Angehörigen als altmodisch, karrierefeindlich, uncool. Wie können in einer Zeit, in der Zeit zum knappen Gut geworden ist, Zeiten für die Pflege in die eigene Lebensführung eingeplant und berücksichtigt werden? Mit diesen Fragen setzte sich der achte Familienbericht der Bundesregierung intensiv auseinander (BMFSFJ 2012).

Während die Zahl pflegender Angehöriger zurückgeht, verdoppelt sich die Zahl der auf Pflege angewiesenen Menschen und steigt die Zahl von Menschen mit Demenz auf drei Millionen im Jahr 2050. Da bedarf es einer besonderen Klugheit, die Pflegebereitschaft in Familien zu stabilisieren oder ihren Rückgang zu kompensieren. Die Pflegeversicherung fußt auf einem vormodernen Familienmodell, wenn sie auf die Familienpflege setzt und ihre finanzielle oder fiskalische Stabilität darauf aufbaut. Man wird darüber nachdenken müssen, ob man informelle Pflegearbeit, wie in anderen Ländern üblich, mit einer Grundsicherung honoriert oder sogar für die Berufstätigkeiten Ersatzeinkommen vorsieht – wie in Dänemark und von MdB Emmi Zeulner, CSU, gefordert.

So sinnvoll Entlastungsangebote – Tagespflege, Kurzzeitpflege – die kaum verfügbar sind – Betreuungsgruppen – für pflegende Angehörige sind, so wenig ändern sie etwas an der Diskrepanz zwischen der Zahl der Pflegebedürftigen und der Zahl zur Pflege bereiter und für Pflegeaufgaben überhaupt vorhandener Familienangehöriger. Selbst bei optimistischer Annahme, dass die Vereinbarkeit von Erwerbsarbeit und Pflege besser gelingt, dass eine entlastende Infrastruktur mit teilstationären Angeboten verfügbar ist, dass Arbeitgeber die Arbeit flexibilisieren, bleibt es eine der größten Herausforderungen der nächsten Jahrzehnte, wie und welche Antworten auf die Frage »Who cares?« gefunden werden. Es wird gleichermaßen extrem schwierig, genügend Fachkräfte zu finden, um die sach- und fachgerechte Pflege zu gewährleisten und die von der Pflegeversicherung vorausgesetzten, aber eben abnehmenden Familienpflegeressourcen zu ersetzen.

Dabei gibt es große Unterschiede innerhalb Deutschlands sowie zwischen Stadt und Land (vgl. Rothgang u. a. 2012, Klie 2018). Die Zunahme der Zahl Pflegebedürftiger variiert zwischen verschiedenen Regionen in Deutschland je nach Altersstruktur. Unterschiede gibt es auch in den Prävalenzraten

Pflegebedürftiger. Der Faktor demografischer Druck (Verhältnis älterer Menschen zu anderen Altersgruppen) verstärkt das Versorgungsproblem. Man wird vor Ort nach Lösungen suchen müssen, mit förderlichen Rahmenbedingungen für alte und neue Formen der Solidarität. Die Komponenten der Unterstützung und die Regiefunktionen sind vergleichbar, die Antworten vor Ort aber jeweils eigene.

So werden die Familien, Nachbarschaften und Freundeskreise ihre Bedeutung behalten, wenn es darum geht, Sorge für An- und Zugehörige zu tragen. Nur werden es keinesfalls allein Familien im Sinne der Blutsverwandtschaft sein, die uns tragen.

Wir werden uns individuell, familiär und kulturell mit dem Phänomen auseinandersetzen müssen, dass die Verwiesenheit auf Pflege eine weithin ungeschützte und von sozialem Abstieg bedrohte Lebenslage ist (vgl. Gröning 2012). Wir sind mit ihr in unseren Familien auf vielfältige Weise konfrontiert, sie begegnet uns in unserem Lebenszyklus. Die häufig anspruchsvollen Aufgaben der Begleitung treffen auf unterschiedlichste Familiendynamiken, -geschichten und -strukturen. Joselle Coenen Huther unterscheidet mehrere Familientypen: die der Tradition, der Solidarität, der Bastion und der Assoziation (vgl. Coenen-Huther 2002). Diese Familientypen bilden unterschiedliche Wertesysteme aus, die großen Einfluss haben auf die Bereitschaft, Pflegeaufgaben zu übernehmen. Traditionale Familien definieren sich nach Huther über Herkunft, Vergangenheit, Traditionen, Familien des Typus Bastion über Leistung, Stärke und Erfolg, sie sehen die Familie als Gegenwelt zur Gesellschaft, in der sie im Konkurrenzkampf bestehen müssen. Familien des Typus Solidarität definieren sich über Gegenseitigkeit, Vertrauen und Austausch. Erfolg spielt hier eine nachrangige Rolle. Familien des Typus Assoziation schließlich definieren sich über Freiheit und Individualität. Während in traditionalen Familien die Pflege eine moralische Pflicht und Schuldigkeit ist, die sich aus der Herkunft, der Vergangenheit und der Abstammung ergibt (vgl. Gröning 2012), wird sich eine Familie vom Typus Bastion eher für eine Seniorenresidenz entscheiden und eine Familie vom Typus Solidarität für eine breite Beteiligung an den Sorgeaufgaben – eventuell unter Einbeziehung osteuropäischer Hilfen, wenn sie sich das leisten kann. Familie ist eben nicht gleich Familie.

Es werden sich auch wesentlich mehr als bislang Unternehmen mit Fragen der Vereinbarkeit von Beruf und Pflege beschäftigen müssen. In Deutschland sehen sich gegenwärtig ca. 1,3 Millionen Menschen gleichzeitig mit Anforderungen in Beruf und Pflege konfrontiert (BMFSFJ 2012). Berthold Dietz weist darauf hin, dass Mitarbeiterinnen in deutschen Betrieben künftig in ihrem privaten Umfeld dreimal häufiger mit Pflegesituationen konfrontiert sein werden als bisher mit Schwangerschaft, Geburt, Kinderbetreuung und -erziehung (vgl. Dietz 2011). Und es geht dann nicht um neun Monate plus 14 Wochen, sondern im Schnitt um fünf bis acht Jahre. Das erfordert Unternehmensstrategien, die durch flexiblere Arbeitszeitgestaltung und Arbeitszeitkonten, eine pflegesensible Unternehmenskultur und eine gezielte Infrastrukturförderung bis zum Familienservice und zu unternehmenseigenen Tagespflegeeinrichtungen geprägt sind. Wer im pflegeverantwortungsnahen Alter ist, ist im besten beruflichen Alter, zwischen 45 und 55 Jahre alt, etabliert, qualifiziert, trägt Verantwortung und hat Know-how. Wer kann auf solche Mitarbeiter verzichten? Sich also nicht um erwerbstätige Pflegende zu kümmern, ist eine betriebswirtschaftlich und volkswirtschaftlich viel zu teure Angelegenheit. Von der Vereinbarkeit von Beruf und Pflege hängt nach Expertenmeinung ganz entscheidend ab, wie sich künftig das Verhältnis von häuslicher und Heimversorgung entwickelt (vgl. Blinkert/ Klie 2004, Rothgang u. a. 2012).

Die Pflege von Angehörigen wird ganz wesentlich getragen von den Partner*innen auf Pflege angewiesener Menschen (vgl. Feldhaus-Plumin 2011). Hier ist die Übernahme von Pflegeaufgaben weithin selbstverständlich, »in guten wie in schlechten Tagen«. Für Partnerschaften stellt sich die Sorge-bedürftigkeit eines Partners als grundlegende Veränderung der Beziehung dar: Rollen verändern sich, der Aktionsradius nimmt deutlich ab. Häufig sind gerade Paare, die sich pflegen, von sozialer Isolation bedroht: Freunde und Nachbarn zie-hen sich zurück. Während das subjektive Belastungsempfin-den geringer ist als etwa bei pflegenden Töchtern, kommen ältere Pflegende an ihre körperliche Leistungsgrenze. Schlaf-entzug schädigt die Gesundheit. Besonders schwer ist es in Partnerschaften, die Veränderungen, die mit Demenz einher-gehen, zu verarbeiten. Viele berichten von großer Entfrem-dung, davon, ihre Partnerin bzw. ihren Partner »verloren« zu haben. Sie müssen einen neuen Weg finden, ihre Partnerschaft zu leben: etwa auf Distanz, indem sie sich an der Sorge für den Partner in einer Wohngruppe oder einem Heim beteili-gen – und zu Hause ihr eigenes Leben weiterführen oder neu entfalten. Für viele Pflegende und Pflegebedürftige ist es überraschend, dass sie sich auf die Pflege und Sorgeaufgaben emotional einlassen können und in ihrer neuen Verantwor-tung einen Sinn finden. Viele erleben neue und eine gestärkte Verbundenheit und Intensität der Beziehung. Andere Bezie-hungen scheitern gerade an dieser Herausforderung.

Eine besondere Bedeutung gewinnen ältere Menschen mit Zeit für die Sicherung von Teilhabe. In der Art, wie sie ihre Zeit »verwenden«, spiegeln sich das mitverantwortliche Leben und in der Bereitstellung von Zeit für andere Menschen (aus der eigenen Familie, aus anderen Familien) ihre Generativität wider. Zeit ist eine wichtige Ressource des Alters, die heute noch wenig genutzt wird, betont der achte Familienbericht (BMFSFJ 2012). In der Zeitverwendungsstudie des statistischen Bundesamtes zeigt sich: die Älteren spenden viel Zeit für Engagement und nachbarschaftliche Unterstützung (Blinkert/Klie 2017). Die Bereitstellung von Zeit für andere Menschen in jenen Phasen des Alters, in denen man über ausreichende Kräfte verfügt, um andere Menschen unterstützen zu können, kann sich positiv auf die Bereitschaft anderer Menschen auswirken, die empfangene Hilfe zu erwidern, wenn man selbst auf Hilfe angewiesen ist. Hier liegen Ressourcen für die Sicherung von Familienpflege. Dabei darf, so der achte Familienbericht, das Zeitgeschenk der älteren Menschen nicht auf Verpflichtung beruhen. Es sind vielmehr entsprechende Präferenzen zu fördern, einen Teil der eigenen Zeit für jene Menschen zur Verfügung zu stellen, die aufgrund zeitintensiver Verpflichtungen nur ein geringes Maß an freier Zeit besitzen (BMFSFJ 2012).

Die Sorge und Pflege von Angehörigen allein den Familien zu überlassen, ist unverantwortlich. Es wird aber auch nicht ohne Familien und Freunde gehen, ohne die Sorgefähigkeit der kleinen Lebenskreise mit ihren je unterschiedlichen Prägungen, Werten und Ressourcen. Viele gesellschaftliche Akteure sind in vielfältiger Weise gefragt, Familien, Freunde und andere »kleine Lebenskreise« in ihrer Sorgefähigkeit zu unterstützen, zu begleiten und zu entlasten und gegebenenfalls zu ersetzen. Das gilt für Familien, Freundeskreise, Kirchengemeinden, Kommunen und Unternehmen. Sonst sind Familien mit Pflegeaufgaben schnell am Ende. Auch Sibylle Laurischk betonte in ihrer Zeit als Vorsitzende des Familienausschusses im Deutschen Bundestag in der 17. Legislaturperiode, dass ihr immer deutlicher werde, dass das Thema Pflege nicht nur eine Frage der Gesundheits-, sondern ganz besonders der Familienpolitik sei. Ich bin schon seit Langem der Ansicht, dass das Thema Pflege in das Familienressort gehört – und nicht als Annex Gesundheitspolitik in das Gesundheitsministerium. Art. 6 GG fordert den Schutz der Familie – auch und gerade dann, wenn es um Fragen der Sorge geht, von U 3 bis U 100, von den Kleinen bis zu den Hochbetagten (vgl. Klie/ Gutknecht 2012). Wenn der Pflegereport der BARMER Ersatzkasse (Rothgang 2018) zeigt, dass etwa 20 Prozent der pflegenden Angehörigen die Pflege ganz wesentlich aus dem Grund übernehmen, weil sie sich bezahlte Pflege haushaltsökonomisch nicht leisten können, dass insbesondere Frauen aus rein finanziellen Zwangssituationen heraus häufig auf die Erwerbsarbeit zugunsten der Pflege von Angehörigen verzichten, in etwa 185 000 pflegende Angehörige lieber heut als morgen ihre Aufgaben abgeben würden, weil sie nicht mehr können, dann zeigt sich, wie groß der Handlungsbedarf in der Pflegepolitik ist, die nicht nur die Angehörigenpflege voraussetzt und nutzt, sondern sich in der Verantwortung sieht, verträgliche Rahmenbedingungen für alle Beteiligten zu schaffen. Tine Haubner (2017) analysiert häusliche Pflegearrangements unter ausbeutungstheoretischen Gesichtspunkten und kommt zu dem Ergebnis, dass sowohl der Einsatz von osteuropäischen Pflegekräften als auch das unverantwortliche Setzen auf die Pflegebereitschaft von Angehörigen sich als Ausbeutung lesen lassen: Finanziellen Nutzen zum Nachteil anderer generieren. So erfährt Karl Marx zum 200. Geburtstag eine Renaissance – auch in der Pflegedebatte.

4

Zukunftsmarkt Pflege

DARF SICH PFLEGE RECHNEN?

Bei aller Bedeutung der Pflege in und durch Familien – ohne professionelle Hilfen geht es nicht. Ambulante Dienste und Heime gehören zu den dynamischen Wachstumsbereichen in der deutschen Senioren- und Gesundheitswirtschaft – und zu interessanten Anlageobjekten für Investmentfonds. Mehr Geld für die Pflege – wem dient es und wofür sollte es eingesetzt werden?

Im Pflegebereich ist die Nachfrage nach Fachkräften riesengroß. Mit der Vermittlungsabsprache haben wir den deutschen Arbeitsmarkt für qualifiziertes Personal von den Philippinen geöffnet. Der Bedarf an Pflegefachkräften ist auch mit Blick auf die Zukunft so groß, dass wir nicht nur alle inländischen und europäischen Potenziale ausschöpfen dürfen, sondern auch auf dem internationalen Arbeitsmarkt aktiv für Karrieren in Deutschland werben müssen« (so Ursula von der Leyen, damals Arbeitsministerin, schon 2013). Wer pflegt die Deutschen? Polinnen, Ukrainerinnen, Spanierinnen, Chinesinnen und/oder Philippinerinnen? Alle sind gefragt, so betont auch der aktuelle Gesundheitsminister Spahn. Im Jahr 2030 werden etwa 500 000 Beschäftigte in der Langzeitpflege fehlen. Es muss also investiert werden in die Pflege: in die Ausbildung und in die Versicherungsleistungen. Verdi hat eine Vollversicherung für die Pflege vorgeschlagen (vgl. ver.di 2012), ein Vorschlag, den der Arbeitgeberverband Pflege unterstützt. Sicher ist: Eine menschenfreundliche Pflege wird uns in Zukunft deutlich mehr Geld kosten als heute. Nur, wofür gilt es mehr Geld bereitzustellen? Für den Pflegemarkt?

Gute Pflege hat ihren Preis. Wir müssen faire Löhne für berufliche Tätigkeiten zahlen, die für die Gesellschaft einen hohen Wert besitzen; dazu gehört auch die Pflege und Unterstützung alter Menschen. Pflegekräfte müssen ihr Auskommen haben, ihre Berufe müssen attraktiv bleiben. Der aktuell in der Diskussion befindliche bundesweit allgemeinverbindliche Tarifvertrag Pflege würde bis zu 5 Milliarden Euro Mehrausgaben der Pflegeversicherung verursachen. Nach bisheriger Rechtslage müssen die Bewohner*innen, ersatzweise die Kommunen, diese Mehrkosten tragen. Auch Pflegedienste und -einrichtungen können ohne wirtschaftliche Grundlage nicht betrieben werden. Und ohne sie gibt es keine verlässliche Infrastruktur vor Ort. Die Zeiten der Ordensschwestern und Schwesternschaften sind vorüber, auch wenn wieder mehr das Ehrenamt und das bürgerschaftliche Engagement gefordert werden. Bürger*innen engagieren sich aber nicht gern als Lückenbüßer für einen Sozialstaat, der nicht mehr kann oder will. Und sie engagieren sich noch weniger, wenn sie das Gefühl haben, sie würden als die dummen Guten missbraucht und andere machen das Geschäft – das Geschäft mit der Pflege (vgl. Fussek/Schober 2008). Immerhin 42 Prozent der Bevölkerung sind nach einer Allensbachumfrage (Haumann 2018) der Meinung, Heimträgern und Pflegediensten ginge es im Wesentlichen ums Geldverdienen.

Kann man das denn überhaupt, bei den Pflegesätzen, die offenbar niemals ausreichen, bei den niedrigen Vergütungssätzen für ambulante Dienste? Offenbar ja. Inzwischen geben die Pflegekassen 38,5 Milliarden Euro aus – gegenüber den

Vorjahren stiegen die Ausgaben der Pflegeversicherung nach Einführung des neuen Pflegebedürftigkeitsbegriffes um 24 Prozent. Das Marktvolumen liegt deutlich höher, da im Pflegemarkt mehr Geld umgesetzt wird als das Geld der Pflegeversicherung: Eigenanteile, Zuzahlungen, Krankenkassenkosten, Schwarzarbeit. Aber wer verdient an der Pflege? Nicht alle. Manche Pflegedienste und Heime kommen kaum zurecht, stehen vor der Insolvenz – aus sehr unterschiedlichen Gründen. Aber die meisten, vor allem Heimträger, verdienen nicht schlecht, sowohl die Wohlfahrtsverbände als auch die privaten Träger, die in den letzten Jahren deutlich an Gewicht gewonnen haben. Sie machen ihr Geld mit den Heimen, wenn sie denn »gut« wirtschaften. Das geben auch viele offen zu. Ohne die Erträge aus den stationären Behinderten- und Pflegeheimen könnten zahlreiche Einrichtungen der freien Wohlfahrtspflege andere Aufgaben nicht in der Weise finanzieren, wie es ihnen heute noch möglich ist. Das, was die Gemeinnützigen in andere gemeinwohlorientierte Aktivitäten stecken, können die Privaten als Rendite verbuchen, und das tun viele. Sicher: Arbeitgeber in der Langzeitpflege sind gerade in strukturschwachen Regionen als Arbeitsmarkt- und Nachfragefaktor nicht zu unterschätzen. Nur, dieses häufig vorgetragene Argument besagt noch nichts über die Betriebsform, Rendite und wie die Infrastrukturverantwortung eingelöst werden soll.

Pflege ist zu einem Markt geworden. Mit Einführung der Pflegeversicherung vor 25 Jahren sollten bewusst Elemente des Wettbewerbs einziehen. Die Handschrift der FDP ist bis heute in der Pflegeversicherung zu lesen. Alle – qualitätsgesicherten – Anbieter sollen Zugang zu diesem Markt haben. Bedarfsprüfungen gibt es nicht. Kein anderer Bereich der Sozialwirtschaft wurde so konsequent »wettbewerbsneutral«

geregelt wie der der Pflegeversicherung. Eine bedarfsgerechte Versorgung kann allerdings auch auf diese Weise nicht mehr gewährleistet werden. Waren 2012 noch etwa 13 Prozent Leerstände zu beklagen, ist inzwischen alles knapp geworden, was mit Langzeitpflege zu tun hat: Pflegedienste, Pflegeheimplätze, WG-Plätze. In Nordrhein-Westfalen vermelden die meisten der 2800 Pflegeheime, dass sie voll belegt sind und wieder Wartelisten führen. »Die meisten Einrichtungen müssen inzwischen acht bis zehn Absagen pro Monat erteilen«, beklagt etwa Reinhard van Spankeren, Sprecher der Freien Wohlfahrtspflege in NRW gegenüber der Westdeutschen Allgemeinen Zeitung. In rund 80 Prozent der Kommunen herrscht zudem eine eklatante oder drohende Unterversorgung bei den dringend benötigten Kurzzeitpflegeplätzen.

»Kunden«, wie die Pflegebedürftigen genannt werden, sollen die Wahl haben. Die Marktlogik hat auch dort Platz gegriffen, wo es um die persönliche Sorge für den anderen geht. Nun haben viele kommunale Einrichtungen und auch von Wohlfahrtsverbänden getragene Heime in der Vergangenheit nicht immer eine gute Figur gemacht. Sie konnten sich lange im Bett der selbstkostenorientierten Pflegesätze ausruhen. Diese Zeiten sind aber schon seit Ende der 1990er-Jahre vorbei. Auch gemeinnützige und kommunale Heime sind in die Schlagzeilen geraten, wenn sie nicht gut gewirtschaftet haben oder nicht seriös mit dem ihnen anvertrauten Geld umgegangen sind. »Private können das besser«, so lautet immer noch ein weitverbreiteter Glaubenssatz vieler Unternehmensberater im Bereich der Sozialwirtschaft. Es war die FDP, die das Marktprinzip in der Pflegeversicherung prominent verankert hat. Seit Einführung der Pflegeversicherung ist der Markt gewachsen, haben sich ambulante Pflegedienste fast verdoppelt und hat auch die Zahl der Heime zugenommen.

Im Vergleich 2017 mit 2015 ist die Zahl der Pflegebedürftigen im Zuge der Einführung des neuen Pflegebedürftigkeitsbegriffs deutlich um 19,4 Prozent (554 000) gestiegen. Die Nachfrage nach Leistungen der ambulanten Pflegedienste und der vollstationären Pflegeheime hat zugenommen: Die Anzahl der in Heimen vollstationär versorgten Pflegebedürftigen ist unterdurchschnittlich um 4,5 Prozent (34 900) gestiegen; die Zahl der durch ambulante Dienste betreuten Pflegebedürftigen stieg um 19,9 Prozent (138 000). Die Anzahl der »reinen« Pflegegeldempfänger*innen – also der allein durch Angehörige Versorgten – nahm deutlich um 27,5 Prozent (380 000) zu. Bei der Pflege zu Hause ergibt sich somit ein Anstieg von insgesamt 24,9 Prozent (518 000 Pflegebedürftige).

Von den insgesamt 14 100 zugelassenen ambulanten Pflegediensten befand sich die Mehrzahl in privater Trägerschaft (9200 bzw. 66 Prozent); der Anteil der freigemeinnützigen Träger betrug 33 Prozent. Öffentliche Träger hatten – entsprechend dem Vorrang der anderen Träger nach dem SGB XI – einen Anteil von lediglich 1 Prozent.

Bundesweit gab es im Dezember 2017 rund 14 500 nach SGB XI zugelassene voll- bzw. teilstationäre Pflegeheime. Die Mehrzahl der Heime (53 Prozent bzw. 7600) befand sich in freigemeinnütziger Trägerschaft; der Anteil der Privaten betrug 43 Prozent – er liegt somit niedriger als im ambulanten Bereich. Öffentliche Träger haben, wie im ambulanten Bereich, den geringsten Anteil (5 Prozent). Eine bunte Pflegelandschaft zeichnet die Zahlen der Pflegestatistik.

Private Heimträger gibt es schon lange. Viele Heime werden als Familienbetrieb geführt, wie Unternehmensberater Roger Hufnagel als Kenner der Szene betont. Nicht selten arbeiten sie unter Bedingungen der Selbstausbeutung, fast so, wie es von gemeinnützigen Trägern vermutet wird. Ein kleiner Betrieb mit 30 oder 60 Plätzen wirft aber nicht viel ab. Die Eigentümer, die die Heime in den 70er-Jahren eröffnet haben, finden häufig keine Nachfolger für ihre Unternehmen. Hierin liegt auch ein Grund für die sich fortsetzende »Konsolidierung im stationären Segment«. Neben den kleinen etablieren sich aber auch zunehmend große privatgewerbliche Pflegeunternehmen in Deutschland. Marktführer Korian, Tochter eines französischen Konzerns, weist bereits rund 240 Pflegeeinrichtungen mit ca. 25 000 Plätzen, Angeboten für betreutes Wohnen und ambulante Dienste aus. Stetig wachsende Anbieter wie Alloheim, Orpea, Dorea sind allesamt expansionsorientiert und gehören zu französischen Konzernen oder Finanzinvestoren.

Für die Zukunft wird erwartet, dass sich die regionale Verdichtung von Pflegeheimen im Unternehmensverbund weiter beschleunigt und die »Konsolidierung auf dem deutschen Pflegeheimmarkt« von relativ wenigen größeren Unternehmen ausgehen wird, die über jene Finanzkraft und Managementressourcen verfügen, die nötig sind, um aktiv die von den meisten Betreibern erwartete Konsolidierung voranzutreiben. Zukünftig wird es immer weniger Betreiber geben, die nur eine oder wenige Einrichtungen führen. Auch wenn kleine, persönliche Einrichtungen bei Bewohner*innen beliebt sind, werden aus betriebswirtschaftlicher Sicht 100 Plätze und mehr für ideal gehalten. Für größere Einrichtungen finden sich auch Anleger. Zunehmend kooperieren gewerbliche, z.T. auch gemeinnützige Heimträger mit Private-Equity-Gesellschaften. Private-Equity-Gesellschaften sind keine börsenorientierten Aktiengesellschaften. Sie arbeiten mit Investmentfonds oder verbrieften Kreditportfolios und erwerben für einen begrenzten Zeitraum Unternehmensanteile, um eine finanzielle Rendite zu erwirtschaften. Institutionelle Anleger sind inzwischen allerdings auch zunehmend Staats- und Pensionsfonds wie Lebensversicherungen, die in der aktuellen Niedrigzinsphase die ihren Kunden zugesagten Verzinsungen über die Beteiligung an Pflegeobjekten und -betrieben sicherstellen wollen. Pflegeimmobilien sind eine sichere Anlage.

Pflegeheime sind ein begehrtes Renditeobjekt und versprechen anständige Gewinne. Angesichts des demografischen Wandels sind Sozialimmobilien, insbesondere für »Senioren«, ein Wachstumsmarkt – bei seriösen Betreibern allerdings mit fallenden Renditen (aktuell unter 5 Prozent).

In Zeiten der Verunsicherung von Finanzmärkten, im Auf und Ab der Börsenkurse versprechen Seniorenimmobilien Verlässlichkeit. Dabei sind die Investitionen nicht immer langfristiger Art. Die Fonds kalkulieren auf den schnellen Weiterverkauf der Seniorenimmobilien-Portfolios, und dies mit erstaunlichen Gewinnmargen, da sich der Kaufpreis für eine Seniorenimmobilie an dem Ertrag der letzten Jahre orientiert: Für den Ertrag wird viel getan, und dies oftmals zulasten der Bewohner und des Personals. So wird an einer Untergrenze der heimrechtlich vorgeschriebenen Personalbesetzung gearbeitet. Auch kriminelle Praktiken sind keineswegs unbekannt, etwa die Überbelegung der Einrichtung. Dadurch kommen auch manche gemeinnützigen Träger zu ihren positiven Jahresergebnissen.

Auch wenn heute mit kalkulatorischen Auslastungen von über 97 Prozent gerechnet werden kann, wird von zahlreichen Einrichtungen, häufig nach Vorgaben der Konzernzentralen gespart: beispielsweise am Personal, das zum Teil nur auf dem Dienstplan steht oder gleich in mehreren Einrichtungen zeitgleich eingesetzt wird. Solche Praktiken, wenn sie denn ruchbar werden, veranlassen bisweilen die Aufsichtsbehörden dazu, eine Art Razzia bei verdächtigen Trägern durchzuführen, um dieser »Mehrfachnutzung« von Personal auf die Spur zu kommen. Oft wird immer noch untertariflich gezahlt, oder Überstunden werden nicht ausgeglichen, oder das Weihnachtsgeld wird einbehalten, und dies alles mit der Begründung, die Pflegesätze würden nicht ausreichen. Die im Einzelfall ausgesprochen skrupellosen Akteure in der Seniorenimmobilienbranche setzen oft auf die Mitarbeiter*innen mit ihrem großen Verantwortungsgefühl für die Menschen, die auf Pflege angewiesen sind und von ihnen betreut werden. Sie arbeiten dann, wie früher die Ordensschwestern zum VG-Tarif, zum Vergelts-Gott-Tarif, und dies für Träger, denen es nur ums Geld geht. Wer mit den Pflegesätzen in Deutschland Rendite macht, spart in der Regel an den Personalkosten. Angesichts des sich dramatisch ausbreitenden Fachkräftemangels wird die »Ausbeutung« der Pflegekräfte allerdings schwieriger. Auch für die Investoren ist der Nachweis der ordnungsgemäßen Personalausstattung ein führendes Kriterium. 70 Prozent der Pflegeheimkosten sind Personalkosten. Ihr Einsatz wird nicht kontrolliert: Wer nicht tarifgebunden entlohnt, spart bis zu elf Prozent – bekommt aber ggf. wegen abwandernder Pflegekräfte Probleme mit der Belegung.

Wer die Hauswirtschaftskräfte outsourct, spart ebenfalls. Gewinne werden entweder auf Kosten der Bewohner (zu wenig Personal) oder auf Kosten der Mitarbeiter*innen (zu wenig Lohn) gemacht. Mittelfristig zahlt sich das nicht aus: Wer will zu solchen Bedingungen noch Personal finden? Aus China? Aus Vietnam? Jene, die solches Personal suchen, sind in der Regel diejenigen, die den Lohn drücken wollen.

Hier ist Gegendruck nötig: Die Arbeit in der Langzeitpflege, als Fachkraft, aber auch in der Assistenz für Hauswirtschaft und Teilhabe, sie muss attraktiv werden für Erwerbstätige in und aus Deutschland. Gefragt sind weniger Qualitätskontrollen als vielmehr der Nachweis, dass die für Personal in den Entgelten enthaltenen Mittel auch für das Personal eingesetzt werden. Dann könnte ein Großteil der Qualitätsprobleme ad acta gelegt werden. Die Konzertierte Aktion Pflege der großen Koalition hat sich des Themas angenommen. Gute Träger setzen auf professionelle Personalarbeit. Auf Initiative des Demographie Netzwerkes (DDN), einem Zusammenschluss von Arbeitgebern aus allen Branchen, hat das Bundesgesundheitsministerium 14 Schlüsselfaktoren für eine gute Personalarbeit in der Langzeitpflege von einer Expert*innengruppe erarbeiten lassen: sie reichen von verlässlichen Dienstplänen über Vereinbarkeit bis zum betrieblichen Gesundheitsmanagement.

Personalkosten sind nicht die einzige Stellschraube für eine höhere Rendite. Auch an den Lebensmitteln wird gespart: Im Pflegeheim wird ein Lebensmittelsatz zwischen fünf und sieben Euro kalkuliert. Dem Küchenchef wird im Einzelfall aufgegeben, mit 2,14 Euro am Tag pro Bewohner auszukommen. Dass dann eine ernährungsphysiologisch ausgewogene und abwechslungsreiche Kost kaum mehr geboten werden kann, versteht sich von selbst. Von wegen »Esskultur im Heim«, von wegen alltägliche kleine Genüsse, die für das Wohlbefinden so wichtig sein können. Jeden Tag drei bis fünf Euro pro Bewohner an den Lebensmittelkosten zu sparen, bringt bei einer Einrichtung mit 200 Plätzen schon über 200 000 Euro zusätzlichen Gewinn pro Jahr. Große Träger, wie etwa Pro Seniore, haben ein effizientes Qualitätsmanagement aufgebaut, das aber mitnichten nur der vorgeblichen Lebensqualität der Bewohner*innen dient, sondern auch und gerade der Rationalisierung.

Die gesamte Qualitätssicherungsmaschinerie war niemals primär menschen-, sondern immer risikoorientiert: Haftungsansprüche sollen ausgeschlossen, Zulassungen zu Märkten gesichert und eine kosteneffiziente Betriebsführung gewährleistet werden. Wer vorgibt, die Qualitätssicherung diene im Wesentlichen dem einzelnen auf Pflege angewiesenen Menschen, der hat das Geschäft der Qualitätssicherung und seine Bedeutung nicht durchschaut und verstanden. Die Gewinnmargen für stationäre Pflegeeinrichtungen in Deutschland können sich durchaus sehen lassen. Bemüht man sich um eine einheitlich gute Versorgung der Bewohner*innen, sind immer noch zwei bis fünf Prozent Umsatzrendite zu erwirtschaften, so die Kenner der Szene. Von den Private-Equity-Anlegern wird aber mehr erwartet: In jedem Fall acht bis zwölf und im Extremfall bis zu 18 Prozent. 18 Prozent Umsatzrendite sind heute nicht mehr so leicht zu erzielen wie früher – mit Ausnahme der außerklinischen Intensivpflege. Pro Seniore liegt inzwischen bei 5,4 Prozent vor Steuern.

Es bleibt aber nicht bei der Umsatzrendite, hinzu kommt die Kapitalverzinsung für Grundstücks- und Gebäudewert. Häufig handelt es sich um verpachtete Immobilien, aus denen der Verpächter als reine Kapitalverzinsung Geld ziehen will. Auch hier liegen die Margen deutlich über dem, was üblicherweise auf dem seriösen Anlagemarkt verdient werden kann: Neun Prozent Kapitalverzinsung sind im Private-Equity-Bereich üblicherweise zu erwarten, seriös dürften drei Prozent sein, gewöhnlich sind es aber sechs Prozent. Aus diesen Gründen machen sich Investoren an Bürgermeister heran und versprechen, den örtlichen Bedarf an Einrichtungen des betreuten Wohnens und an Pflegeheimen zu decken. Viele Bürgermeister fallen darauf herein: Erst zahlen sie nichts, da das Kapital von außen kommt, dann aber merken sie, dass etwa die Mieten im betreuten Wohnen zu hoch sind. Das betreute Wohnen wird zum *bereuten Wohnen*: Man zahlt eine hohe Miete, erwartet werthaltige Dienstleistungen – und bekommt sie nicht. Die Zeiten des betreuten Wohnens als innovative Wohnform für ältere Menschen sind vorbei – trotz gutem Image in der älteren Bevölkerung. Ich empfehle Bürgermeistern, von dem Konzept Abschied zu nehmen und stattdessen in barrierearme und -freie Wohnungen zu investieren. Auch die von Investoren initiierten Pflegeheime werden häufig zum Problem. Die von den Investoren für Pflegeheime verlangte Pacht macht gutes Wirtschaften für den jeweiligen Betreiber oft unmöglich. Ein langfristiges Interesse haben die Investoren meist nicht, insbesondere dann nicht, wenn es sich um »anonymes« Kapital handelt. Ein örtlicher Bauunternehmer oder ein an die Region gebundener Investor wird die Renditeerwartung mit dem Zweck der Einrichtung ausbalancieren. Das tut etwa Hugo Frey, der von vornherein die Sozialpflichtigkeit seines Eigentums mitdenkt. Mehr als 3,5 Prozent Kapitalrendite hält auch er im Bereich der Seniorenimmobilien für unseriös und kann darin keinen Ausdruck der sozialen Verantwortung der Investoren sehen.

Schon Adam Smith und David Hume haben die Bedeutung einer Balance zwischen Moral und Markt erkannt: Ein nachhaltiges Wirtschaften baut auf soziale Stabilität und Gerechtigkeit. Unsere Märkte, auch und gerade im Bereich der Seniorenimmobilien, sind aber nicht langfristig, sondern auf das schnelle Geld hin ausgerichtet. Darum sind Laufzeiten der Mietverträge von 20 Jahren Indikator für eine gewisse Grundseriosität.

Wenn an die Stelle der Moral die Qualitätssicherung tritt, ist das kein guter Ausweis für eine Gesellschaft im demografischen Wandel, in der sich die Kultur ganz wesentlich an der

Sorgefähigkeit der gesamten Gesellschaft erweist. Auch gemeinnützige Träger gehören nicht immer zu denen, für die die weltanschauliche Orientierung ganz oben steht. Gleichzeitig wird insbesondere kleinen Trägern der freien Wohlfahrtspflege ein wirtschaftlicher Dilettantismus vorgeworfen: Die können das nicht, die Gemeinnützigen, ein Pflegeheim wirtschaftlich betreiben. Noch dramatischer fallen die Urteile über die kommunalen Träger von Pflegeheimen aus. Ihnen wird zumeist generell Misswirtschaft unterstellt. Selbst Träger der Wohlfahrtspflege haben auf ihre wertvollen Immobilien verzichtet, indem sie sie an renditeorientierte Konzerne übertragen haben. Im Krankenhausbereich ist dies inzwischen absolut üblich, auch im Pflegeheimbereich gibt es viele Beispiele: Weithin bekannt ist der Landesbetrieb Pflegen und Wohnen in Hamburg. Hier war auch Friedrich Merz mit Blackrock im Spiel. Zwar wurden 100 Millionen Euro in Modernisierung investiert – aber verbunden mit der Erwartung, angesichts der steigenden Grundstückspreise in Hamburg in einigen Jahren mit großem Gewinn wieder verkaufen zu können. In vielen deutschen Städten verzichten Kommunen und Wohlfahrtsverbände auf wichtige Kapitalien, die für die Daseinsvorsorge von größter Bedeutung sind, wie etwa der vielerorts betriebene Verkauf von stadteigenen Wohnungen oder der Kanalisation gezeigt haben. Das war unverantwortlich. Die Kämmerer haben sich vielfach verzockt und damit ihren Städten auf Jahrzehnte ihre finanzielle Handlungsfähigkeit genommen. Jetzt kaufen Städte ihre Wohnungen zurück, um Gentrifizierung zu begrenzen und bezahlbaren Wohnraum zu schaffen. Im Heimbereich wird nicht selten die Immobilie verkauft und dann zurückgepachtet. Die armen Heimleiter müssen dann Pachten erwirtschaften, die ihnen viel von dem finanziellen Handlungsspielraum nehmen, den ihnen die

Pflegesätze der Pflegeheime an sich eröffnen. Oftmals wird auch der gesamte Betrieb verkauft – Immobilie und Geschäftsbetrieb – oder unter den Vorzeichen der Gewinnmaximierung von gewerblichen Anbietern weiter betrieben. Kurzfristig werden damit die Haushaltslöcher der Kommunen gestopft und die Bilanzen von Wohlfahrtsverbänden aufgebessert. Langfristig gesehen wird hiermit Substanz verkauft, die für die künftigen Aufgaben der Daseinsvorsorge in einer Gesellschaft des langen Lebens notwendig gebraucht wird.

Wie gerade Kommunen in verantwortlicher und innovativer Weise als Träger von Pflegeeinrichtungen und als Innovationsmotoren auftreten können, zeigt beispielsweise die Stadt Mönchengladbach mit ihrer Sozialholding Mönchengladbach. Die kommunalen Einrichtungen wurden zu hundert Prozent an eine Tochter der Stadt übertragen. Der Geschäftsführer Helmut Wallrafen, einer der Talkshowgäste bei Anne Will und Co., steht für innovative Konzepte der Langzeitpflege: Einrichtungen wurden konsequent auf Hausgemeinschaften oder Wohngruppen umgestellt, die Mitarbeiterführung ist vorbildlich, die Gewinnung und Bindung von Arbeitskräften ist in eine lokale und regionale Arbeitsmarktpolitik eingebunden. Die Sozialholding expandiert mit quartiersbezogenen Versorgungskonzepten und ist bekannt dafür, den einzelnen Bewohner ernst zu nehmen.

»Verborgene Wünsche« heißt das Programm. Für Helmut Wallrafen sind sie »was Wichtiges im Leben«. Alle haben vor, einmal im Leben mit den Kindern eine große Reise zu machen. Die Aktion »Verborgene Wünsche« steht im Zusammenhang mit vielen anderen Aktivitäten, die in der Sozialholding systematisiert wurden: Etwa dass die Köche individuelle Gewohnheiten des Essens, individuelle Geschmäcker aufgreifen, die mittlerweile technisch identifiziert werden über

»Orgacard«, ein System, mit dem individuelle Essenswünsche und -abneigungen hinterlegt werden, also dass es nicht 30-mal Rotkohl gibt für den, der Rotkohl nicht mag. In der Aktion »Verborgene Wünsche« wurden für die Bewohner individuell Wünsche identifiziert und verwirklicht, wie Hubschrauberflug, Flug mit Fesselballon, Strandbesuche, Eis essen, das Grab des Mannes besuchen, sich noch einmal mit einer Freundin aus der Grundschule treffen.

Nicht nur fachlich, auch wirtschaftlich geht die Rechnung auf: Die Sozialholding schreibt seit Jahrzehnten schwarze Zahlen. Die Kameralistik ist kein Freund einer betriebswirtschaftlich orientierten Geschäftsführung. Insofern bedarf es auch bei kommunalen Betrieben anderer Wirtschaftsformen. Darum auch die Ausgliederung in eine GmbH, Aktiengesellschaft oder in eine Stiftung, wie es etwa mit der kommunalen Münchenstift GmbH in München geschehen ist. Gerade darin zeigt sich kommunalpolitische Verantwortung bei der Daseinsvorsorge: in der Unterstützung der Einrichtungen und Dienste, die für die Sorge und Versorgung vulnerabler Menschen verantwortlich sind.

Die Stadt Stuttgart hat ihre Einrichtungen wieder zurückgekauft. Auch dort hatte man den Weg eingeschlagen, den viele Kommunen gehen: den Verkauf der lästigen Sozialimmobilien und -betriebe. Um die politische Gestaltungskraft im Bereich der Pflege und Eingliederungshilfe zurückzugewinnen, betreibt die Landeshauptstadt Stuttgart ihre Einrichtungen wieder selbst, und dies mit Erfolg, wie Geschäftsführerin Sabine Bergmann-Dietz zu berichten weiß. Auch Wohlfahrtsverbände sind in der Lage, gut zu wirtschaften, wobei eben nicht primär die Rendite, sondern der Social Return on Investment im Vordergrund zu stehen hat, wenn sie ihre weltanschauliche Orientierung ernst nehmen. Als weiteres Musterbeispiel galt lange die Caritas Betriebsführungs- und Trägergesellschaft in Köln mit ihren 19 Einrichtungen, aufgebaut von ihrem Geschäftsführer Franz Josef Stoffer. Er hat aus einem defizitären ein konzeptionell vorbildliches Unternehmen entstehen lassen. Als mehrfach bester Arbeitgeber Deutschlands stand die CBT für vorbildliche Mitarbeiterführung und Arbeitsbedingungen. Mit ihren Versorgungskonzepten hat die CBT ebenso Maßstäbe gesetzt wie mit der systematischen Einbeziehung von Angehörigen und bürgerschaftlich Engagierten: Hier können Angehörige auch an Pflegeaufgaben mitwirken – dafür erhalten die Bewohner einen Teil des Heimentgeltes zurückerstattet.

Es gibt viele Beispiele für sozialverantwortliches Wirtschaften gemeinnütziger Unternehmen. Aber es hat sich in der Branche so etwas wie eine Sanierungsmentalität breitgemacht. So als wären alle gemeinnützigen und kommunalen Einrichtungen Sanierungsfälle. Unternehmensberatungen nehmen sich die Einrichtungen für viel Geld vor, machen Standortanalysen, identifizieren »Rationalisierungsreserven«, was oft heißt, dass Kosten eingespart und häufig auch Leistungen reduziert werden. Können Mitarbeitergruppen outgesourct werden, um der Tarifbindung zu entgehen? Lässt sich beim Lebensmitteleinsatz sparen? Manch ein Sanierer ist darauf aus, die jeweilige Einrichtung zu Tode zu sanieren und in die Insolvenz zu führen, so scheint es. Das Beispiel der Anderson Holding wurde 2012 von Monitor aufgedeckt (siehe hierzu ARD Monitor vom 15.12.2012, »Pflegeheim Monopoly«). Sie versprach Sanierung und führte die Einrichtungen an den Abgrund: Löhne wurden nicht ausbezahlt, Rechnungen nicht beglichen. Über Geschäftsführungsverträge wurden horrende Honorare abgegriffen, wie etwa bei der Gevita im Südbadischen geschehen. Die Sanierer kamen als Retter und gingen als Pleitegeier und konnten nur durch eine Eilentscheidung des Landgerichts Freiburg daran gehindert werden, sich mit dem gesamten Monatsgehalt der Mitarbeiter*innen und Mitarbeiter aus dem Staub zu machen.

Die Geschäftspraktiken in deutschen Pflegeheimen zeigen, wozu eine Marktöffnung des Sektors führen kann, wenn die Marktordnung nicht stimmt. Die Pflegekräfte und die Heimleitung werden von Aufsichtsinstanzen, insbesondere im Auftrag der Landesverbände der Pflegekassen, von den Medizinischen Diensten der Krankenversicherung mit überbordenden Qualitätsprüfungen drangsaliert. Bis ins Detail müssen sie die Qualität ihrer Leistungen dokumentieren. Für die im Hintergrund getätigten Finanztransaktionen gibt es so gut wie keine Aufsicht und Ordnung. Mit den Pflegekräften können sich die Aufsichtsbehörden noch anlegen, nicht aber mit den im Hintergrund wirkenden Finanzjongleuren. Die Frage, wie der unbestreitbare Investitionsbedarf in der Langzeitpflege gestemmt werden soll, ist nicht einfach zu beantworten. Aus Steuermitteln sicher nicht. Investitionsbereites Kapital mit moderaten Renditeerwartungen mögen willkommen sein. In gemeinwirtschaftlichen Strategien liegt gerade bezogen auf die Entwicklung örtlicher Infrastrukturen eine hochbedeutsame Perspektive. Das zeigt etwa Rolf Gennrich mit seiner Sozialgenossenschaft in Wesselburen. Warum sollen nicht die Bürger*innen, statt ihr Geld in Fonds anzulegen, in örtliche Genossenschaften investieren, die Einrichtungen der Pflege bauen und betreiben: von der Wohngruppe bis zur Tagespflege. Dafür steht das Konzept der Bürgergenossenschaften, die Aufgaben der Daseinsvorsorge übernehmen und die eine immer größere Resonanz finden (Klie u. a. 2018).

Helmut Wallrafen-Dreisow, Geschäftsführer
Sozialholding Mönchengladbach, berichtet aus der Praxis:

Aktuell ist es noch so, dass Prüfungen des Medizinischen Dienstes und der Heimaufsicht sich auf die sogenannte Strukturprozessqualität beziehen, da vor allen Dingen Gesundheits- und Krankheitsbilder, Hygiene usw. im Mittelpunkt stehen und kein Mensch sich mit dem systematisch befasst, was eigentlich die dominanten Kosten der Pflege sind. Pflege, definiert nach Pflegeunterkunft, Verpflegung und Investkosten, also einem Pflegesatz, der mit 3500/4500 Euro sehr hoch ist und überprüft wird. Der große Faktor im Pflegesatz, der (je nach Trägerstruktur privat, kommunal oder in freier Wohlfahrtspflege) ungefähr zwischen 60 und 75 Prozent liegt, beschreibt die Personalkosten. Hier wird in der Bundesrepublik ausschließlich mit pauschalierten Werten gearbeitet. Man hinterlegt anhand von Pflegestufen Personal. Dann wird in schönen Tabellen mit Durchschnittswerten von Kosten gearbeitet. Eine Pflegefachkraft darf im Schnitt 45 000 Euro kosten, eine Pflegehilfskraft 39 000 Euro: So wird dann der Pflegesatz berechnet, das Ganze auf der Basis einer 98-Prozent-Auslastung. Es gibt keinen Flächentarif, durch den ich gezwungen bin, die pauschalierten Personalkosten, die ich bekomme, in Lohn für Menschen, die bei mir arbeiten, umzusetzen. Das heißt, wenn ich eine Pflegefachkraft habe, die mich nur 33 000 Euro kostet, dann habe ich als Gewinn die Differenz zu dem pauschalierten Wert. Rechtlich sind die Kassen gehalten oder haben zumindest die Möglichkeit, es anders zu machen. Das geschieht in der Bundesrepublik nicht. An der Stelle lautet meine Forderung: Wir sollten nicht länger die Pflegequalität überprüfen, sondern systematisch über einen einheitlichen Flächentarif die Einhaltung und die Vorhaltung von Personal kontrollieren. Das würde den verbreiteten Betrug verhindern.

Kleine wohnortnahe Einrichtungen liegen nicht im Interesse der üblichen Investoren. Pflegeheime rechnen sich erst ab 60 bis 80, am besten aber mit über 100 Plätzen. Solche Einrichtungen jedoch entsprechen konzeptionell nicht mehr den heutigen Anforderungen. Manche Bundesländer versuchen, die Platzzahl nach oben hin zu begrenzen, so weit dies rechtlich möglich ist, wie etwa die ehemalige nordrhein-westfälische Gesundheitsministerin Barbara Steffens mit ihrer konsequent quartiersbezogenen Altenpflegepolitik. Ihr Nachfolger Laumann hat diese Politik gestoppt: die Benachteiligung von Heimträgern sollte beendet werden. Gegen die Planung und Realisierung großer Einrichtungen gibt es kaum Handhabe. Die Zeche zahlt nachher wieder der Sozialhilfeträger respektive der Steuerzahler. Pflegeheime mit hohen Investitionskosten, die auf die Unterkunft und Investitionskosten umgelegt werden, sind teuer. Viele Pflegebedürftige können diese Kosten, so weit diese von ihnen selbst zu tragen sind, nicht mehr selbst finanzieren. Ihre Zahl steigt aktuell rapide. Dann sind in Deutschland immer noch die Kinder oder ist der Sozialhilfeträger in der Pflicht. Kurzfristig mag sich der Bürgermeister über das neue Pflegeheim freuen und es pressewirksam einweihen. Langfristig wird es dem Kämmerer Kopfschmerzen bereiten. In kleine Wohneinheiten mit bis zu zwölf Plätzen investieren die großen, renditeorientierten Unternehmen nicht, denn die werfen nichts ab. Sie werden als unwirtschaftlich und nicht praktikabel diskreditiert.

Ähnliches gilt für ambulante Dienste. Sie arbeiten mit Renditemargen zwischen 1,5 und 2,5 Prozent, bei spezialisierten Diensten können es bis zu 20 Prozent sein – und ihre Pflegeleistungen sind oft unterfinanziert. Der Wettbewerb auf dem Pflegemarkt hindert sie daran, auskömmliche Stundensätze zu erstreiten. Ambulante Dienste tun sich zunehmend schwer, wirtschaftlich zu überleben. Hier steht meist kein großes Kapital im Hintergrund, hier können keine Gebäudeinvestitionen abgeschrieben werden. Hier ist die Konkurrenz groß und sind die Gewinnmargen gering. Auch Zalando, das Start-ups im ambulanten Sektor unterstützte, hat sich wieder zurückgezogen. Aber gerade hier besteht Bedarf. Quartiersbezogene Ansätze, die das Verbleiben in der eigenen Wohnung und gruppenbezogene Angebote von Wohnungsbaugesellschaften oder Wohnungsbaugenossenschaften vorsehen, sind noch die Ausnahme und rechnen sich für die Träger zumeist nicht. Der aus den Niederlanden stammende Ansatz von Buurtzorg findet auch deshalb in Deutschland eine so große Resonanz, weil er sich nicht in die Logik tätigkeitsbezogener Abrechnungen von Pflegeleistungen einbinden lässt, sondern in teilautonomen Teams in Stadtteilen die Versorgung unter Einbeziehung von Angehörigen, Nachbarn, Freunden organisiert.

Große Wohnungsgesellschaften in prekären Regionen entdecken ihr (ökonomisches) Herz für ihre alten Mieter. Bei schrumpfenden Einwohnerzahlen müssen sie ein Interesse daran haben, dass sie ihre Mieter*innen halten, auch die alten. Da lohnt sich gegebenenfalls die Investition in einen »Kümmerer«, der sich um die älteren und auf Hilfe angewiesenen Mieter bemüht. Dann lohnt sich der Leerstand einer Wohnung, die für Gemeinschaftszwecke genutzt werden kann, da lohnt sich sogar der Sozialarbeiter, der sich um die soziale Architektur einer Siedlung bemüht und auf seine Weise dazu beiträgt, dass es Nachbarschaften gibt, die sich gegenseitig unterstützen, Sicherheit stiften und das Verbleiben in der Wohnung ermöglichen. Hier kann sich auch vor dem Hintergrund einer betriebswirtschaftlichen Logik das Investment langfristig auszahlen. Für normale Quartiere, Dörfer und Gemeinden gilt das unter betriebswirtschaftlichen Gesichtspunkten zwar nicht, unter volkswirtschaftlichen aber durchaus.

Wie lassen sich betriebswirtschaftliche und volkswirtschaftliche Zielsetzungen miteinander verbinden? Eines der wenigen Beispiele, wo dies funktioniert, ist das Projekt »Gesundes Kinzigtal«. Helmut Hildebrandt, bundesweit bekannter Gesundheitssystemreformer, hat hier ein weltweit beachtetes Innovationskonzept realisiert: Er will mit seiner Firma durchaus Gewinn machen, ebenso wie die an »Gesundes Kinzigtal« mitwirkenden Ärzte, Krankenhäuser, Apotheken, Pflegedienste und Therapeuten. Absprachen mit den Krankenkassen sehen aber vor, dass alle Beteiligten finanziell davon profitieren, wenn Menschen gesund bleiben. So wird in Präventionsprogramme, in die Kooperation von Schulen, Vereinen, Selbsthilfegruppen investiert. Es zeigen sich die ersten Erfolge: Diabeteserkrankungen und andere typische mit dem Alter verbundene Erkrankungsformen gehen zurück. Hieran hat ein krankheitsorientiertes Gesundheitswesen in der Regel kein Interesse. Denn es verdient an der Krankheit, an einer neuen Hüfte, ob sie der Betroffene benötigt oder nicht.

Ein solches an der öffentlichen Gesundheit orientiertes Konzept der Gesundheitsversorgung, wie es bei »Gesundes Kinzigtal« realisiert wurde – inzwischen auch in Hamburg Billstedt sowie weiteren Regionen –, zeigt, wohin der Weg künftig führt. Solch eine Lösung ist und bleibt aber die ganz große Ausnahme, da sie keinesfalls das schnelle Geld verspricht und auf Vernetzung angelegte Kooperationen voraussetzt. Auch für den Pflegebereich lassen sich ähnliche Konzepte denken und konzipieren, wie etwa das regionale Pflegebudget. Hier würden alle Ansprüche, die auf Pflege angewiesene Menschen gegenüber den Kranken- und Pflegekassen haben, in einer Art Fonds zusammengeführt und so eingesetzt, dass sie größten Nutzen entfalten. Auch hier können Gewinne für die Betreiber abfallen, seien es Wohlfahrtsverbände, Managementgesellschaften oder Genossenschaften. Die Vermeidung von Pflegebedürftigkeit, eine möglichst optimale Versorgung und der effiziente Einsatz der knappen Ressourcen wären leitend bei einem solchen innovativen Konzeptansatz.

Die guten Erfahrungen aus dem persönlichen Budget für Pflegebedürftige, die in den Jahren zwischen 2004 und 2007 gesammelt werden konnten, weisen auch in Richtung »Kosteneffizienz« und persönlicher Nutzen. In der Erprobung erhielten Pflegebedürftige und ihre Familien das Geld ausgezahlt, das sonst von den Kassen direkt an Pflegedienste überwiesen wurde. Sie wählten sich ihre eigenen Helferinnen und Helfer aus. Das Pflegebudget wurde allerdings nicht in der Fläche eingeführt. »Ich fühle mich das erste Mal nicht als behindert«, fasste ein Budgetnehmer seine Erfahrungen zusammen. Viele der Budgetnehmer konnten auf eine sehr individuelle Weise – begleitet durch einen Case-Manager – betreut werden (vgl. Klie/Siebert 2011). Der organisierte Pflegemarkt hat daran aber ebenso wenig ein Interesse wie die Pflegekassen: Sie sehen ihren Einfluss sinken. Einrichtungen und Dienste befürchten Einbußen. So viel Markt soll es dann aber bitte auch wieder nicht sein. Nur beim Pflegebudget, das in sieben Regionen Deutschlands erprobt wurde, habe ich erlebt, dass Pflegedienste eine Demonstration gegen ein Forschungsprojekt organisierten. Mit Erfolg: Bis heute wartet man auf das Budget als Alternative zu Heim und Pflegedienst. Auch der für die Vorbereitung der Einführung zuständige GKV-Spitzenverband behandelt das Thema trotz entsprechenden Bundestagsbeschlusses schleppend.

Der mit der Pflegeversicherung eingeführte Pflegemarkt ist bei allem Wettbewerb dennoch nur ein Quasimarkt: Die Anbieter sind nicht frei in dem, was sie anbieten. Das regelt bis zur letzten Dokumentationsfrage die Pflegeversicherung. Dieser Markt hat indes dazu geführt, dass es mehr Pflegeheime gibt: Ihre Zahl stieg von 8859 im Jahr 1999 auf 14400 in 2019. 142100 ambulante Pflegedienste sind im Lande unterwegs. Die klassische Gemeindekrankenschwester ist Vergangenheit. Der Pflegemarkt hat zu einem professionelleren Umgang mit den Finanzmitteln geführt. Das mag man als wirksame Irritation der bis dahin korporatistisch geprägten Branche begrüßen. Und die Marktöffnung hat auch Wettbewerb gebracht, der überwiegend über den Preis ausgetragen wird: die Privaten sind im Schnitt die billigeren Anbieter (vgl. Augurzky u. a. 2013) – und so manche Entscheidung über die Heimauswahl orientiert sich am Preis, insbesondere dann, wenn Angehörige oder der Sozialhilfeträger zuzahlen müssen. Der Wettbewerb über Konzepte und »Qualität« funktioniert kaum. Dazu lässt das System zu wenig Spielraum. Bei allen Auslastungsproblemen: der Pflegemarkt bleibt ein Wachstumsmarkt. Will man beim Modell »Markt« bleiben, braucht es zum einen eine wesentlich striktere Marktordnung: nicht in puncto Qualitätssicherung – hier boten die unsinnigen Pflegenoten ein willkommenes Marketinginstrument auch für die schlechten Einrichtungen –, sondern hinsichtlich des Finanzgebarens der Akteure. Zum anderen ist eine wesentlich konsequentere Planung durch Länder und Kommunen nötig: Nur so lassen sich verträgliche und kleinräumige Konzepte der Versorgung realisieren, die auch von der Bürgerschaft begleitet werden. Angemessen verdienen sollten dabei vor allem die Mitarbeiterinnen und Mitarbeiter. Die völlig überhöhten Managergehälter in der Branche sind ebenso ein Skandal wie manche Renditeerwartungen: Der Markt kennt eben keine Moral.

500 000 Beschäftigte werden bis 2030 in der Langzeitpflege fehlen, und das ohne Vollversicherung für die Pflege. In ihre faire Bezahlung ist ebenso zu investieren wie in die Ausbildung, Weiterbildung und Schulung all derer, die in dem breiten Feld der Langzeitpflege ihre berufliche Heimat finden mögen – und sei es auf Zeit.

Die radikale Marktöffnung des Pflegesektors löst immer mehr Bedenken aus – und das auch und gerade deshalb, weil manche der (neuen) Akteure und die hinter ihnen stehenden Investoren kein langfristiges Interesse an der Branche haben. Wenn es sich nicht mehr rechnet, dann zieht das investitionsbereite Kapital weiter. Manche der großen gewerblichen Träger plädieren inzwischen für eine Einschränkung des freien Marktes und fordern: An einer intelligenten Infrastrukturentwicklung mit Empirie und Partizipation vor Ort führt kein Weg vorbei. Anders lässt sich keine flächendeckende, bedarfsgerechte Infrastruktur in der Langzeitpflege gewährleisten.

5

Pflege nach Noten – die Logik der Pflegeindustrie?

DIE ÖKONOMISIERUNG DER PFLEGE UND DIE MORAL

Kaum ein Wirtschaftszweig wird so intensiv überwacht wie der Pflegemarkt. Ist das notwendig? Kann man Qualität in Heime hineinkontrollieren? Wofür steht das Misstrauen in die Pflege? Ist es angemessen, dass etwa zehn Prozent der Mittel der Pflegeversicherung für die Dokumentation der Pflege ausgegeben werden?

Skandalmeldungen in der Pflege beherrschen seit Langem die Berichterstattung der deutschen Medien. Claus Fussek, eine Art Robin Hood der Pflegeheimbewohner und steter Gast in deutschen Talkshows, erhält täglich Zuschriften von überforderten Pflegekräften aus Heimen und von entsetzten Angehörigen. Er ist so etwas wie ein Anwalt und die Kassandra der deutschen Pflegeszene geworden. Er setzt sich für die Rechte Pflegebedürftiger ein und verheißt eine dunkle Zukunft für die Pflege. Es gibt diese Missstände: Wir selbst haben in unseren Studien herausgearbeitet, dass täglich etwa 340 000 Menschen in deutschen Pflegeheimen von Fixierungen betroffen sind (vgl. Hoffmann/Klie 2012). Wir haben es mit einem dramatischen und weithin unkontrollierten Einsatz von Psychopharmaka zu tun. 47 Prozent der Pflegeheimbewohner*innen in Deutschland werden mit Neuroleptika behandelt – gegenüber zwölf Prozent in Schweden (AOK

Pflege-Report 2017). Allein diese Zahlen weisen auf eklatante Missstände hin. Hinzu kommen Formen der Misshandlung und der Vernachlässigung, eklatante Pflegefehler. Fixierung ist Folter, das proklamiert Reimer Gronemeyer zu Recht. Der Teufelskreis, der mit der Fixierung im Leiden von Pflegebedürftigen in aller Regel beginnt, ist vielfach beschrieben: Fixierungen können unmittelbar Schäden anrichten, zu Strangulation führen, und in jedem Fall verstärken sie die Unruhe und indizieren (nicht medizinisch, aber tatsächlich) einen erhöhten Einsatz von Psychopharmaka. Die Patienten verlieren an Körpergewicht, werden immobil. Wenn sie denn einmal stürzen, dann hat dies oft fatale Folgen, schlimmere, als ein Sturz ohne Fixierung mit entsprechenden Vorsorgemaßnahmen hätte. Der Allgemeinzustand verschlechtert sich – häufig mit tödlichem Ausgang. Die Bundesrepublik Deutschland musste sich mit dem Foltervorwurf in Pflegeheimen auseinandersetzen. Die Justizminister von Bund und Ländern haben die Nationale Stelle zur Verhütung von Folter mit Sitz in Wiesbaden mit der Inspektion von deutschen Pflegeheimen beauftragt. Es sei unbestritten, dass Gewalt, Misshandlungen oder Demütigungen in der Pflege keine Ausnahmeerscheinungen sind. In der Regel würden aber nur schwere Fälle von Misshandlungen bekannt und strafrechtlich verfolgt. Daher ist inzwischen die Antifolterstelle zuständig.

Nun wird man nicht jedes Bettgitter als Folterinstrument bezeichnen können. Aber auch diese eher üblichen und konventionellen Formen freiheitsentziehender Maßnahmen sind in aller Regel überflüssig und schädlich. Es gibt weltweit keine Studie, die freiheitsentziehende Maßnahmen mit irgendeiner positiven Wirkung beschreibt. Es offenbart sich eher ein negatives Altersstereotyp. Hauptsache, der »Pflegefall« ist sicher. Angehörige fordern das Aufstellen von Bettgittern, die

Betreuungsrichter, die all diese Maßnahmen in kostspieligen Verfahren zu genehmigen haben, folgen überwiegend dem Genehmigungsantrag der Betreuer und diese dem fachlichen Rat der Pflegekräfte im Heim. Es ist ein langer Lernprozess, bis wir auf der Stufe der Engländer angekommen sind, für die sich Fixierungsmaßnahmen schlicht als Lazy Nursing darstellen, als nachlässige Pflege. Nirgendwo zeigt sich unser defizitäres Altersbild von auf Pflege angewiesenen Menschen so deutlich wie in der Fixierungsrate. Trotzdem gibt es sie, die Heime, die vollständig auf Fixierungen und Psychopharmaka verzichten. Auch sie haben nicht mehr Personal, auch sie verfügen nicht über mehr Geld. In ihnen ist die Fixierung Chefsache. Hier werden Konzepte entwickelt und gelebt, die die Wahrung der Menschenrechte als zentralen Anknüpfungspunkt für die Ausrichtung des Pflegehandelns kennen. All das hat mit Haltungen zu tun, nicht mit Personal. In fixierungsfreien Heimen zeigt sich ein Heim in seiner ethischen Reflexivität: In diesen Einrichtungen geht man hochsensibel mit Eingriffen in Freiheitsrechte um, beteiligt Außenstehende und verhindert Menschenrechtsverletzungen, die vielerorts noch zu Routinehandlungen zählen. Die Angst vor Haftung, mit der häufig Fixierungsmaßnahmen begründet werden, entlarvt und gibt Hinweise auf fehlende Professionalität: »Wer aus Haftungsangst fixiert, handelt nicht professionell« (Klie 2011, S. 40 f.). Diese Menschenrechtsverletzungen, die auch in den Medien immer wieder aufgegriffen werden, verweisen auf »Qualitätsmängel« in den Einrichtungen, wobei die Bezeichnung »Qualitätsmangel« als Ausdruck für Menschenrechtsverletzungen schon wieder bagatellisierend wirkt. Es geht hier nicht um die Nachjustierung von Dienstleistungen, um die Güte eines Produktes. Es geht um grundlegende Fragen der Wahrung von Grund- und Menschenrechten. Das Fixierungsproblem ist nicht neu. Es ist seit Jahrzehnten bekannt und wurde vom Gesetzgeber mit Verabschiedung des Betreuungsrechtes im Jahre 1992 aufgegriffen. Die damals ins bürgerliche Gesetzbuch aufgenommene Vorschrift über freiheitsentziehende Maßnahmen richtete sich ganz wesentlich gegen die Praxis in Pflegeheimen. Deutschland steht international einmalig da mit der gerichtlichen Genehmigungspflicht aller freiheitsentziehenden Maßnahmen, inklusive Bettgitter, Stuhlgurte, Stecktische, elektronische »Weglaufkontrollen«. Vielerorts hat sich durch das Betreuungsrecht etwas getan. In manchen Gerichtsbezirken wurden die Fixierungsraten deutlich reduziert. Der in Deutschland dienstälteste Betreuungsrichter, Axel Bauer in Frankfurt, gehört ebenso wie sein inzwischen pensionierter Hamburger Kollege John Gelübcke zu den unermüdlichen Aufklärern in Sachen freiheitsentziehende Maßnahmen in Heimen. Und sie haben Erfolg, ebenso wie der Garmisch-Partenkirchener Richter Kirsch, der bei vielen Richterkolleg*innen ein Umdenken angestoßen hat. Er bekennt freimütig: Die 800 Fixierungen, die er jedes Jahr mindestens genehmigt hat, seien letztlich gedankenlos genehmigt worden. Es sei ihm lange völlig unklar gewesen, dass Fixierungen Schaden stiften: nicht nur die auf einige Hundert geschätzten Strangulationen im Jahr, die als Folge von Fixierungen und Seitenteilen im Bett zu beklagen sind, sondern der beschriebene Teufelskreis. Um dem zu entkommen, hilft das bundesweite Schulungsprogramm ReduFix (Reduzierung körpernaher Fixierung). Es lädt mit der Kampagne: »Eure Sorge fesselt mich« sowohl Professionelle als auch Angehörige zu einem Umdenken ein und zeigt Alternativen auf (www.redufix.de). Trotz aller Maßnahmen bleibt es vielerorts bei der hohen Zahl von Fixierungen. Und es bleibt der Vorwurf der Pflegeschande, wie die Bildzeitung bereits 2007 titelte.

Das rief den Staat auf den Plan. Es ist für eine Landesministe-
rin für Gesundheit und Pflege politisch gefährlich, wenn ihr
Versagen in der Aufsicht über Heime vorgeworfen wird.
Auch die Bundespolitik lässt solche Berichterstattungen nicht
auf sich sitzen. Ohne die Ursachen im Einzelnen in den Blick
zu nehmen, wurde sowohl auf Bundes- als auch auf Landesebene die Aufsicht über die Heime verstärkt. Unangemeldet
und einmal jährlich soll sie stattfinden. Seit 1974 gibt es eine
mit weitreichenden rechtlichen Befugnissen ausgestattete
Heimaufsicht, die inzwischen in jedem Bundesland etwas anders genannt wird. Mit Einführung der Pflegeversicherung
hat man zusätzlich – auch weil die Heimaufsicht offenbar
nicht hinreichend funktionierte – den Medizinischen Dienst
der Krankenversicherung mit der Prüfung der Heime beauftragt. Er war hierauf überhaupt nicht vorbereitet und musste
sich erst mühsam unter dem Stichwort der Qualitätssicherung mit seiner neuen Rolle vertraut machen. Inzwischen gehören die Medizinischen Dienste mit zu den gefürchteten
Kontrolleuren, die jeden Tag im Heim auftauchen können.
Die Heimaufsichtsbehörden der Länder möchten ihnen nicht
nachstehen und konkurrieren um die Frage, wer denn besser
und wirkungsvoller seinen Aufgaben nachkommt – als könnte man Qualität in die Einrichtungen hineinprüfen. Es gehört
heute zu den wesentlichen Gründen der fehlenden Attraktivität von Pflegeheimen als Arbeitsplatz für junge Menschen,
dass sie dort ständig mit Qualitätsvorgaben von Behörden
konfrontiert sind, die wenig bis gar nichts mit dem zu tun
haben, was sie selbst als wesentlich für eine gute Pflege halten.
Es ist eine kafkaeske Situation, die entstanden ist. Wie Ange-
klagte ohne Anklage fühlen sich manche Heimleiter und Pflegekräfte, wenn die häufig bürokratisch gestalteten Kontrollen
vonstattengehen, unter die Bettdecken der Bewohner*innen

geschaut wird, ob der Pflegezustand in Ordnung ist, die Pflegedokumentation penibel überprüft wird, ob denn auch alles, was sachgerecht hätte erfolgen sollen, auch dokumentiert wurde. Schon bei einem Forschungsaufenthalt in Kanada 1996 erzählten mir Qualitätssicherheitsbeauftragte aus Reha-Kliniken, dass sie durch die überbordenden Dokumentationspflichten im Rahmen der Qualitätssicherung nur noch dazu kämen, das zu dokumentieren, was sie hätten tun sollen, wenn sie dafür Zeit gehabt hätten, die ihnen aber wegen der überbordenden Qualitätssicherungs- und Dokumentationspflichten nicht mehr bleibe. Das Statistische Bundesamt hat 2012 festgestellt, dass allein die in Pflegeheimen und Pflegediensten tätigen Pflegekräfte Arbeitszeit im Wert von 2,7 Milliarden Euro für Dokumentationsaufgaben einsetzen müssten (vgl. Bundesregierung/Statistisches Bundesamt 2013, S. 111). Das sind zehn Prozent der Gesamtausgaben der Pflegeversicherung. Hier hat sich die Qualitätssicherung völlig verselbstständigt und diejenigen, um die es eigentlich geht, offenbar vollständig aus dem Blick verloren. Qualitätssicherung ersetzt die Moral der Handelnden und die Ethik in den Institutionen. Und sie zerstört damit die Grundlagen für die Motivation, einen Beruf zu ergreifen, der Menschen dient und von Vertrauen lebt. Georg Sigl-Lehner, seit 2019 Präsident der Vereinigung der Pflegenden in Bayern –, dem umstrittenen bayerischen »Pflegekammerersatz« – betont eindringlich und zu Recht: Pflege ist ein Vertrauensberuf, dem man nicht mit einer Misstrauenskultur begegnen dürfe. Diese Problematik hat auch die Bundeskanzlerin erkannt und benannt:

»Wir haben in der Pflegepolitik vieles versucht – immer aus Missständen heraus, die vereinzelt aufgetreten sind. Diese Vorschriften haben zum Teil viel Verdruss erzeugt, weil sie sofort verallgemeinert und auf alle bezogen wurden. Wir haben immer wieder versucht, mit Bürokratie, Abrechnung und Aufschreiben irgendetwas zu kompensieren oder uns zu versichern, dass auch alles mit rechten Dingen passiert. Wer die langen Listen sieht, wann man zum Beispiel etwas zu trinken gegeben hat, wann man dies und wann man jenes gemacht hat, der ahnt, dass viel Frust bei denen ist, die mit viel Bürokratie kämpfen müssen. Es ist aber wieder eine Frage an die ganze Gesellschaft: Wollen wir, weil wenige etwas falsch gemacht haben, alle bestrafen und ihnen Zeit wegnehmen, die sie sonst für ihre eigentliche Arbeit mit Menschen haben könnten, oder sind wir bereit, gemeinsam zu ertragen, dass menschliches Fehlverhalten in Einzelfällen vorkommen wird?« (Bundeskanzlerin Merkel 2013).

Gerade die auf Menschen bezogene Aufgabe, die Eigenverantwortlichkeit, die Möglichkeit, Menschen aus eigenem Antrieb helfen zu können, holt jüngere und ältere Arbeitnehmer in Berufe in der Langzeitpflege. Und dann sind sie mit ihre Eigenverantwortlichkeit infrage stellenden überbordenden Qualitätskontrollen konfrontiert. Das Thema Pflegedokumentation wurde inzwischen aufgegriffen. Mit Elisabeth Beikirch hat sich eine der prominentesten Pflegeexpertinnen dieser Aufgabe gewidmet und ein auf das Wesentliche fokussiertes Dokumentationssystem (SIS) entwickelt. Unterstützt vom letzten Pflegebeauftragten Herrn Laumann wurde es in ganz Deutschland bekannt gemacht und von vielen Einrichtungen aufgenommen. Leider versiegen inzwischen wieder die konzertierten Bemühungen um seine Einführung. Auch beim Thema Qualitätssicherung hat sich etwas getan: die Ergebnisqualität soll mehr in den Mittelpunkt der Prüfungen gerückt werden. Die unnötigen Pflegenoten werden abgeschafft. Die

Lebensqualität wird geprüft. Das Verfahren ist pflegewissenschaftlich fundiert, basiert auf dem neuen Pflegebedürftigkeitsbegriff – ist aber letztlich nur auf Heime anzuwenden. Heime müssen in Zukunft ihre Qualität selbst prüfen, Risiken erkennen, sich selbst beobachten. Die Prüfinstanzen kontrollieren stichprobenartig die Plausibilität der Selbstevaluation. Das setzt ein ausgebautes Qualitätsmanagementsystem voraus. Und bindet viel Arbeitszeit. Sicher ein besseres System als das der primitiven Noten. Überzeugen kann es gleichwohl nicht. Bürger*innenbeteiligung, Demokratisierung der Heime, eine Überwindung der reinen Dienstleistungslogik, Öffnung der Heime: Fehlanzeige.

Die Methodik der Qualitätssicherung stammt aus Militär und Industrie. Sie ist Ausdruck der Ökonomisierung der Pflege. Diejenigen, die an der Pflege verdienen oder sie bezahlen müssen, verständigen sich auf Qualitätsmaßstäbe, die sie in gewisser Weise immunisieren gegen die grundlegenden Qualitätsprobleme der Heime und gegenüber der Fehlsteuerung des Gesamtsystems. Bei der Qualitätsprüfung durch den MDK wird etwa nicht danach gefragt, warum jemand fixiert wird, warum er Psychopharmaka erhält. Es wird lediglich geprüft, ob die Fixierungen richterlich genehmigt wurden oder eine ärztliche Veranlassung und Verordnung für die Psychopharmaka vorliegen. Genehmigt werden sie, verordnet auch. Nur: Mit Recht fixiert ist auch nicht besser als ohne richterlichen Beschluss, zumindest im Bundesland Bremen: Dort werden 100 Prozent der Anträge auf Genehmigung von Fixierungsmaßnahmen genehmigt. Eine Qualitätsprüfung mit Hunderten von schriftlich formulierten Detailfragen – ob das Essen bewohnerbezogen portioniert ist, der Bewohner die Wahl zwischen unterschiedlichen Menüs hat – ist in der Lage, von zentralen Qualitätsfragen abzulenken und die Definitionsmacht der Kostenträger und Heimaufsichtsbehörden zu sichern. Reimer Gronemeyer weist auf Parallelen zu den Nahrungsmitteln hin: Je schlechter sie hinsichtlich der Produktionsbedingungen werden (Nachhaltigkeit, Arbeitsbedingungen in der Landwirtschaft), je mehr Pestizide in ihnen vermutet werden müssen, desto strenger werden sie in ihrer Qualität kontrolliert. Und die wird dann mit entsprechenden Siegeln quittiert. Das gilt in gewisser Weise auch für die Pflege (vgl. Gronemeyer 2013, S. 17). Gronemeyer reaktiviert die Figur des Prokrustes, des antiken Systemtheoretikers, der jeden Vorbeikommenden auf das Körpermaß zurückschnitt oder verlängerte, das sein Bett als Norm vorsah. Ein griechisch-antiker Vorschein der Qualitätskontrollen? Gronemeyer stellt fest: »Bei Prokrustes lag das Quälen noch offen zutage« (Gronemeyer 2013, S. 53).

Eine Qual ist es für viele Einrichtungen, die sich stets Qualitätskontrollen in einer asymmetrisch geprägten Gesprächssituation unterwerfen müssen, dass nun – wie es bereits im Gesetz steht – auch noch die Lebensqualität der Bewohner geprüft werden soll. Es ist ja richtig, die Frage des Wohlergehens zu thematisieren und Vorstellungen von Lebensqualität zu entwickeln. Auch können die Rahmenbedingungen für Lebensqualität beschrieben und überprüft werden – Zimmergröße, Luft und Licht, Bewegungsspielräume, Rückzug und Begegnungsmöglichkeiten. Aber es geht entschieden zu weit, die subjektive Lebensqualität der Bewohnerinnen und Bewohner zu messen: Was hat der Staat mit dem Thema subjektiver Lebensqualität zu tun? Ivan Illich bezeichnete dieses Modewort als Sammelsurium für Selbstdefinition, Selbstbewertung und Selbstbefriedigung von Dienstleistungsbehörden (taz vom 23.03.1982). Wenn noch nicht einmal Menschenrechte wirksam geschützt werden, verlegt sich der Staat auf die Lebensqualität. Die Kür vor der Pflicht? Ein problematischer Begriff. Lebensqualität hat immer etwas Hochsubjektives, entzieht sich einer normierenden Festlegung. Was ist denn, wenn die Lebensqualität nicht mehr festgestellt werden kann, ist das Leben dann noch lebenswert? Es erscheint als eine anmaßende Konzeption des Gesetzgebers, Fragen der Lebensqualität zum Gegenstand staatlicher Qualitätsprüfungen zu machen. Man könnte sagen: Bleib bei deinen Leisten, sorge für Gefahrenabwehr, für ordnungsgemäße Einhaltung von fachlichen Mindeststandards, sei sensibel, wenn es um Menschenrechtsverletzung geht, aber halte dich zurück, sobald es um die subjektive Zufriedenheit und das individuelle Glück geht: Das ist der Kern der Lebensqualität.

Man mag in der Forschung versuchen, dem auf die Spur zu kommen, was für Menschen mit Pflegebedarf bedeutsam ist, man mag versuchen herauszufinden, was Menschen mit Demenz fühlen und was ihnen wohltut, und sich dem Thema Lebensqualität zu nähern. Dass Lebensqualität menschliche Zuwendung, das Gefühl der Zugehörigkeit und des Respekts ist, dass es Lebendigkeit, Trost und Zuspruch ist, das wissen wir lange, und das weiß jeder Angehörige, der sich auf die Beziehung zu einem in existenzieller Weise auf die Hilfe anderer angewiesenen Menschen einlässt. Auch für manche Heimträger lohnt die Auseinandersetzung mit Fragen der Lebensqualität, auch in Modell- und Forschungsprojekten. Sie finden heraus, wo ihre blinden Flecken liegen, dass »gut gemeint« noch lange nicht »gut« ist. So geeignet die Qualitätssicherungsdiskussion in gewisser Weise sein kann, um Bürger*innen für wichtige Fragen der Qualität von Pflege zu sensibilisieren, so problematisch hat sich die Qualitätssicherungsdiskussion in der Pflegeversicherung entwickelt. Qualitätssicherung dient der Effizienzsteigerung, dem Haftungsausschluss, aber in seiner industriellen Logik nicht (primär) den Menschen. Das Projekt der qualitätsgesicherten Versorgung muss auch deswegen scheitern, weil es die Verantwortung der Generationen füreinander durch eine administrativ organisierte Dienstleistung zu ersetzen versucht (vgl. Gronemeyer 2013, S. 269). Sie liegt im Trend der Ökonomisierung des Sozial- und Gesundheitswesens. Giovanni Maio, Medizinethiker aus Freiburg, beschreibt den gefährlichen Trend zur Ökonomisierung der Medizin. »Die Wirtschaftlichkeit eines Krankenhauses wird immer mehr zum Qualitätsmerkmal. Die Behandlung der Patienten wird nach dem Muster der industriellen Produktion organisiert und standardisiert.« Die Pflege leide darunter, und viele Ärzte hätten ein schlechtes Gewissen. Die Medizin beuge sich der ökonomischen Logik und werde dadurch verformt. »Der Patient aber sucht eine Sorgebeziehung und keine Geschäftsbeziehung zu seinem Arzt« (Arens 2013, NWZ vom 18.05.2013). Das gilt auch für die Pflege. Paul Unschuld formuliert in seinem Buch »Ware Gesundheit«: »Technischer Fortschritt, geänderte Formen der Wissensbildung, gesellschaftlicher Wandel und an erster Stelle die zunehmende Ökonomisierung haben die Ärzte als zentrale Entscheidungsträger verdrängt und neue Akteure an die Macht gebracht, die erstmals in der Geschichte den Kranken als Ressource und Gesundheit als Ware betrachten« (Unschuld 2011). In der Pflege sind wir auf demselben Weg. Michael Sandel beschreibt eindringlich, wie die Regeln des Marktes in fast alle Lebensbereiche eingedrungen sind – auch in diejenigen, die eigentlich jenseits von Konsum und Markt liegen sollten (Sandel 2012). Auch die Pflege ist von den Marktregeln erfasst worden. Sandel fragt, wie wir den Markt daran hindern können, Felder zu beherrschen, in denen er nichts zu suchen hat – und wie wir zivilisatorische Errungenschaften bewahren können, für die sich der Markt nicht interessiert und die man für kein Geld der Welt kaufen kann. Die Pflege wird zunehmend erfasst von dem Überwachungsgeist, der alle Lebensbereiche ergreift und im Dienst der Sicherheit daherkommt – und dabei häufig ökonomischen Zwecken dient, wie die Diskussion um Big Data zeigt. Zygmunt Baumann und David Lyon mahnen in ihrem Buch »Daten, Drohnen, Disziplin« (2011), vom panoptischen Blick der Überwachung zur Offenheit für die Menschlichkeit des anderen zu gelangen: ein Motto für die Qualitätssicherung in der Pflege.

In unseren Arbeiten beziehen wir uns auf das Konzept von Martha Nussbaum: Bedingungen guten Lebens. Hier wird nicht nach der Lebensqualität gefragt, sondern danach, ob auf Pflege angewiesene Menschen zu Hause oder im Heim Bedingungen vorfinden, unter denen sie das für sie Wesentliche, das den Wesenskern des Menschen ausmachende Leben entfalten können: Sicherheit empfinden, bedeutsam sein für andere, Freude erleben können, Gesundheit erhalten und das Leben bis zum Ende leben, Zugang zur Natur haben, zudem für viele Menschen, um mit Hartmut Rosa zu sprechen (vgl. Rosa 2016).

Das Land Rheinland-Pfalz hat einen bemerkenswerten Weg eingeschlagen: Es verzichtet bei qualitätsfähigen Einrichtungen auf Regelprüfungen, löst sich von der Misstrauenskultur gegenüber Heimen und schlägt den Weg einer partnerschaftlichen Qualitätsverantwortung ein. Grenzanbieter, Heime mit großen Problemen und einem unverantwortlichen Management werden weiter streng kontrolliert. Mit den anderen sucht man aber gemeinsam nach Wegen unter den schwierigen Bedingungen, unter denen Heime ihre Arbeit zu leisten haben, wie Menschenrechte in Heimen besser geschützt und Bedingungen guten Lebens geschaffen werden können. Malu

Dreyer, die rheinland-pfälzische Ministerpräsidentin, und ihre Nachfolger*innen haben einen bemerkenswerten Lernprozess durchlaufen. Auch in Rheinland-Pfalz wurden zunächst unangemeldete Prüfungen für unverzichtbar erklärt. Sabine Bätzing-Lichtenthäler, die Sozialministerin in Rheinland-Pfalz, steht hinter dem Ansatz der Qualitätspartnerschaft, der Erfolge zeitigt, ausgesprochen positiv evaluiert wurde, ein neues Klima schafft, die Qualitätsverantwortung auf mehrere Schultern verteilt und wenn es gut geht, die Ressourcen der Aufsichtsbehörden gegenüber den Grenzanbietern, gegenüber unverantwortlichen Heimträgern, die es weiterhin gibt, bündelt. Der rheinland-pfälzische Weg wird auch von Umfragen von Allensbach gestützt: Trotz der umfassenden Qualitätsprüfungen vertraut die Bevölkerung dem Staat nicht. Nur elf Prozent der Bevölkerung sind der Auffassung, dass der Staat für die Qualität in Heimen wirksam sorgt (Haumann 2018). Heime rangieren in der öffentlichen Meinung weiter als schlechteste und letzte Lösung. Wie soll man Vertrauen fassen in Einrichtungen, die vom Staat stets mit Misstrauen überzogen werden?

6

»Schafft die Heime ab!«

GEHT ES NICHT AUCH OHNE PFLEGEHEIM?

Wie sieht die Zukunft der Pflegeheime aus? Sie sind mentalitäts-geschichtlich »out«, liegen aber versorgungspolitisch im Trend. Wir brauchen weniger Heime, sagen die einen, und wir brauchen mehr Heimplätze, sagen die anderen. Wo liegen die Lösungen?

Die Skandalmeldungen über Pflegeheime reißen nicht ab. Der schon genannte Claus Fussek (vgl. Fussek/Schober 2008) oder Anette Dowideit (vgl. Dowideit 2012) etwa gehören zu denjenigen, die die alltäglichen Missstände an die Öffentlichkeit bringen. Gleichzeitig erhielten die Heime vom Medizinischen Dienst der Krankenkassen über Jahre Bestnoten für Pflegequalität: in Baden-Württemberg mit der Durchschnittsnote 1,0. Was ist denn nun mit den Heimen: Sind sie die fachliche Alternative zur häuslichen Pflege oder das Horrorszenario für meine eigene Zukunft? Gehören sie abgeschafft, oder brauchen wir mehr, um eine humane Pflege garantieren zu können? Heime sind eine vergleichsweise alte Institution, deren erste Vorläufer sich seit dem Mittelalter nachweisen lassen. Sie sind eine Erfindung des Abendlandes. Es sind Institutionen der zentralisierten Versorgung und Betreuung durch spezielles Personal. Es waren zunächst die Kirchen, die den Bedürftigen einen Platz zum Schlafen sowie eine gewisse Versorgung bereitstellten. Unter den Bedürftigen waren neben anderen Gruppierungen auch die Alten, wenn sie keinen Platz in der Gesellschaft und kein Auskommen fanden. Neben den »Siechenhäusern« waren es die Stifte, die den eher begüterten Alleinlebenden ein »müßiges und sorgenfreies Leben« möglich machten. Diese Institutionen kennen wir heute noch: In den Seniorenresidenzen und Einrichtungen des betreuten Wohnens lebt die Tradition der Stifte weiter, früher auch in den sogenannten Altenheimen. Die Pflegeheime stehen, bei aller fachlichen und konzeptionellen Weiterentwicklung, in der Tradition der »Siechenhäuser«. Dass sie eine derartige versorgungspolitische Bedeutung erlangt haben, hängt mit der Modernisierung unserer Gesellschaft zusammen.

Klaus Dörner betrachtet Heime als Erscheinung und Voraussetzung einer modernen und auf Erwerbsarbeit und Konsum hin ausgerichteten Gesellschaft. Die Nachfrage nach Alten- und Pflegeheimen und deren Dynamik als Geschäftszweig wurde durch die radikale Wettbewerbsneutralität der Pflegeversicherung und durch die sozialrechtlichen Rahmenbedingungen, die im europäischen Vergleich hinsichtlich ihrer Finanzierung ausgesprochen günstig ausfallen, ausgelöst. Stationäre Pflege wird nicht mehr dominant von kommunalen und frei gemeinnützigen Trägern geprägt, sondern immer stärker von den privaten Anbietern und erwerbswirtschaftlich ausgerichteten Unternehmen der Pflegebranche. Diese Entwicklung ist vergleichsweise jung.

Erving Goffman hat in seinen Studien über Strafvollzug und Psychiatrie das soziologische Konzept der totalen Institution entwickelt, das unter anderem als Merkmale die Reglementierung, die institutionsdominierte Versorgung, die durch Hierarchie geprägten sozialen Beziehungen und die weitgehende Unfreiwilligkeit des Aufenthaltes kennt (vgl. Goffman 1961). Anthes und Karsch haben gezeigt, dass die Situation in den Heimen in den 70er-Jahren ebenfalls stark durch Unfreiwilligkeit geprägt war. In ihrer Analyse verschiedener Heimordnungen und Heimverträge ist beispielsweise folgendes Zitat zu finden: »Den Anordnungen des Heimarztes ist Folge zu leisten.« Diese rechtliche Ausgestaltung des Verhältnisses von »Anstalt zu Heiminsassen«, wie es früher hieß, zeigt recht deutlich die Merkmale der totalen Institution, die Goffman herausstellte (vgl. Anthes/Karsch 1977). Ursula Koch-Straube hat Heimen den Charakter einer »gemäßigten totalen Institution« (vgl. Haemel 2012) zugeschrieben. Auch in den modernen Gewändern der Expertenstandards, der Pflegeplanung, der ernährungsphysiologisch ausgewogenen Verpflegung bleiben Heime immer noch reglementierend, bleibt eine kommunikative Trennung zwischen Personal und Bewohnerinnen und Bewohnern bestehen. Es liegen Welten zwischen dem Leben in einem Heim und außerhalb. Heime sind so bis heute vielfach Orte des Ausschlusses. Dies gilt auch für das Bewusstsein der Bevölkerung, die bei aller versorgungspolitischen Notwendigkeit kollektiver Versorgungsformen in der stationären Pflege den Heimen generell mit wenig Sympathie begegnet und auf die eingangs zitierten Skandalmeldungen mit großem Widerhall reagiert. Besondere Nahrung für eine unsägliche Wiederkehr der »Keime totaler Institution« bieten die von baden-württembergischen Gesundheitsämtern exekutierten Hygienestandards: Bewohner*innen von Pflegeheimen werden als Ausscheider nach der Biostoffverordnung zum Risikofaktor und Hygienerichtlinien aus Krankenhäusern ohne Not – aber mit Zwangsgeldandrohungen von bis zu 21 000 Euro – gegenüber Heimträgern durchgesetzt. So geschehen bei der Stiftung Liebenau, einem anerkannt fortschrittlichen Träger der Alten- und Behindertenhilfe, der sich in besonderer Weise dem Normalisierungsprinzip verpflichtet sieht und Mitarbeiter*innen in ihrer Privatkleidung arbeiten lässt. Schluss damit: Arbeitskleidung muss her, am besten auch für die Ehrenamtlichen. Der Bewohner als Infektionsrisiko: besser kann man Ausgrenzung und Stigmatisierung nicht befördern.

Dabei können Heime auch in einem produktiven Sinne »progressive Subkulturen« darstellen, in denen etwa Menschen mit Demenz besonders günstige Bedingungen für eine ihnen mögliche Lebensgestaltung finden und einen Ort, an dem ihnen Respekt entgegengebracht werden kann. Hier können sie eine »Konvivialität« erfahren, die ihnen gegebenenfalls in einer fälschlicherweise romantisierten Versorgung in der eigenen Häuslichkeit mitnichten offensteht. In manchen konzeptionell »progressiven« Heimen, in denen man »in Ruhe verrückt werden darf« (vgl. Schützendorf/Wallrafen-Dreisow 1991), wird Teilhabe auf andere Weise erfahrbar, sodass es den Bewohnerinnen und Bewohnern gut gehen kann, auch unter der Bedingung von Demenz und trotz der Abhängigkeit von der Hilfe anderer. Kollektive Versorgungsformen haben nicht nur unter ökonomischen, sondern auch unter kulturellen und sozialen Gesichtspunkten Zukunft.

Viele Heime in Deutschland sind Lernorte neuer Formen der Pflege, der Teilhabe und Kultur. Die Lernprozesse, die Experimente, sie werden weitergehen müssen. Es wäre hilfreich, wenn die von Klaus Dörner als Lehrstück wirksamer Öffentlichkeitsarbeit zu interpretierende Äußerung vom »Heimleiter als Geiselnehmer« auch in Zukunft Heime als »moderate« oder »pseudototale« Institutionen unter einen produktiven Legitimations- und Innovationsdruck stellen würde. Sie generell der Skandalträchtigkeit zu verdächtigen, ist angesichts des großen Einsatzes der dort arbeitenden Mitarbeiterinnen und Mitarbeiter zynisch.

Mit der Einführung der Pflegeversicherung und der Einstellung der Heimförderung durch die Länder ist sowohl in der ambulanten als auch in der stationären Pflege ein Markt entstanden, ein »Quasimarkt« (vgl. Schmidt 2001), der unter stark reglementierenden sozialrechtlichen Rahmenbedingungen Wettbewerb unter Anbietern zulässt. Die Heimbranche ist vom liberalen Geist erfasst. Seniorenimmobilien zählen zu den renditeträchtigen Anlageformen für Investoren (s. Kapitel 4). Was für die einen zum wesentlichen ökonomischen Standbein ihres gemeinnützigen Wohlfahrtsunternehmens wurde, ist für die anderen ein durchaus profitables Geschäft geworden. Schon länger haben sich Alten- und Pflegeheime aus dem Bereich der Wohltätigkeit verabschiedet. Die Unternehmensberatungs- und Steuerberatungsfirmen, die die Seniorenwirtschaft für sich entdeckt haben, zeugen ebenso wie die beeindruckenden Altenpflegemessen von dem Marktpotenzial der Branche. Überkapazitäten in der stationären Pflege und die Dominanz monetärer Steuerung in der Betriebsführung von Pflegeunternehmen zeigen die negativen Seiten eines in den Anfängen durchaus belebenden Wettbewerbs im Wohlfahrtsstaat Deutschland.

Bei allem muss betont werden, dass die Stabilität der Finanzen der Pflegeversicherung neben der wirtschaftlichen Prosperität unserer Volkswirtschaft vor allem auf der Pflegebereitschaft deutscher Familien und dort insbesondere ihrer Frauen beruht. Wenn in den Sozialunternehmen und in der sozialwirtschaftlichen Branche der Gutmensch »diskreditiert« und das Prinzip der Solidarität als sozialromantisch abgetan wird, mögen diejenigen, die von den Erträgen der stationären Pflege leben, bedenken, dass sie dies in dem derzeitigen System nur tun können, da sich der größte Teil der Bevölkerung der moralökonomisch wirksamen Verpflichtung zur Solidarität stellt.

Alexander Künzel, Chef der Bremer Heimstiftung und Vordenker der deutschen Heimszene, hält eine Reduzierung der Heimplätze um 50 Prozent für geboten und setzt auf kleinräumige Versorgungseinheiten mit Quartiersbezug. Den großen Heimträgern, die dies wiederum als sozialromantisch abtun, hält er das folgende Bild entgegen: »Wie soll ein Lobbyist für Atomkraftwerke auf einmal die Gewinnung alternativer Energien für gut befinden?« (Vgl. Ehret 2012).

Prognosen über Heimsogeffekte und eine Verkehrung des Versorgungsquotienten von ambulant und stationär (vgl. Blinkert/Klie 2004 sowie Rothgang u. a. 2012) rütteln inzwischen auch Sozial- und Pflegepolitiker wach. Allein mit homöopathischen Ergänzungen der Leistungen in der häuslichen Pflege und dem Appell, sich bürgerschaftlich zu engagieren, wird man den beschriebenen Herausforderungen nicht gerecht. In diesem Zusammenhang steht die Wiederentdeckung der Quartiersansätze, die zum Teil als »fünfte Generation der Heime« (vgl. Arend 2009) apostrophiert wird. Es ist nicht nur die Ergänzung des Angebots, die unter dem Vorzeichen neuer Quartiersansätze erfolgt. Es ist die Einsicht, dass man den Herausforderungen der Zukunft nicht durch Pflegeeinrichtungen gerecht werden wird, die gegenüber ihrem sozialen und territorialen Umfeld unsensibel sind und rein betriebswirtschaftlich und nicht auch sozialräumlich kalkuliert sind.

In dem Projektzusammenhang SONG wird der konsequente Quartiers- und Sozialraumbezug von einer »Elite« deutscher Altenhilfeakteure verfolgt. Die Implikationen von Elite richtig verstanden zu haben bedeutet, für die Lösung gesellschaftlicher Probleme aufgrund der herausgehobenen und privilegierten Stellung eine besondere soziale Verantwortung wahrzunehmen. Mit ihren durchaus radikal zu nennenden Vorschlägen zu einer Reform der Pflege und Pflegesicherung äußern sich diese Träger selbstkritisch. Sie bekennen sich zur Investition in das Quartier und laden ein, die Heimverantwortung territorial umzudefinieren und dieses Prinzip auf einzelne Stadtviertel, Dörfer und Quartiere zu konkretisieren (vgl. Dörner 2009). Alten- und Pflegeheime dürfen in diesem Verständnis nicht nur betriebswirtschaftlich, sondern müssen vielmehr auch gemeinwirtschaftlich betrieben werden. In dieser doppelten Orientierung, Markt und Quartier, liegt eine der großen Herausforderungen der Zukunft. Manche Heimträger stellen sich genau dieser Aufgabe, und das auf vorbildliche Weise.

»Weiter so« geht nicht – vom Pflegeheim-Monopoly zum Quartiersansatz
Alexander Künzel, Bremer Heimstiftung, Juni 2013

Spätestens seit Veröffentlichung des Pflegereports der Bertelsmann Stiftung ist es klar: Die sogenannten »Wachstums-Freunde« fahren das Thema Pflege gegen die Wand!
»Wachstumsmarkt Pflege« und »Beschäftigungsmotor Pflege« – garniert durch den entsprechenden Immobilienboom bei Pflegeheimen – füllen vielleicht kurzfristig manche Taschen mit hohen Gewinnen, führen aber schon mittelfristig die Republik in eine Pflege-Katastrophe.
»SONG – Netzwerk ›Soziales neu gestalten‹« ist deswegen der Ansatz von verantwortlichen, traditionsreichen Wohlfahrtsträgern, das Thema Wohnen, Teilhabe und Pflege im Alter aus dem Fokus der Wachstumsindustrie hin in eine lokale Quartiersverankerung umzusteuern. Dabei heißt es viel Feind, viel Ehr – das Umsteuern von einem wachstumsorientierten Pflegemarkt hin zu einem Zuwachs an Prävention,

Rehabilitation und ganz normalem Alltags-Setting ist nicht widerspruchsfrei zu haben und weckt enorme Widerstände.

Wir müssen die Perspektive des Alterns und der Teilhabe einem renditebezogenen Markt entwinden – wir müssen dem »Wachstumsmarkt Pflege« entgegensetzen die Vision einer lebendigen Zivilgesellschaft. Vielleicht hilft wachrütteln, angesichts der Größe der Aufgabe in Analogie zur »Energiewende« von der Notwendigkeit einer »Pflegewende« zu sprechen. Das heißt ein klares Nein zur reinen Ökonomisierung und Industrialisierung der Pflege, hin zu einem dezentralen, in vielfältigen Netzwerken organisierten Teilhabeprozess!

Für viele ist das schon lange keine Sozialromantik mehr – und das mag dabei helfen, im demografischen Wandel mit einer solchen Vision einen dem Gesamtthema letztlich angemessenen Optimismus zu entwickeln!

Hat man früher den freigemeinnützigen Trägern die Verantwortung für das Management ihrer Heime anvertraut und ihnen Verantwortungsfähigkeit unterstellt, wurde mit dem Auftreten gewerblicher Anbieter auch das Gewerberecht aktiviert und später in den 70er-Jahren das Heimgesetz verabschiedet. Mit dem Heimgesetz und den zu ihm erlassenen Rechtsverordnungen – heute abgelöst durch 16 »Heimgesetze« der Länder – wurden Mindeststandards in Einrichtungen der Behinderten- und Altenhilfe etabliert.

Noch in den 80er-Jahren gab es in deutschen Großstädten Pflegeheime mit Sälen, die weit über 20 »Insassen« beherbergten. Ich erinnere mich an Heimbegehungen in den 80er-Jahren in den ehemals staatlichen Heimen von Hamburg mit 24-Betten-Sälen: auf jedem Bett ein Teddy, tagsüber standen die Betten leer, nachts wurden sie durch eine Krankenschwester in Uniform bewacht, die den Saal durch ein Glasfenster hindurch beobachten konnte. In der ehemaligen DDR fanden sich entsprechende Einrichtungen noch nach der Wiedervereinigung. Hier sind erhebliche Verbesserungen zu verzeichnen, auch durch die Standards der Heime der zweiten und dritten Generationen, die mithilfe des Kuratoriums Deutsche Altershilfe kommuniziert wurden, häufig unterstützt durch die Investitionsförderung der Länder.

Inzwischen hat die Qualitätssicherung in deutschen Heimen Einzug gehalten und kontrolliert in großem Umfang. Die »Elite« der Altenhilfeträger sieht sich durch sie eingeschränkt, insbesondere aufgrund ihrer fachwissenschaftlich haltlosen und nivellierenden Qualitätsansätze sowie ihrer unternehmensstrategisch orientierten Vorgehensweise. Wie soll etwa ein Arbeitgeber, der seine Mitarbeiter*innen zu einer konsequenten Bewohner*innenorientierung anhält, ihnen arbeitsrechtlich entgegentreten, wenn sie diese Grundsätze missachten und ihm trotzdem vom MDK eine 1,0 bescheinigt wird?

Der Aufwand, der mit der Qualitätssicherung in Heimen betrieben wird, scheint in mancher Hinsicht vergleichbar zu sein mit den Sicherheitsschleusen an Flughäfen. Die Bildzeitung sprach einst von der »Pflegeschande«, Claus Fussek munitioniert weiterhin, und dies ohne Zweifel zu Recht, das Archiv der Berichte über Pflegeskandale. Für Heimbetreiber war die Pflegenote wichtiger als das individuelle Glück des einzelnen Bewohners, Haftungsängste prägen, etwa bei freiheitsentziehenden Maßnahmen, die Verhaltensweisen von Mitarbeiterinnen und Mitarbeitern im Heim, und die gesamte Branche hat sich auf das Spiel eingelassen. Im Namen des Schutzes der Bewohner distanziert man sich davon und unternimmt damit etwas, was schon Koch-Straube in ihrer ethnomethodologischen Studie über Pflegeheime beschreibt: den Versuch, den alten Menschen zu beherrschen und gleichzeitig in Distanz zu ihm zu treten (vgl. Koch-Straube 1997).

Als ein zentrales Thema zeigt sich in vielfältigen politischen Bemühungen und Projekten der Fachkräftemangel an. Wie werden wir seiner Herr, wie kann die Quote der Fachkräfte gehalten werden? Wie finden wir neues Personal? Wie sollen die Verantwortungsträger für die Heime gefunden werden – bitte nicht nur aus dem Kreis von Pflegekräften? Wie können Menschen ihre berufliche Erfüllung in Aufgaben der Pflege- und Teilhabesicherung finden, wenn diese Branche nicht sonderlich attraktiv ist, öffentlich immer wieder demontiert wird und zudem immer mit einem Generalverdacht überzogen und mit überbordenden Qualitätsprüfungen konfrontiert wird?

Die besten Arbeitgeber der Branche (Sozialholding Mönchengladbach, Maria-Martha Stift Lindau u. a.) investieren in ihre Mitarbeiter*innen, in deren Gesundheitsförderung, in persönliches Wachstum, Bildung und Fitness. Das Bild, wonach Pflegekräfte nur kurz in ihrem Beruf bleiben, ist in der Verallgemeinerung falsch, auch wenn die Gewerkschaften gern das Gegenteil behaupten. Viele bleiben ihrem Arbeitgeber treu, fühlen sich ihm besonders zugehörig, wenn er denn in sie investiert und eine faire Bezahlung anbietet. 19 Jahre bleibt eine Altenpflegerin durchschnittlich in ihrem Beruf. Unterbrechungen durch Kindererziehung oder Sabbaticals sind typisch. So können sich Mitarbeiter*innen in den Heimen »beheimaten«. Doch nicht nur sie sollten die Chance hierfür haben, sondern auch Angehörige und bürgerschaftlich Engagierte, die ihre Verantwortungsbereitschaft in den Alltag der Einrichtung in produktiver und sicherlich bisweilen auch eigensinniger Weise einbringen.

Der Fachkräftemangel macht aber noch einen weiteren Aspekt deutlich: Es sind nicht nur Pflegefachkräfte gefragt und anzuwerben, die wichtig für Steuerungsfunktionen und die

Sicherung der Pflegefachlichkeit sind, auch andere Berufsgruppen sind von Bedeutung: Hauswirtschaftskräfte, Therapeuten und Sozialarbeiter, um nur einige zu nennen. Die Pflegeversicherung hat, wie Jörg Allgayer von Vinzenz von Paul beklagt, die Basis für die Gewinnung von Führungskräften und anderen Verantwortungsträgern in Heimen in gefährlicher Weise reduziert: Alles soll von Pflegekräften geleistet werden. Das ist falsch. Gleiches gilt für Aufgaben der Alltagsgestaltung. Für sie lassen sich andere Menschen ansprechen als für den klassischen Bereich der Pflege. Ein Personalmix ist eine Lösung, um dem Fachkräftemangel entgegenzuwirken.

Das Heim der Zukunft – man wird auch weiterhin solche »kollektiven Versorgungseinrichtungen« benötigen – wird die Bereitschaft von Angehörigen zur Mitverantwortung nicht zurückweisen, auch dann nicht, wenn sich etwa die Tochter an Pflegeaufgaben beteiligen will, wie es seit vielen Jahren bei der CBT praktiziert und aktuell von Milorad Pajovic, dem Pflegereformmotor der DAK, aufgegriffen wird. Die Landesseniorenvertretung in Baden-Württemberg ist mit ihren kommunalen Seniorenräten der Überzeugung, dass sich Lebensqualität in Heimen nur mithilfe bürgerschaftlichen Engagements ermöglichen lasse. Wenn die Bürgerinnen und Bürger eines Quartiers sich für ihre Mitbürger*innen interessieren und das Heim als Teil ihres Gemeinwesens verstehen, hat auch dies etwas mit Beheimatung zu tun. Das Wichtigste ist, dass sich die Bewohnerinnen und Bewohner in ihrem »Sosein« in dem Heim akzeptiert fühlen und angenommen sehen. Das werden sie am ehesten dann tun, wenn sie Menschen finden, die ihnen bedeutsam und für die sie von Bedeutung sind. Dann bleiben sie Teil der Gesellschaft und fühlen sich nicht ausgeschlossen – sie »gehören dazu«. Dazuzugehören ist gerade für den modernen Menschen nicht selbstverständlich.

Viele der über 40-Jährigen haben heute nicht mehr das Gefühl, dass einmal für sie gesorgt sein wird. Nicht alle, aber die meisten wollen weder ihrer Familie zur Last fallen noch in ein klassisches Heim ziehen müssen. Daher liegen gerade wohnortnahe Versorgungsformen im Trend, die eine Alternative zwischen einem unübersichtlich großen Heim und dem »Allein in der eigenen Wohnung« darstellen. 20 Prozent der Bevölkerung würden sie präferieren (Haumann 2018).

Heime können und werden auch weiterhin wichtige Versorgungsfunktionen übernehmen. Sie werden diesen Aufgaben gerade dann in besonders guter Weise nachkommen können, wenn sie sich bis hinein in ihre ökonomischen Logiken für ihre jeweilige Umgebung konzeptionell öffnen und in diese Öffnung und in ihre Verantwortung für den Ort investieren. Gerade hierdurch leisten sie einen wesentlichen Beitrag zur Sicherung der Qualität und Teilhabe und geben Menschen die Gelegenheit, sich mit Fragen ihrer Lebenssituation auseinanderzusetzen, nicht nur in der Bildzeitung, sondern in der Begegnung mit Menschen. So können sie uns helfen, unsere defizitären und ambivalenten Bilder von Alter und Pflege zu korrigieren, was Imagekampagnen oft nicht gelingt.

Trotz dieser Möglichkeiten, die Versorgungsfunktion der Heime langfristig zu verbessern, müssen wir uns dessen bewusst sein, dass hier ein enormer Nachholbedarf herrscht und derzeitige Skandalmeldungen über Missstände in Heimen leider nicht selten berechtigt sind. Um ihnen zu begegnen, bedarf es selten mehr Geld, sondern anderer ökonomischer Vorgaben für die Heime. Es geht nicht an, dass mit Heimen in einer Weise Geld gemacht werden kann, die sozial nicht verträglich und unmoralisch ist. Außerdem bedarf es sozialer Kontrolle und Begleitung durch die jeweilige lokale Bürgerschaft: durch Angehörige, durch Nachbarn und engagierte

Bürger*innen. »Das ist unser Heim!«, muss es heißen. Wir sind mitverantwortlich für das Wohlergehen der dort lebenden Bewohnerinnen und Bewohner. Wir sollten uns nicht mit Fast-Food-Qualitätsnoten abspeisen lassen, die uns Verbraucherschutz vorgaukeln. Jeder Skandal im Pflegeheim wirft auch ein Licht auf die örtliche Gemeinschaft, auf die Zivilgesellschaft. Sind ihr die Heimbewohner*innen unheimlich, fremd, egal? Sollen es der Markt und der Staat richten?

Wenn täglich Angehörige und bürgerschaftliche Engagierte im Heim sind, wenn sich der örtliche Seniorenbeirat mitverantwortlich sieht für das Wohlergehen, wenn der örtliche Kindergarten regelmäßig – und nicht nur zur Weihnachtszeit – ins Heim kommt und Kinder Freundschaften mit »den Alten« schließen, wenn sie die Scheu vor den »Omas« ablegen, dann sind Missstände so gut wie ausgeschlossen. Die Skandalmeldungen machen uns die Menschen im Heim noch fremder, noch ferner. Die beschriebenen Zustände machen Angst und bauen Barrieren auf. Wer will dort schon arbeiten? Die immer wieder aufs Neue betriebene Empörung ist kein Ausdruck einer zukunftsorientierten Sorgekultur. Heime können wichtige Infrastruktureinrichtungen in Gemeinden und Städten sein. Treffpunkte, Kompetenzzentren, Stützpunkte für den Stadtteil können Entlastung für Angehörige organisieren und die Versorgung von Bürger*innen in ihren Wohnungen übernehmen. Sie können Satelliten oder Dependancen als Wohngruppen in normalen Wohngebäuden betreiben oder mit ihnen kooperieren. Sie können Gastfamilien, die Pflegebedürftige aufnehmen, unterstützen und die nächtliche Assistenz im Stadtteil gemeinsam mit ambulanten Diensten gewährleisten. Als örtliche Kompetenzzentren haben sie eine Zukunft. Weniger als neue geschlossene Welten, wie sie etwa Demenzdörfer nach dem niederländischen Vorbild De Hogeweyk darstellen und attraktiv machen. 20 Kilometer vor Amsterdam befindet sich das »Dorf des Vergessens«. »Verlaufen unmöglich«, »maximale Freiheit«, »Normalität für Demente« – die öffentliche Resonanz auf Demenzdörfer und Quartiere ist enorm: Gibt es endlich eine menschliche Alternative zu den klassischen Heimen? Viele sind begeistert von dem pragmatisch entwickelten Konzept mit Supermarkt, Café und Theater im Dorf, Wohngruppen nach Lebensstilen (vom »einfachen« Arbeiter über den Handwerker bis zum Bildungsbürger) eingerichtet und zusammengesetzt.

Die ersten »Dörfer des Vergessens« gibt es auch in Deutschland, etwa in Hameln. Sie sind als Experimente neuer Versorgungskonzepte interessant – und klassischen Heimkonzepten vielleicht überlegen. Von den Wirkungen der »Hogeweyks« weiß man noch sehr wenig. Mit Inklusion haben sie wenig zu tun, es sei denn, man entwickelt ein Demenzquartier, das auch für andere Menschen und Familien offen ist, so wie von der Graf-Recke-Stiftung in Düsseldorf geplant. Mit 150 Bewohner*innen – und unter einer entsprechenden Zahl rechnen sie sich für Heimträger nicht – bleiben sie in der Tendenz Sonderwelten und »exklusiv«. Als Versorgungskonzept in der »Fläche« eignen sie sich ebenso wenig wie als Ersatz für Quartierskonzepte, die Menschen dort das Wohnen und Sterben möglich machen, wo sie verwurzelt sind. Ihre vordergründige Attraktivität darf insgesamt nicht dazu führen, Anstrengungen für den Ausbau quartiers- und dorfbezogener Versorgungsstrukturen zu reduzieren. Allein hier liegt die Zukunft der »Heime«. Wir brauchen nicht mehr, wir brauchen andere Heime. Insofern ist auch die bayerische Landesregierung nicht auf dem richtigen Weg, wenn sie eine Heimplatzgarantie einführen will. 20 Prozent der Bevölkerung wünschen eine Wohngruppe, nur 1,7 Prozent der Pflegebedürftigen haben eine Chance auf einen Platz in dieser neuen Versorgungsform. 5 Prozent können sich ein Leben im Heim vorstellen: 30 Prozent finden dort tatsächlich ihren Versorgungsort. So lautet auch die Empfehlung in einem Gutachten für den Pflegebeauftragten der Bundesregierung zum Thema Weiterentwicklung der Heime und Mitwirkung der Bürger-*innen: Deinstitutionalisierung, Öffnung der Heime, Einbeziehung von An- und Zugehörigen – eben: andere Heime.

7

Eine Gesellschaft des langen Lebens organisieren

WEIST DAS LEITBILD DER CARING COMMUNITIES EINEN WEG IN DIE ZUKUNFT?

Sorgende Gemeinschaften, Caring Communities – taugen diese Begriffe als Leitbilder für die Gestaltung demografischer Herausforderungen? Auf den ersten Blick wirken sie befremdlich. Sie sind aber erstaunlich resonanzfähig – von der Bundeskanzlerin über Bürger*innen vor Ort bis zu Stadtplanern werden sie aufgenommen.

Wie sorgen wir füreinander in einer Gesellschaft, in der immer mehr Menschen allein leben – in jüngeren Jahren eher Männer, im Alter die Frauen. Es ist eine Gesellschaft, in der mehr Ehen geschieden werden, in der die Menschen mobiler und eigenverantwortlicher sein sollen und der Bedarf an Unterstützung steigen wird, insbesondere von und für die sehr alten Menschen. Dies wird für die nächsten Jahrzehnte eine zentrale gesellschaftliche und politische Frage sein. Mit dem zunächst etwas unscharfen Begriff der Caring Community wird bereits heute ein Leitbild angeboten, das ein vielfältiges Bedeutungsspektrum hat und somit in vielerlei Hinsicht ausgelegt werden kann.

Der Begriff wirkt für manche schwer und freudlos. Ich kenne ihn aus dem Bereich der Entwicklungszusammenarbeit. Während meiner Zeit im südlichen Afrika lernte ich unterschiedliche Formen und Inhalte der Entwicklungshilfe kennen. Dabei ist mir deutlich geworden, dass es in der Entwicklungszusammenarbeit oft um die Frage geht, was Gemeinschaften in ehemaligen Bürgerkriegsgebieten zusammenhält und wie Menschen nach solchen traumatischen Erfahrungen wieder Vertrauen begründen, Verantwortung füreinander übernehmen können.

Wir finden den Begriff der Caring Community aber auch in vielfältigen Verwendungen in den USA, dort jedoch eher religiös geprägt: Kirche als Gemeinschaft, die Werte teilt, sich aber auch spirituell auf Traditionen und eine Sprache verständigt, die über sie hinausweist. Religiöse Gemeinschaften sind immer auch Zusammenschlüsse von Menschen, die ihr Leben gemeinsam »bewirtschaften«. Nicht zufällig war die kirchliche Messe immer auch die wirtschaftliche Messe. Wirtschaften und glauben, gemeinsame Werte teilen und Vertrauen zueinander entwickeln hatte immer miteinander zu tun.

In den USA kennt man nicht die parochiale Struktur und Tradition, die uns in Deutschland geprägt hat, also die Ortsgemeinden als flächendeckendes Netz von katholischen und evangelischen Gemeinden. Glaube in einer religionssoziologischen Betrachtungsweise heißt auch, in Übereinstimmung mit den Werten und Traditionen des Ortes leben. Da muss man gar nicht das Glaubensbekenntnis mitsprechen können, kann sich aber durchaus in Übereinstimmung mit dem wissen, wie die Menschen an diesem Ort ihren Glauben leben und wie der Ort zu dem geworden ist, was ihn heute ausmacht. Diese Überzeugung trägt auch mich und bildet meines Erachtens die Voraussetzung, damit wir füreinander Verantwortung übernehmen können. Ich stehe nicht nur zu Personen, sondern auch zum jeweiligen Ort in einer Verantwortungsbeziehung, und das in dem Wissen und in der Würdigung der Tradition des Ortes. Das ist in einer Zeit, in der Migrationserfahrungen weitverbreitet sind, besonders interessant: Wie gehöre ich in der Fremde dazu? Was heißt es, als Muslim an einen Ort zu kommen und dort in den Traditionen der Verantwortung mitzuleben und zu handeln? Wir können dazu beitragen, dass unser Ort insofern ein wertvoller Ort ist, als hier Menschen füreinander eintreten und damit füreinander Sicherheit stiften. Dabei geht es auch um Fragen heute vielfach diskutierter Fragen nach lokaler Identität.

In den USA kennt man diese parochiale Tradition nicht. Hier stehen Religionsgemeinschaften im Wettbewerb zueinander. Sie laden mit ihrer Qualität als Caring Communities neue Mitglieder ein. Wir erleben das in den weltanschaulich sehr engen Religionsgemeinschaften bis hin zu Sekten auch in Deutschland. »Bonding«-Solidarität wird dort gelebt: wir für uns. Nächstenliebe auf die eigene Gemeinde bezogen, wobei theologisch Nächstenliebe Fernstenliebe ist. In der gelebten Solidarität mit den (noch Fremden) bewährt sich das »Konzept«. Nun können wir dieses Leitbild der Caring Community auch in Deutschland mit Leben füllen: »Sorgende Gemeinschaften«, »Lokale Verantwortungsgemeinschaften« heißt ein Förderprogramm aus Mitteln des Europäischen Sozialfonds (kurz: ESF). Wenn Deutschland Mittel aus dem ESF erhält, dann hat das etwas damit zu tun, dass ein Thema aufgegriffen wird, in dem Deutschland Entwicklungsbedarf aufweist oder einen Transformationsprozess zu bewältigen hat. Es macht deutlich, dass sich in Deutschland bei dem Thema »Sorge« bzw. »Care« etwas ändern muss.

Das sieht auch die Bertelsmann Stiftung so. Sie hatte im November 2012 nach Berlin eingeladen und dort den Pflegereport 2030 vorgestellt. Darin wurde die Bedeutung der Kommunen für die Zukunft der Sorge und Pflege betont. »»Weiter so‹ geht nicht!«, lautete das Motto der Veranstaltung, die sich kritisch mit der Pflegeversicherung beschäftigte: Wie kann man umlagefinanziert auf ein Risiko reagieren, das vor dem Hintergrund der demografischen Entwicklung zunimmt? In Wien würde man sagen: »Das geht sich nicht aus.« In einer Versicherung allein liegt nicht die Lösung. Weitere Zusatzversicherungen bieten eine Verdienstmöglichkeit für die Versicherungswirtschaft. Aber sonst hat eine Zusatzversicherung wie der »Pflegebahr«, den die FDP weiter aufstocken möchte, keinen nennenswerten Effekt. Man braucht nur ansatzweise hochzurechnen, was eine solche Versicherung an zusätzlicher Sicherung im Alter bringt.

Es gibt diese unterschiedlichen Traditionen der Caring Community: die Caring Community in Entwicklungsländern, die in den USA, einer sehr pluralisierten und segmentierten Gesellschaft, und die in Deutschland, wo wir bisher einen relativ stabilen sozialen Zusammenhalt vor Ort pflegen.

Das Verallgemeinerungsfähige für die Attraktivität dieses Leitbilds sind die Strukturen, die unsere Welt und unsere Zeit prägen: Die traditionellen Netze und Normen erodieren. Die Moralökonomie verliert an Wirkkraft. Die Opportunitätskosten, sich Sorgeaufgaben zu verschreiben, sind hoch: Verzicht auf bzw. Einschränkung der Erwerbstätigkeit, weniger verfügbare Freizeit und Konsumverzicht sind nur einige Begleitfaktoren. Was bringt angesichts dieser Fragen das neue Leitbild der Caring Community?

Auf der Jahrestagung der BPW, der Business and Professional Women, im Frühjahr 2013 hielt ich einen Vortrag zur Caring Community und wurde anschließend von einer Managerin darauf hingewiesen, dass der Sorgebegriff, so wie ich ihn entfaltet hätte, etwas sehr Schweres in sich trüge, sich gewissermaßen gegen das schicksalhaft Unabweisbare richte. Im

Englischen werde mit dem im alltäglichen Sprachgebrauch fest verankerten »Care« das Interesse am anderen angesprochen, an seiner Lebensweise und an seinem Wohlergehen. Sie verband ihren Kommentar mit einer biografischen Bemerkung, dass sie sich erst dann in neuer Weise der Verantwortung und der Sorge für andere öffnen konnte, nachdem sie sich um ihr eigenes Wohlergehen, die Selbstsorge und ihr Glück sorgen konnte. Es sei gerade das Schicksal von Frauen, dass die primäre Sorge für den anderen das Gelingen des eigenen Lebens infrage stellt. Ihre Ausführungen legen folgenden Gedanken nahe: Vielleicht fällt es den Männern leichter, über Sorge zu sprechen, da sie es gewohnt sind, sich um sich selbst zu sorgen, um ihren Erfolg, um ihre Entfaltung. Das ist ein wichtiger Aspekt. Wir können über Sorge und Sorgefragen nicht ohne den Genderaspekt und die Geschlechterdifferenz sprechen. Gleichwohl und gerade deswegen kommt man nicht an einer Verständigung darüber vorbei, was unter Sorge zu verstehen ist.

Ich würde Sorge als anteilnehmende, vorausschauende Verantwortungsübernahme für sich und den anderen beschreiben und damit die Verantwortungsbeziehung, die in der Sorge zum Ausdruck kommt, in den Mittelpunkt stellen. Dabei weist die Verantwortungsbeziehung in unterschiedliche Richtungen: bezogen auf die Person und die Zeit. In Deutschland, im deutschsprachigen Raum wird man dem Sorgebegriff nicht gerecht, wenn man an Heidegger vorbeigeht, der die Sorge als das Sein des Daseins versteht, bestimmt durch die Zeitlichkeit (vgl. Rentsch 2007). Es ist ein phänomenologischer und ontologischer Zugang zur Existenz des Menschen, den Heidegger für den Sorgebegriff wählt. Bis heute bezieht sich die Sorge auf unterschiedliche Zeiten:

- *schon sein,* da wird das »schon sein« in der Welt, wird die Sorge auf die Gewesenheit, auf die Vergangenheit bezogen, und auch die Spuren des gelebten Lebens werden damit in Blick genommen,
- *das Sein bei* dem momentan zu Besorgenden, das auf die Gegenwart gerichtet ist, und
- *das sich Vorwegsein:* die Perspektive der Zukunft.

Der Sorgebegriff Heideggers ist bestimmt durch die Zeitlichkeit des Menschen und erhält dadurch seine anthropologische Perspektive. Heidegger unterscheidet ferner die ein- und die vorausspringende Sorge. Die einspringende zeichnet das *für dich da sein* aus, die vorausspringende, dass sie die Existenz des anderen in den Blick nimmt. Das *Du* ist in dieser auf den anderen gerichteten Sorge zentral und Bedingung der eigenen Existenz.

So kann man auch Albert Camus verstehen, der in der existenzialistischen Interpretation der eigenen Existenz die Sorge um den anderen und das Glück des anderen als zentrale Dimension der Existenz erkennt: »Die einfache Sorge ist aller Dinge Anfang.« Hannah Arendt, Schülerin von Heidegger, hat in ihrer Vita activa den Begriff der Mitverantwortlichkeit geprägt und auch hier die soziale und gesellschaftliche Bezogenheit des Menschen zum Kern menschlicher Existenz gemacht, wie es Andreas Kruse formuliert, der die Selbst- von der Mitverantwortlichkeit unterscheidet: Wer seine Person gestaltet, dessen Leben wird wahr (Selbstverantwortlichkeit). Wer sein Land mitgestaltet, dessen Leben wird ganz (Mitverantwortlichkeit). Es muss nicht gleich das ganze Land sein, der öffentliche Raum, den Hannah Arendt im Blick hat, beginnt vor der Haustür, im Quartier, in der Kommune – dort, wo sich Menschen in ihrer Vielfalt begegnen, sich in Worten und Handlungen austauschen, etwas gemeinsam beginnen (vgl. Kruse 2013).

Im Zusammenhang mit dem Sorgebegriff kennt die Verantwortung für sich und den anderen sehr verschiedene Spielarten und Dimensionen: das Interesse an der Umwelt, an dem anderen, die Aufmerksamkeit für ihn, in dem sich *Cura,* wie es die Lateiner formulierten, ausdrückt. Im Englischsprachigen wird mit »care« das wache Wahrnehmen genauso angesprochen wie das »caring about«, das emotional gefärbte Besorgtsein. Die Mitschwingungsfähigkeit, die Empathiefähigkeit ist dabei die zentrale Qualität der *Cura,* des *Carings* oder eben der *Sorge.* Hier wird die Nähe zum Freundschaftsbegriff deutlich. Die anteilnehmende vorausschauende Verantwortungsübernahme für sich und den anderen äußert sich in einem Besorgtsein, einem Interessiertsein. Es ist sowohl auf die Gegenwart als auch auf die Zukunft bezogen. Wenn eine Nachbarschaft nicht mehr mitbekommt, ob eine alte Frau noch lebt oder nicht, ob sie die alltäglichen Dinge ihres Lebens besorgen kann, dann fehlt es an der sozialen Aufmerksamkeit, an dem Interesse an ihr.

Eine andere Spielart der Sorge, der *Cura,* ist das fürsorgende Sichkümmern in der einspringenden und vorausspringenden Sorge. Ebenso wie das Besorgtsein kennt die Fürsorge potenziell bevormundende und autoritäre Seiten, die sich in einer pluralen und liberalen Gesellschaft auch als Begrenzung von Seinsformen sowie Variationen der Lebensstile und -weisen darstellen können und manchmal auch als solche erlebt werden.

Nüchterner und tatsächlich tätigkeitsbezogen ist das Besorgen im Sinne des Erledigens, des Handelns, des gegenwartsbezogenen Sorgetragens: Ich sorge mich darum, dass der Alltag gelingt, dass Beziehungen lebendig bleiben, dass

Menschen in ihrer Existenz gesichert werden. Schließlich oder am Anfang steht die Vorsorge im Sinne der Eigenverantwortlichkeit, nicht neoliberal ausgedeutet, sondern im Sinne personaler Verantwortung für das eigene Leben, und dies im Wissen um das Verwiesensein auf andere. Vorsorge geschieht auch kollektiv, indem absehbare Lebenssituationen antizipiert werden und ihnen vorsorgend begegnet wird. Dabei besteht die Gefahr, dass aus der Vorsorge eine Fixierung auf Befürchtungen wird, etwa ein »Pflegefall« zu werden, was immerhin 50 Prozent der Deutschen schon im Jahre 2012 als eine der größten Bedrohungen ansahen.

»Don't worry about« – in der englischen Sprache wird der Unterschied zwischen der Aufmerksamkeit und der Befürchtung auch sprachlich nachvollzogen. Reduziert sich die Vorsorge auf den Abschluss einer Lebensversicherung, auf eine Zusatzpflegeversicherung oder die Anmeldung in einem Pflegeheim, wird nicht nur die Vorsorge individualisiert. Vielmehr konzentriert man sich ausschließlich auf Befürchtungen. Diese Art der Vorsorge birgt kaum etwas von dem in sich, was eine Caring Community ausmachen kann oder sollte: das Versprechen und die Zuversicht, dass wir füreinander Sorge tragen und für uns gesorgt ist – dies aber im Modus der Aktivität und nicht der Passivität, die alles auf sich zukommen lässt. In diesem begründeten Vertrauen liegt die Sorgefähigkeit der Gesellschaft im Kleinen, nicht der Gesellschaft im Großen.

Die soziale Sorgefähigkeit ist Voraussetzung für langfristigen wirtschaftlichen Wohlstand. Von der Sorgefähigkeit der Menschen vor Ort in ihren unterschiedlichen Spielarten hängen die Stabilität des Gemeinwesens und seine Zukunftsfähigkeit ab. Diese Sorgefähigkeit wurde bislang vorausgesetzt: Traditionelle Familienstrukturen mit entsprechender Rollenverteilung zwischen den Geschlechtern haben sowohl in der Kindererziehung als auch im hohen Alter und im alltäglichen gemeinsamen Haushalten eine tragfähige Basis für die gegenseitige Aufmerksamkeit, das fürsorgliche Kümmern, das alltägliche Besorgen und Vorsorgen geliefert. Meist unsichtbar, wenig gewürdigt, eben vorausgesetzt. Dies ist für die Zukunft so nicht mehr möglich.

Die Familienstrukturen wandeln sich und werden weniger leistungsfähig, allein schon durch die geringere Größe der Familie. Die Erwerbsbeteiligung der Frauen nimmt deutlich zu und wird noch weiter steigen. Der kulturelle Wandel lässt Fairnessfragen im Verhältnis der Geschlechter und der Generationen zueinander in der Verteilung von Sorgeaufgaben deutlich zutage treten: Nicht umsonst ist es eine Sorge älterer Menschen, den Kindern zur Last zu fallen. Eine früher kaum hinterfragte moralische Pflicht im auf Gegenseitigkeit angelegten Generationenverhältnis führt heute in weiten Teilen der Gesellschaft zu Dilemmata: auf der einen Seite das eigene Leben, die ständige »rush hour«, vielfältige Anforderungen, und auf der anderen Seite die alltägliche Sorgebedürftigkeit, die so gar nicht in das Autonomiekonzept einer individualisierten Welt passt.

Auch die von Schirrmacher beschriebene Gefahr der Herauslösung unseres Finanzgebarens und Wirtschaftens aus jeder Verantwortungsbeziehung, die Selbstoptimierung, kennt den anderen nicht (vgl. Schirrmacher 2013). Die Frage nach einer Freundschaft wird mit ökonomischen Nützlichkeitserwägungen konfrontiert, wie mir neulich eine Kollegin aus der Führungsebene eines Großunternehmens erzählte: »Was bringt denn das Eingehen einer Freundschaft, wo es doch auf hohe Flexibilität ankommt, um erfolgreich zu sein?« Schon unsere Schulen sind auf eine problematische und eindimensionale Leistungsorientierung hin ausgerichtet, sie sind Institutionen der Selektion, in der das Erlernen von Verantwortung für den anderen bislang nur in wenigen Curricula eine feste Verankerung gefunden hat.

Die Evangelische Schule Berlin Zentrum macht dies vor, indem sie die Fächer Verantwortung und Herausforderung in ihren Fächerkanon aufnimmt und damit einen Grundstein dafür legt, dass Verantwortungsrollen eingeübt werden und das Du als zentrale Dimension der Existenz auch an der Schule seine entsprechende Bedeutung erhält, die für das Leben und den Zusammenhalt der Gesellschaft so wichtig ist. Das Fach Verantwortung sieht nicht ein einwöchiges Sozialpraktikum vor, sondern ein eigenes längerfristiges Projekt in den Bereichen Umwelt, Kultur oder Soziales. Im Fach Herausforderung werden die Jugendlichen – in stiller, das heißt nicht eingreifender Begleitung – durch Personalverantwortliche von Unternehmen mit 150 Euro auf die Reise geschickt, erst im Inland, dann im Ausland – mit selbst gesteckten Zielen und der Notwendigkeit, sich den Lebensunterhalt zu verdienen oder auf eine andere Weise für sich zu sorgen. Die Schulleiterin Margret Rasfeld, die stets mit Schülerinnen und Schülern auftritt, sieht eines der wichtigsten Lernziele darin, die Schülerinnen und Schüler darauf vorzubereiten, dass sie Herausforderungen meistern, von denen wir heute noch nicht wissen, worin sie bestehen. Der demografische Wandel bringt sie mit sich, und dies in großem Umfang, gleichzeitig und global.

Der Philosoph Otfried Höffe (Höffe 2004) betont, dass kein Mensch ein Engagement für sein Gemeinwesen von Geburt an mitbringe. »Den dafür notwendigen Lernprozess befördern Lektionen, die niemanden aus seiner Verantwortung entlassen, wenn er aus freiem Willen entschieden hat« (Hüther 2011). Sie sollten in der Schule beginnen.

Jürg Jegge, ein Schweizer Schulreformer, der in der 80er-Jahren seinen Bestseller »Dummheit ist lernbar« (vgl. Jegge 1981) schrieb, attestiert auch heute noch den Schulen die Qualität von Selektionsanstalten und gibt Richard David Precht in seiner Schulanalyse (vgl. Precht 2013) recht, allerdings nicht in seinen Schlussfolgerungen (vgl. Jegge 1981). Solche Schulkonzepte wie das der Evangelischen Schule in Berlin überzeugen. Und sie schaffen die Grundlage für die Sorgefähigkeit unserer Gesellschaft: das Erlernen von Verantwortungsübernahme für sich und andere. Und dies nicht als unausweichliches Schicksal, sondern als Freude am verantwortlichen Leben, das das Wohlergehen des anderen zum Teil des eigenen Lebensglücks macht.

In diesen Wandlungsprozessen wird uns zweierlei vor Augen geführt: Es verändern sich Gemeinschaften, die uns mittragen, und es wird immer komplizierter, sie zu leben und zu pflegen. Der Begriff der sorgenden Gemeinschaften reagiert auf diese existenzielle, für die Gesellschaft grundlegende Bedeutung von Gemeinschaften. Ihm liegt die anthropologische Annahme zugrunde, dass der Mensch danach strebt, sich gegenüber anderen Menschen verantwortlich zu zeigen. Er sorgt sich um andere, von ihm geht Sorge für andere Menschen aus, und er erfährt zugleich Unterstützung und Sorge durch andere Menschen. So sind wir Menschen soziale Wesen.

In modernen Gesellschaften beschränkt sich die Sorge für den anderen und für mich nicht auf den Bereich der persönlichen Verwandtschafts- und Freundschaftsbeziehung, so elementar und wichtig sie bleiben. Die kleinen Lebenskreise, in denen wir Verantwortung für den anderen zeigen, kennen seit eh und je die Nachbarn und Nachbarschaften. Sie und andere Formen gegenseitiger Unterstützung bedürfen zunehmend der bewussteren Gestaltung und Unterstützung. Dabei geht es in sorgenden Gemeinschaften nicht um Dienstleistungen. Die Wechselseitigkeit von sorgen und Sorge empfangen, von geben und nehmen ist ein zentrales Merkmal einer Sorgekultur. Dies gilt für das höhere Alter genauso wie für andere Lebensphasen. Eltern in der aktiven Familienphase erfahren neben institutionellen Betreuungsmöglichkeiten und dem Entgegenkommen ihrer Arbeitgeber durch Caring Communities, das heißt Großeltern und andere Verwandte, aber auch Nachbarschaften, Unterstützung. Gerade in der Sorge um Kinder finden wir vielfältige Formen, die über die Familie hinausgehen, und haben sie eingeübt – alltäglich und in unendlichen Variationen, in pragmatischen, haushaltsökonomisch entlastenden sowie in freundschaftsstiftenden Formen gegenseitiger Unterstützung in der Kinderbetreuung und -erziehung. Auch ich habe Jahrzehnte in einer Hausgemeinschaft gelebt. Eine undramatische, nicht ideologisch aufgeladene, aber gleichwohl verlässliche Form des Zusammenlebens gehörte ebenso zur sozialen Architektur meines Lebens mit meinen Kindern wie vielfältige auf Gegenseitigkeit beruhende Sorge für die Freunde und Freundinnen meiner Kinder. Diese Sorge füreinander und die Freude aneinander begründet, bei allem Pragmatismus, letztlich Freundschaften.

Schaffen wir es, sorgende Gemeinschaften auch auf das Alltagsmanagement im Alter und das Interesse am Wohlergehen der älteren Menschen zu beziehen? Hierzu fehlen uns (noch) Vorbilder, die Übung, die Spielregeln und die Kultur. Das Leitbild der sorgenden Gemeinschaft, für viele zunächst ein irritierender Begriff, fragt nach solchen neuen, nicht allein traditionellen Formen gegenseitiger Sorge. Aber vielfältig gibt es diese neuen, aber auch alte Formen der gegenseitigen Sorge, diese sorgenden Gemeinschaften schon, sie lassen sich anschaulich beschreiben (s. Kapitel 11). Man kann verstehen, wie sie funktionieren, was sie begünstigt und was sie gar nicht erst entstehen oder wieder auflösen lässt.

Das Leitbild der sorgenden Gemeinschaften stößt auf Resonanz. Ob nun in Formen generationenübergreifender Wohnprojekte, in Haus- und Wohngemeinschaften, in Genossenschaften, Selbsthilfegruppen oder Patenschaften. Viele sind unsichtbar, existieren im Verborgenen. Andere sind zu Wallfahrtsorten für Bürgermeister, Sozialplaner und Initiativen geworden. Noch sind es Prototypen, Vorzeigeprojekte, noch gelten sie als die Ausnahme von der Regel. Das Leitbild der sorgenden Gemeinschaften, inzwischen auch von der Bundeskanzlerin aufgenommen, macht sie gesellschaftsfähig. Es kann dazu anregen, ihre Bedeutung zu erkennen: für meinen Ort, für meine Kirchengemeinde, für unsere Nachbarschaft, für mein Leben.

Dem Leitbild der Caring Community, der sorgenden Gemeinschaft, steht die Bewährungsprobe erst bevor. Im Zweifel ist es uninteressant und sogar problematisch, wenn es vornehmlich bei Mittelschichtsangehörigen und Bildungsbürgerinnen und -bürgern Anklang findet. Vermag es unterschiedliche Lebenslagen wie arm und reich ebenso aufzugreifen wie unterschiedliche Handlungsspielräume, soziale Milieus und Lebensstile? Es stellt sich die Frage, ob das Leitbild der Caring Community nur für eine Minderheit oder als Leitbild für sehr unterschiedliche Milieus – mit je unterschiedlichen Spielregeln und Ausprägungen – dienen kann. Ob es auch für eine mobile Gesellschaft gilt, in der viele Menschen gar nicht mehr an einem Ort heimisch werden (wollen)? Wie reagieren Menschen mit Zuwanderungsgeschichte auf das Leitbild der sorgenden Gemeinschaften?

Gerade türkische Familien, die aus ländlichen Regionen

der Türkei stammen, bilden in sich sorgende Gemeinschaften und leben ihre Familiensolidarität bisweilen streng und in einer Weise, die unseren Vorstellungen von Gendergerechtigkeit und individueller Freiheit kaum entspricht. Viele Menschen mit Zuwanderungsgeschichte bringen eine große Empathiefähigkeit und Wertschätzung gegenüber älteren Menschen mit. Ich werde eine Veranstaltung in Gelsenkirchen zum freiwilligen Engagement nicht vergessen, in der eine hoch engagierte türkische Mitbürgerin berichtete, dass sie sich entschlossen hat, ihre Arbeitszeit zu reduzieren, um noch mehr im Quartier ehrenamtlich aktiv sein zu können. Das verschaffe ihr Befriedigung, das Engagement sei näher an dem Glück ihres Lebens als der Vollzeitjob. Gerade Menschen mit Migrationshintergrund identifizieren sich mit ihrem neuen Lebensort. Vielen fällt es leicht zu sagen: ich bin Gelsenkirchenerin, und schwer, sich als Deutsche zu sehen.

Das Leitbild der sorgenden Gemeinschaften verweist auf Lernfelder, auf eine neue soziale Qualität im Miteinander. Es gilt für intragenerative Formen. Ältere helfen Älteren nach dem Motto der Stiftung Pro Alter: »Das hilfreiche Alter hilfreicher machen«. Hier werden Formen der gegenseitigen Unterstützung Älterer angesprochen, unterstützt und gefördert. Was können die Älteren füreinander tun? Wie können diese Netzwerke intelligent gestaltet und ein alterstypischer Hilfebedarf ermittelt werden? Die Sozialdezernentin der Stadt Dortmund, Birgit Zoerner, berichtete auf einer Anhörung der siebten Altenberichtskommission von ihren wochenendlichen Besuchen von Seniorenveranstaltungen, bei denen sie bisweilen ihr elfjähriger Sohn begleitet. Auf die Frage, was er von diesen Veranstaltungen an Eindrücken mitnehme, antwortete er: »Ich hoffe, dass die Alten auch uns Kinder sehen und etwas für uns tun.« Die Älteren tun eine Menge für die

Gesellschaft, wenn sie füreinander sorgen. Noch nie haben sich so viele ältere Menschen bürgerschaftlich engagiert wie 2019. Es aber fällt nicht leicht, für den möglicherweise fremden älteren Menschen Sorgeaufgaben zu übernehmen. Sorgende Gemeinschaften sind insofern auch ein Lernfeld einer neuen Zivilisation, indem sie die oft persönliche Sorge für den anderen in einen respektvollen und distanzierten Umgang einbeziehen. Sorgende Gemeinschaften sind auch Lernfelder für intergenerative Solidarität. Es geht nicht nur um die Sorge für die Alten, sondern auch um die Sorge der älteren Menschen für Kinder. Für Familien wird viel innerhalb von Verwandtschaftsbeziehungen geleistet. Gelingt uns dies auch gegenüber fremden Familien? Als Leihoma und -opa, in Schulen als Lesepaten, für Jugendliche mit Startschwierigkeiten, als Coach und umgekehrt? Kinder und Jugendliche, die sich um ältere Nachbarn kümmern, ihnen Aufmerksamkeit schenken und Unterstützung anbieten? Auch im Geschlechterverhältnis bietet das Leitbild der sorgenden Gemeinschaft Lernstoff. Es fällt immer noch schwer, Beziehungsaufgaben zwischen den Geschlechtern fair zu verteilen. Der Kampf in Partnerschaften, die in einem modernen Sinne ausgestaltet und ausgerichtet sind, bestimmt den Alltag vieler Ehen und Familien – nicht immer in glücksstiftender Weise. Dennoch: Die Zahl der Söhne, die sich an Sorgeaufgaben für ihre Eltern beteiligen, steigt. Pflegende Angehörige und Ehepartner spielen eine zunehmend größere Rolle in Selbsthilfegruppen. Sorgende Gemeinschaften können einladen, die Verteilung von Sorgeaufgaben in einer solidarischen Weise auszuhandeln. Ich habe es als bereichernd erlebt, wie sich in meinem ehemaligen Wohnort im Wesentlichen ältere Menschen zusammengefunden haben und sich intensiv und aufgeschlossen, bei gutem Wein und ökumenisch dafür einsetzten, eine Bürgergenossenschaft zu gründen – mit Bürgerbus, Hilfe von Haus zu Haus und einer Wohngruppe für pflegebedürftige Menschen. Die Sorge um das eigene Alter und die Altersgerechtigkeit innerhalb des Wohnortes motivieren und schaffen neue Gemeinschaftlichkeit. Die älteren Mitbürgerinnen und Mitbürger, die etwa auf einem sogenannten Hock – einem der örtlichen Gemeinschafts- und Geselligkeitsereignisse – erscheinen, unterstreichen, dass wir uns vor Ort um ältere Menschen kümmern sollten. Diese Wahrnehmung und der gemeinsam erkannte Handlungsbedarf erhalten mit der sorgenden Gemeinschaft ein tragfähiges Leitbild.

Der Begriff der sorgenden Gemeinschaft lädt indes auch zu Disputen ein: Ist es nicht Aufgabe des Sozialstaats, für die Alten zu sorgen? Drückt sich hier nicht der Sozialstaat um seine soziale Verantwortung? Macht man sich mit dem Begriff der sorgenden Gemeinschaften nicht zum Handlanger derjenigen, die den Sozialabbau und den Rückzug des Sozialstaats propagieren und durchsetzen wollen? Es sind nicht wenige, die den Sozialstaat der 1970er-Jahre vor Augen haben und zurückfordern. Es zeigt sich aber auch, dass gerade viele ältere Menschen nicht nur auf den Sozialstaat und seine Institutionen verwiesen werden wollen. Die der sorgenden Gemeinschaft zugrunde liegende anthropologische Grundannahme, dass wir als Menschen soziale Wesen sind und deswegen auch bereit sind, für andere Verantwortung zu übernehmen, äußert sich in einer Gesellschaft des langen Lebens als Zuversicht, dass einmal gut für einen selbst gesorgt sein könnte, und zwar auch von den Menschen, die mich umgeben. Dass allerdings sorgende Gemeinschaften in der Breite so leistungsfähig sein werden, wie es Familien immer noch sind, ist unwahrscheinlich. Sie bieten gleichwohl eine wichtige Ergänzung kultureller und ökonomischer Art. Hierin liegt das Experiment der sorgenden Gemeinschaften als moderne Form gegenseitiger Unterstützung, von der sich auch Dieter Hackler, ehemals Abteilungsleiter im Familienministerium, viel erhoffte: »Sorgende Gemeinschaften holen diese Frage, die lange im Innern der Familien und in der Anonymität der Sozialversicherungssysteme versteckt war, dorthin zurück, wo sie hingehört: in die Mitte der Gesellschaft.« Sicher ist: Eine sorgende Gemeinschaft bedarf, gerade wenn sie als Leitbild taugen soll, der Unterstützung, Anregung und Ermutigung, einer sicherheitsstiftenden Infrastruktur und eines professionellen Back-ups. Kümmern wir uns darum nicht und schafft die Politik keine Voraussetzungen, dann würden wir dieses Leitbild in unverantwortlicher Weise benutzen und zugleich beschädigen.

Der Familienbericht betont die Bedeutung einer entsprechenden kommunalen Infrastruktur. Hier entscheide sich, ob eine von Eltern für ihr Leben und das ihrer Kinder vorhandene Option tatsächlich gewählt werden kann, ob eine häusliche Versorgung von Menschen mit Demenz möglich ist oder nicht. Ausschlaggebend für die Vereinbarkeit von Familie, Pflege und Beruf sind dabei vor allem die Möglichkeiten der Kinderbetreuung und der Pflege, die sie an ihrem Wohnort bzw. Arbeitsplatz in guter Erreichbarkeit vorfinden.

Die vielfältigen Bedürfnisse von Familien mit Klein- und Schulkindern, aber auch mit ihren auf Unterstützung verwiesenen alten Angehörigen nach zeitlicher Entlastung, Abstimmung und Vereinbarkeit lassen sich auch durch neue Formen der kommunalen Planung, Steuerung, Vernetzung und Kooperation beantworten.

Wiener Thesen zur Caring Community[*]

- Caring Communities orientieren sich an der Frage nach dem guten Leben; für alle Bürger*innen – von der Geburt bis zuletzt
- Die sorgende Gemeinde ist vielerorts schon da! ... und kein Konzept »von außen«.
- Caring Communities sind keine rückwärtsgewandte Romantisierung von Gemeinschaft und Familie, sondern der gesellschaftliche Gegenentwurf zur Verbetriebswirtschaftlichung und Taylorisierung aller Lebensbereiche
- Caring Communities bringen die existenziellen Erfahrungen der Bürger*innen mit Fragen nach angemessenen politischen Rahmenbedingungen der Sorge in Beziehung
- Caring Communities streben danach, die Demokratisierung der Sorge zu fördern, durch breite Beteiligung der Bürger*innen und der Co-Kreation von Sorgenetzen
- Caring Communities widmen sich dem ungedeckten und »versteckten« Bedarf nach Sorge und Unterstützung

Das Leitbild der Caring Community stellt sich neben allen infrastrukturellen Implikationen als kulturelle Herausforderung und Aufgabe dar: Es fragt nach den seelischen und kulturellen Bedingungen eines neuen Gemeindelebens, der Inklusion des homo patiens, der so anders ist, der dem normalen Insider der Gemeinde Angst macht (Schulz-Nieswandt 2013). Es verlangt nach einer Haltung der Offenheit, nach Umgangsformen mit der Ambivalenz von Nähe und Distanz, nach Umgangsweisen mit uns mitgegebenen Affekten wie Angst, Ekel oder Aggression.

---

[*] Klie u.a. (o. J.): Wiener Thesen

Sorgende Gemeinschaften können nicht verordnet werden. Auch normativ – etwa in der Behindertenrechtskonvention – festgeschriebene Leitbilder der Inklusion reichen in ihrer faktischen Kraft nicht aus. Die Inklusionsvision ist fragil. Das Miteinander einer sorgenden Gemeinschaft, die die Gastfreundschaft auf den »echten Fremden« oder Fremdgewordenen erstreckt, setzt auf Vertrauen und bildet zugleich Vertrauen in das Miteinander. Dieses Vertrauen in das soziale Miteinander baut auf Haltungen von Menschen auf, wie es Schulz-Nieswandt formuliert, personale Haltungen und eine »positive Anthropologie des Vertrauensvorschusses, der Geduld, der langen Zeithorizonte, einer Mischung aus Eifer und Gelassenheit« (Schulz-Nieswandt 2013). Personale Haltungen im Sinne einer letztlich transzendental vermittelten Humanität sind Voraussetzung der Möglichkeit gelingenden sozialen Miteinanders. Und diese verlangt nach Offenheit und Kreativität für einen neuen Modus der gegenseitigen Sorge. Schulz-Nieswandt wendet die Perspektive theologisch: »Gelingendes Dasein der menschlichen Person des sozialen Miteinanders ist eben ein Wagnis, auf das sich der Mensch (als suchender Mensch angesichts seiner existenzialen Abgründigkeit) mit ›Mut zum Sein‹ einlassen muss« (a. a. O.). Das Leitbild der sorgenden Gemeinschaften geht damit weit über eine Rekommunalisierung von sozialstaatlichen Aufgaben hinaus – wird sich aber ohne eine solche nicht in der Breite verankern lassen.

Und es berührt zugleich eine zentrale Frage unserer Zeit, die uns seit den NSA-Enthüllungen durch Edward Snowden mit Betroffenheit, aber zugleich ohne sichtbare Empörung bewusst geworden ist: die Veränderungen unseres sozialen Zusammenlebens in einer digitalen Welt. Soziale Bindungen werden in Zeiten von Internet und Facebook vor allem dort verändert, wo sie territorial verankert waren oder sind – vor Ort (Baumann/Lyon 2011). Ohne die Bedeutung digitaler Kommunikation auch für ältere Menschen in Abrede stellen zu wollen, stellt das Leitbild der sorgenden Gemeinschaften sich auch als Gegenprogramm zu digitaler Unverbindlichkeit und Flüchtigkeit auf der einen Seite und anonymer Überwachung auf der anderen dar. Dass gerade bei Jugendlichen der Wert, für andere da zu sein, zu den höchsten zählt, fördert die Zuversicht, dass das Gegenprogramm generationenübergreifend Resonanz findet (Rauschenbach/Bien 2012).

8

»Einer trage des anderen Last«

AUSWEG STERBEHILFE?

Anderen zur Last zu fallen, das wollen wir modernen Menschen nicht. Bevorzugen wir den sanften Tod anstelle langen »Siechtums«? Das Thema »Sterbehilfe« steht im Hintergrund, wenn über Patientenverfügungen und ihre Verbindlichkeit oder den assistierten Suizid verhandelt wird. Sichern wir durch sie die Autonomie und Würde des Einzelnen, oder fördern wir das »sozialverträgliche Frühableben«?

Einer trage des anderen Last«: Dieses Bibelzitat aus dem Galaterbrief war 1977 das Motto des evangelischen Kirchentags. Können wir heute noch etwas damit anfangen? Sind wir bereit, die Last der anderen zu tragen oder – andersherum – den anderen zur Last zu fallen (vgl. Pleschberger 2005)? Letzteres scheint für viele Menschen bedrohlich zu sein: Sie haben mit Blick auf ihr Alter und das Sterben die große Sorge, anderen zur Last zu fallen, und genau das wollen sie nicht – nicht als Pflegebedürftige, nicht als Hochbetagte und nicht als Sterbende.

Die Forderung des bekannten Hamburger Sozialpsychiaters Klaus Dörner an seine Kinder, die er in Vorträgen oft äußert, dass sie hoffentlich für ihn da sind, wenn er sie einmal als Pflegebedürftiger braucht, gehört nicht zu den Leitsätzen unserer Zeit. Vielmehr sieht es so aus, dass wir den älter werdenden Menschen und somit auch uns selbst vermitteln, dass sie – und wir – nicht finanzierbar sind und es, mit Blick auf eine mögliche Pflegebedürftigkeit, daher besser ist, diese nicht erleben und ertragen zu wollen und damit niemandem zur Last zu fallen. Angesichts der zu erwartenden Engpässe im deutschen Sozialversicherungssystem wird diese Einstellung nicht ab-, sondern tendenziell eher zunehmen.

Auch kollektiv zeigt dieses Denken seine Wirkung. Viele fragen sich: Lohnt es sich, die begrenzten öffentlichen Mittel in die Pflege zu investieren? Ist es berechtigt, die Lohnnebenkosten anzuheben oder andere Finanzierungsquellen für die Pflege zu erschließen? Und ältere Menschen fragen sich, ob es sich lohnt, ihr Geld in ihre Pflege zu investieren – und damit das zu schmälern, was sie ihren Kindern als Erbe hinterlassen können?

Solches Denken steht auch hinter vielen Patientenverfügungen. Durch die Skandalberichterstattung über Pflegeheime und die darauf folgende symbolisch strenge, gesetzlich verordnete Qualitätssicherung wurde die Aufmerksamkeit nicht auf eine auf Teilhabe hin ausgerichtete Palliative-Care-Politik und Förderung der Sterbebegleitung gelenkt.

Die breite öffentliche Diskussion über Patientenverfügungen kommuniziert neben der Betonung der Autonomie »subkutan« die Erwartung, sich mit den wirtschaftlichen Verhältnissen im Gesundheits- und Sozialwesen abzufinden. Die Gesundheitsökonomen nehmen die Kosten der letzten Lebenswochen in den Blick und vergleichen die Lebensalter miteinander – mit Kalkül? Vor der Krankenhausaufnahme wird die Unterzeichnung einer Patientenverfügung erwartet. Einerseits, damit (rechtliche) Gewissheit herrscht, was denn dem Patientenwillen entspricht (vgl. Klie/Student 2011), wenn das denn überhaupt durch Patientenverfügungen geleistet werden kann. Andererseits stellt sich auch die Frage, ob die Patientenverfügungen nicht auch zum Einsatz kommen, um die Einwilligung der Patient*innen zum Verzicht auf kostenintensive Behandlungen zu erwirken.

Der Diskurs über die »Last des Alters« zeigt auch in anderen Bereichen seine Wirkung: Als vernünftiger Mensch reflektiere ich, dass ich anderen – und dem Sozialstaat – nicht zur Last fallen will. Dabei übersehen wir, dass in dem Füreinandereintreten und Füreinandersorgen gerade die Grundlage für menschliche Beziehungen, für soziale Solidarität, aber auch für psychische Gesundheit liegt. »Wir sind helfensbedürftig«, so bringt es Klaus Dörner zum Ausdruck (vgl. Dörner 2007). Wir leben davon, für andere von Bedeutung zu sein und umgekehrt. Heinz Bude arbeitet in seinem Buch *Solidarität. Die Zukunft einer großen Idee* (München 2019) die soziologischen (Durkheim) und anthropologischen Wurzeln und Hintergründe der gegenseitigen Sorge heraus: wir können nicht gut leben ohne die Bezogenheit auf den anderen.

»Zur Last fallen« ist kein Thema, das heutzutage neu auftritt: Wir kennen vergleichbare Geschichten und Mythen aus sehr unterschiedlichen Kulturen. In Velma Wallis' Legende von Verrat und Tapferkeit wird die Tradition der Eskimos beschrieben: Sie ließen Alte und Gebrechliche zurück, wenn die Ernährung der jüngeren Generation nicht mehr gewährleistet werden konnte. In Japan heißen Pflegeheime bis heute umgangssprachlich: »Die Berge, von denen man die Alten wirft.« Wir kennen die Geschichten von den Schwiegersöhnen, die ihre alten Mütter »one-way« in die Berge führten. Witwenverbrennungen sind ein anderes Thema, in hohem Maße verbunden mit der sozialen Ausgrenzung von Frauen nach dem Tod des Ehepartners. Indianer reagierten mit Aussetzung, Aborigines glauben bis in die heutige Zeit, dass ein Mensch, der an Demenz leidet, von bösen Geistern besessen sein kann – sozialer Tod und physischer Tod sind in diesen wenigen Beispielen aufeinander bezogen.

Es gibt viele solcher Geschichten. In vielen Kulturen sind die Ressourcen knapp. Geht es um das Überleben der Sippe, sind gerade die Älteren vom Ausschluss und vom Tod bedroht. In unserer Kultur scheint dies überwunden. In jedem Fall ist es eine kulturelle Leistung, wenn es gelingt.

Die Generationensolidarität ist in Deutschland und in Europa stark ausgeprägt. Sie ist Ausdruck einer entfalteten Zivilgesellschaft, die nicht ausgrenzt und prinzipiell allen ein Lebensrecht zuspricht. Das Sozialstaatsversprechen in Deutschland und Europa ist allgemeingültig und grenzt nicht aus. Der Gestaltungsauftrag für eine faire, alle Menschen in den Blick nehmende Sozial- und Gesundheitspolitik gilt angesichts der demografischen Herausforderungen gerade für die Zukunft.

Nun scheint sich aber die Fortschrittsgläubigkeit, bezogen auf den Ausbau sozialer und gesundheitlicher Dienste, auf ihren Zenit zuzubewegen oder hat ihn bereits überschritten. Die Diskussion um Sterbehilfe macht dies deutlich: Wir wissen, dass es die größte Sorge gerade älterer Menschen ist, nahen Angehörigen, aber auch der Gesellschaft insgesamt zur Last zu fallen oder in Armut zu enden. Die vielen Geschichten von Menschen, die den Freitod wählen, sei es mithilfe von Unternehmen wie Exit oder Dignitas, zeigen ihre Ängste, ihr Verzweifeln am Leben, aber auch ihre Sorge, nur noch »Last« zu sein. Diese individuelle Angst, nicht mehr auf positive Weise bedeutsam zu sein, verbunden mit einem gesellschaftlichen Diskurs, der dem multimorbiden, chronisch kranken und schwer pflegebedürftigen Mensch als sozialpolitische Last sieht, verstärkt den Angriff auf das Lebensrecht schwerbehinderter und hochbetagter Pflegebedürftiger. Die Heldengeschichten derjenigen, die freiwillig aus dem Leben gehen, werden so zu vermeintlichen Vorbildern. Noëlle Châtelet etwa zeigt sich tief beeindruckt von der Stärke ihrer Mutter, die angesichts der Gebrechlichkeit, der sie sich ausgesetzt sieht, selbst aus dem Leben geht. Auch Walter Jens wiederholte: »Ich möchte nicht, dass man mich als ›sabbernden Greis‹ in Erinnerung behält.« Ein gebrechliches Alter ist mit den Vorstellungen von Würde gerade für die Menschen nicht vereinbar, die ein entfaltetes Leben führen konnten und sich einen öffentlichen Namen gemacht haben. »Ich möchte Euch Kummer ersparen.« – »Ich möchte meine Gebrechlichkeit nicht als Verlust meiner selbst erleben.« – »Die Frage nach dem Schritt aus dem Leben ist mein letzter Liebesbeweis.« So lesen sich die Bekundungen der Mutter von Noëlle Châtelet (vgl. Châtelet 2005) – sie sind beeindruckend und beklemmend zugleich. Nur, kann diese Haltung ein Vorbild abgeben? Steht sie nicht genau für das, was die Autonomie in einen Sollenskontext führt?

Kann das, was ein Walter Jens und die Mutter von Noëlle Châtelet als nicht mehr lebenswert bezeichnen, für andere Menschen dennoch lebenswert sein? Über Prominente wird eine öffentliche Debatte geführt, die in der Gefahr steht, die Schwachen zu treffen: die sozial Benachteiligten und die, die über wenig soziale Unterstützung verfügen und von sozialer Ausgrenzung betroffen sind. »Einer trage des anderen Last«: In dieser Solidaritätszusage – Bürgerinnen und Bürger in einer Gesellschaft füreinander – steckt ein Programm, das den Menschen unabhängig von seiner Leistungsfähigkeit als wertvolles Mitglied der Gesellschaft sieht und unterstützt. Wenn nun einer freiwillig aus dem Leben geht, so mag er dies tun, man mag diesen Schritt mit Respekt begleiten und ihn nicht moralisch verurteilen: Die Zeiten der Bestrafung von Suizidalen gehören der Vergangenheit an. Auftrag einer solidarischen

Gesellschaft ist es aber, allen Menschen, auch den Leidenden, auch den Pflegebedürftigen und den Wachkomapatienten, einen Platz in unserer Gesellschaft zuzugestehen und sie nicht, wie die alten Eskimos es taten, auszugrenzen.

Die zivilisatorischen Herausforderungen unserer Gesellschaft bestehen unter anderem darin, hilfebedürftigen Menschen in unserer Kommunikation, unseren Werthaltungen, in unserer Anthropologie die nötige Aufmerksamkeit einzuräumen. Viele, die über Jahre hinweg Menschen mit Demenz, Hochbetagte und Menschen mit Behinderungen und Pflegebedarf begleitet haben, wissen: Die Maximen des eigenen Lebens verändern sich, anderes wird bedeutsam, manch bislang Dominantes relativiert sich. Für immer mehr Menschen wird es eine zentrale und existenzielle Erfahrung, andere bis zu ihrem Tod zu begleiten und sich gemeinsam in einer Weise »weltoffen« zu zeigen, die bislang unbekannte Dimensionen des Menschseins erfahrbar macht. Leben lernen an den Grenzen des Lebens? Das gelingt aber nur dann, wenn wir das Thema auch zu einem in neuer Weise öffentlichen Thema machen und uns um zivilgesellschaftliche Antworten bemühen. Die Hospizbewegung zeigt Wege, die zu diesem Ziel führen.

Für viele ist mit dem hohen Alter und der Pflegebedürftigkeit auch eine beängstigende Ausweglosigkeit verbunden. »So will ich nicht enden«, ist eine der häufigen Reaktionen auf Fernsehsendungen, die Missstände und Skandale in Heimen aufdecken. Die Nachfrage nach dem ärztlich assistierten Suizid, wie er in der Schweiz erlaubt ist und organisiert wird, nimmt nach solchen Sendungen regelmäßig zu. Auch der 2013 verstorbene Walter Jens trat für das Recht auf den selbstbestimmten Tod ein. Ich habe in den vielfältigen Podiumsdiskussionen mit ihm immer wieder auf die Fragen hingewiesen, die eine solche Haltung auslöst: »Wir dürfen niemals Menschen, die gebrechlich sind oder an einer Demenz leiden, das Lebensrecht absprechen.« Befördern Prominente, indem sie in öffentlichen Diskussionen ihr eigenes Leben unter dem Vorzeichen Demenz als nicht lebenswert bewerten, nicht eine neue Lebenswert- und Lebensqualitätdiskussion, die wir in den Dreißiger- und Vierzigerjahren des vergangenen Jahrhunderts schon einmal hatten? Damals wurden Menschen mit Demenz in großem Umfang getötet. Legen wir ihnen heute mithilfe von Patientenverfügungen und der Möglichkeit des assistierten Suizids nicht einen vermeintlich selbstbestimmten Weg aus dem Leben nahe?

Sterbehilfe in moderner Gestalt künftig im Gewand der Selbstbestimmung?
Prof. Dr. Dr. Christoph Student

Wer möchte nicht autonom und selbstbestimmt leben? Der Gedanke der Selbstbestimmung gehört zu den großen Illusionen unseres Jahrhunderts. Tatsächlich verschleiert er nur, dass wir sowohl im psychischen wie im sozialen Sinne niemals autonom sind, sondern stets in vielfältigen Abhängigkeiten leben. Allerdings: Je wohlhabender und gesünder wir sind, desto weniger spüren wir diesen Mangel an Selbstbestimmung im Alltag. Kritisch wird es erst, wenn wir krank und gebrechlich werden und mit Einschränkungen leben müssen. Dann nämlich kann aus dem Gedanken der Selbst-Bestimmung der zynische Auftrag zur »Selbst-Entsorgung« ergehen – vielfach als »Freitod« verbrämt. Tatsächlich aber ist diese Selbsttötung kein Ausdruck der Selbstbestimmung und Freiheit, sondern Ausdruck einer ultimativen, anders unlösbar erscheinenden Not. Wie leicht werden da Vorausverfügungen – wie z. B. die Patientenverfügung – zur Suizidverfügung. Und wenn wir uns schon nicht mehr selbst töten können, weil die Kräfte zu gering geworden sind, dann steht uns das zynische Angebot des assistierten Suizides oder anderer Formen der Sterbehilfe zur Verfügung – vielleicht eine der pervertiertesten und zugleich entlarvendsten Folgen des Gedankens der verabsolutierten Selbstbestimmung.

Es geht nicht um die moralische Verurteilung des Freitods, es geht um die Rahmenbedingungen, um die Kultur, aus der heraus ein solcher Schritt provoziert wird. Wenn dieser Schritt zum kleineren Übel wird, dann ziehen Menschen den Tod dem »unerträglichen« Leid oder der finster erscheinenden Zukunft vor. Christoph Student, einer der Väter der deutschen Hospizbewegung, betont, dass es für viele Menschen in Krisensituationen eine tröstliche Vorstellung sein kann, sich das Leben nehmen zu können. Das bestätigen auch Studien aus US-Bundesstaaten, in denen der assistierte Suizid zugelassen ist. Der Tod, der Suizid, erscheint als Ausweg. Es ist ganz typisch, dass Menschen in Lebenskrisen von Suizidgedanken begleitet werden. Das gilt in der Jugend, das gilt im Erwachsenenalter, das gilt auch mit Blick auf schwere Krankheiten im Alter – und das gilt auch mit Blick auf eine dauerhafte Abhängigkeit von fremder Hilfe.

Angehörige, Freunde, aber auch professionell Helfende verstehen bisweilen zu gut, dass der Kranke, der auf Pflege angewiesene Mensch lebensmüde Gedanken äußert. Dieses Verstehen darf aber keinesfalls dazu führen, dass dem Menschen in seiner Krisensituation die Hilfe vorenthalten wird, die er dringend braucht. Darin liegt auch eine der Gefahren von Patientenverfügungen: In einem verfügten Therapieverzicht steckt nicht selten eine vorweggenommene Verzweiflung, die auch zu suizidalen Gedanken führen kann. Hier bedarf es des Gesprächs, nicht des Schweigens.

Angehörige und andere Helfer sind immer wieder mit dem

Wunsch nach Sterbehilfe konfrontiert. Der Wunsch ist eigentlich ein Suizidwunsch. Das ist bei verzweifelten Alten und Pflegebedürftigen nicht anders als bei Menschen in Lebenskrisen. Wir wissen aus den Ländern, in denen die aktive Sterbehilfe unter bestimmten Voraussetzungen erlaubt ist, was Menschen an diesen Punkt bringt, an dem sie verlangen, getötet zu werden. Es ist die Angst vor Vernachlässigung und Respektlosigkeit, die Angst vor Schmerzen und anderen körperlichen Beschwerden, und es ist vor allem die Angst davor, anderen zur Last zu fallen. Es geht also nicht so sehr um tatsächlich vorhandene Beschwerden und Belastungen. Allein die Angst davor, dass solche Belastungen eintreten könnten, lassen Menschen nach der Sterbehilfe verlangen.

Es sind verständliche Ängste. Es sind Ängste, die vor allem im Alter ihre Berechtigung finden, denn gerade diese Lebensphase ist in besonderer Weise von Vernachlässigung, Respektlosigkeit, körperlichen und geistigen Beschwerden bedroht. Im hohen Alter müssen wir viel von unserer Autonomie aufgeben und sind auf Hilfe angewiesen. Wenn wir dann in einer Umgebung leben, die nicht darauf vorbereitet ist, uns zu respektieren, die uns nicht das Recht einräumt, in Würde zu altern, sondern uns zu verstehen gibt, dass wir nur noch als Belastung empfunden werden, dann ist es diese Umgebung, die Menschen in die Selbsttötung treibt. Es ist nicht die Pflegebedürftigkeit, es ist nicht das Alter, es ist nicht die Demenz. Alle auch in Deutschland bekannt gewordenen »Fälle«, Schicksale, in denen Menschen nach dem assistierten Suizid verlangten, waren von Alternativlosigkeit geprägt. Wenn Menschen sich das Leben nehmen (lassen), dann nicht, weil sie an Unheilbarem leiden. Sie werden in die Suizidalität getrieben, weil ihnen die körperlichen, sozialen, spirituellen und emotionalen Linderungsmöglichkeiten versagt werden.

Sowohl in den Niederlanden als auch in Deutschland suchen diese verzweifelten Menschen andere, die sie töten. Selbsttötung ist niemals ein Akt der Willkür. Wir können uns nicht entschließen, sterben zu wollen. Bis in die ethische Literatur hinein wird irrtümlich immer noch davon ausgegangen, es gäbe so etwas wie einen Bilanzselbstmord, eine Selbsttötung, die auf einem reiflich überlegten Beschluss beruht. Wir wissen, dass dies eine irrtümliche Annahme ist. Er ist die ganz große Ausnahme. Unser menschlicher Überlebenstrieb hindert uns in aller Regel daran, uns selbst das Leben zu nehmen, mögen die Gründe noch so triftig und nachvollziehbar sein. Wer einen Suizid begeht, braucht in der Regel ein großes Aggressionspotenzial, das nur in psychischen Krisen entsteht. Es sind gar nicht so sehr die moralischen und religiösen Vorstellungen, die uns am Suizid hindern, es ist unsere Seele, die Art und Weise, wie wir psychisch funktionieren, die uns daran hindert. Darum gewinnen Patientenverfügungen, darum gewinnen der Diskurs um die Sterbehilfe und die Forderung nach dem assistierten Suizid an Bedeutung.

Es bedarf des Nächsten, um sterben zu können. Es sind häufig aber auch die anderen, die sich den Tod wünschen. »Wann stirbst du endlich?«, fragen sie schuldig in sich hinein, wenn die Belastung kein Ende nimmt und die Ausweglosigkeit sich mehr auf den pflegenden Angehörigen bezieht als auf den Pflegebedürftigen. Die Angehörigen plagen stellvertretende Todeswünsche, sie wünschen sich den baldigen Tod des Kranken, des pflegebedürftigen Menschen. Sie wünschen sich solch einen Tod bisweilen auch dann, wenn der Betroffene selbst keine Wünsche in diese Richtung hat. Sie haben Mitleid, ein verbreitetes, aber zugleich auch äußerst gefährliches Gefühl.

Psychologisch betrachtet können wir nicht mit einem anderen leiden. Wir können immer nur an und mit uns selbst leiden. Das Leiden der pflegenden Angehörigen ist nachvollziehbar und es stößt auf Verständnis. Aber es ist das Leiden der Angehörigen, und das muss nicht das Leiden der Betroffenen selbst sein. Was der Angehörige erlebt, kann nichts oder wenig mit dem zu tun haben, was der auf Pflege angewiesene Mensch oder der Kranke selbst erlebt. Was sie vereint, ist eine schwere Krankheit und die dauerhafte Verwiesenheit auf die Hilfe anderer. Aber jeder erlebt das auf seine eigene Weise.

Der stellvertretende Todeswunsch ist verbreitet. Das zeigt die Resonanz auf das Buch von Martina Rosenberg, das den provozierenden Titel trägt: »Mutter, wann stirbst du endlich?« Dieser Todeswunsch ist nachvollziehbar. Er wird aber dann gefährlich, wenn man beginnt, Wege zu suchen, um den Tod des anderen herbeizuführen. Der assistierte Suizid und die aktive Sterbehilfe kennen und brauchen den Dritten, den Anderen, den Arzt, als denjenigen, der den Todeswunsch, sei es den selbst formulierten oder den stellvertretenden, aufgreift und umsetzt. Die Schwelle zur Tötung wird niedriger, wenn andere bereit sind und die Erlaubnis haben, die Tötung durchzuführen oder zu unterstützen. Die Tötung eines anderen Menschen ist in unserer Kultur, in unserer Rechtsordnung, in unserer Moral tabuisiert und wird mit schwerster Strafe geahndet. Jeder kennt den inneren Impuls: »Ich könnte dich umbringen.« Das bedeutet: »Ich kann nicht mehr, ich bin bis zum Äußersten gereizt.« Im Zusammenhang mit Pflege macht solch ein Ausbruch deutlich, dass der Pflegende am Ende seiner Möglichkeiten, seiner Kraft und Geduld ist. Es sind unlösbare und ausweglos erscheinende Situationen, in die die Menschen verstrickt sind und die die Tötungsideen und -impulse erklären. Die Tötung eines Menschen, auch des nahen Menschen, scheint die letzte noch verbleibende und die annehmbarste Lösung zu sein. Die Geschichten dieser Ausweglosigkeit sind alltäglich und auch in unserer Kultur angekommen.

»Gift« wird in den Brei gerührt, ein Demenzkranker löffelt ihn als finale Speise, und man weiß nicht so recht, ob er weiß, was er da isst. Gesagt hat er immerhin, dass er nicht mehr leben will. Ist das Beihilfe zum Suizid? Tötung auf oder ohne Verlangen? Liegt hier die Lösung, die Erlösung? Ist das legal?

Der preisgekrönte Film »Liebe« von Michael Haneke sieht nur in einer Tötung den Ausweg. Mit Unverständnis reagieren meine Studierenden darauf, dass immer wieder und offenbar immer häufiger die Tötung als Ausweg geschildert wird. »Ich kann nicht verstehen, warum es dafür einen Preis gibt, das ist doch eine ganz gefährliche Entwicklung«, sagt ein Student. Und Elvira berichtet von ihrem Großvater, davon, was sie in den letzten Jahren mit ihm erleben konnte, wie viel sie zusammen gelacht haben. Dabei verschweigt sie nicht die Anstrengung ihrer Großmutter, die Redundanz des Alltags. So äußert sich die innere Empörung junger Menschen gegenüber den »Möglichkeiten«, die ihre Elterngeneration für ihre Großeltern gefunden hat. An ihnen zeigt sich das Ringen um menschenwürdige Bedingungen im Leben und Sterben verletzlicher alter Menschen, aber auch die Gelassenheit im Umgang mit ihnen.

Es sind nicht nur die überforderten Angehörigen, die solche Tötungsimpulse kennen. Es sind auch Pflegekräfte. Im Sommer 2013 erschütterte eine Serie von Tötungen von Heimbewohnerinnen ein Pflegeheim in Freiburg. In den Leichnamen wurden Spuren von Insulin gefunden, die nicht auf einer ärztlich verordneten Medikation beruhten. Eine verstörte Pflegekraft meldet sich in meinem Anwaltsbüro und berichtet von ihren Beobachtungen, dass schwerkranke Bewohnerinnen relativ rasch nach einer Morphininjektion bzw. »unkonventionell« dosierter Schmerzpflaster-Applikation durch Hausärzte verstorben seien – auch ohne Schmerzproblematik und weit weg von der terminalen Phase. Es ging vielmehr um Unruhe und Lungenödem. »Ist das Palliativmedizin, ist das rechtlich zulässig?« Beides nicht! Es gab sie und gibt sie immer wieder, die Pflegekräfte, die aus Mitleid, aus innerer Ausweglosigkeit oder aus dem Gefühl der Macht heraus töten. Abgesehen von dem Massenmörder Nils Högel, der weit über 100 Patient*innen in Krankenhäusern umgebracht hat und dem 2019 der Prozess gemacht wurde, stellt sich die Frage, wer sind sie? Sind sie Täter oder Opfer? Erschöpfung, Überforderung, psychische Krisen, Isolation und seelische Erstarrung kennzeichnen viele dieser Täter*innen, die von der Presse an den Pranger gestellt werden. Es sind dieselben Menschen, die ausgebrannt sind, die das Leid, das sie umgibt, nicht mehr ertragen können, die das Leben ihrer Opfer als zu leidvoll, qualvoll und nicht mehr lebenswert erleben. Und es sind nicht wenige Pflegekräfte, die zugeben, schon einmal einen Patienten absichtlich und illegal getötet zu haben. 20 Prozent der Pflegekräfte in den USA und Australien sprachen über entsprechende Handlungen (vgl. Kuhse/Singer 1993 sowie Stevens/Hassan 1994).

Die Zahlen sind erschreckend, aber sie repräsentieren in gewisser Weise auch, was gesamtgesellschaftlich gedacht und von einer Mehrheit für richtig gehalten wird. Wie muss es auf professionelle Pflegekräfte und pflegende Angehörige wirken, wenn die Diskussion über den Wert des Lebens in einer Weise geführt wird, die die allgemein gültigen Grundsätze der Humanität in Zweifel zieht? Hierin liegt ein Teil der Brisanz von Patientenverfügungen, die sich auch aus der Sicht der großen Kirchen nicht nur auf Situationen beziehen, in den Menschen an einer tödlich verlaufenden Krankheit leiden, sondern auch auf Menschen, die unter Bedingungen einer schweren Behinderung leben, ohne unmittelbar vom Tod betroffen zu sein. Bei Wachkomapatienten wird die Beendigung der Nahrungszufuhr als plausible Denkmöglichkeit ebenso diskutiert wie bei Menschen mit Demenz.

Entsprechende Formulierungen finden sich in den Formulierungsvorschlägen für Patientenverfügungen. Ist ein Leben mit Demenz nicht mehr lebenswert? Durch die Beendigung der Nahrungszufuhr beendbar? Solche Optionen wirken auf unsere ethisch-moralische Verfasstheit desaströs und rücken die Option, behinderte Menschen zu töten, wieder in den Bereich des Möglichen. Aktive Sterbehilfe ist in Deutschland verboten, wenngleich sie durchaus praktiziert wird. Sie ist erlaubt in den Beneluxländern, und sie ist in der Schweiz geregelt, im Rahmen des sogenannten assistierten Suizids – lediglich eine in die juristische Straflosigkeit gewendete aktive Sterbehilfe. Bei der aktiven Sterbehilfe, aber auch beim assistierten Suizid treffen zwei ausweglose Perspektiven zusammen: die des Patienten und die seiner Helfer, seiner Angehörigen. Jeder für sich genommen sähe sich durch seine psychischen Barrieren daran gehindert, die Tötungshandlung durchzuführen. In der Euthanasiehandlung erleben beide den Selbsttötungswunsch respektive den Fremdtötungswunsch des jeweils anderen als eine Erleichterung für die Durchführung des Tötungsimpulses. Die psychische Bremse wird gelockert. Das ist verstehbar, sollte jedoch als Ausdruck extremer Hilflosigkeit in der Begegnung zweier Menschen gesehen werden. Das gilt für Einzeltaten und Einzeltäter.

In den Ländern, in denen die Euthanasie in der Gemeinschaft und vom Recht akzeptiert wird, ist es nicht mehr die situative Ausweglosigkeit von zwei Menschen, die zur Tötung führt. Es werden die moralischen Schwellen insgesamt abgesenkt. Das gilt insbesondere dann, wenn die Ausführenden sich als Gemeinschaft erleben, wie etwa bei den ehrenamtlich Helfenden der Schweizer Selbsthilfeorganisationen Exit und Dignitas oder auch bei den Euthanasieärzten in den Niederlanden. Eine solche Gemeinschaftlichkeit scheint die Schwelle für Tötungshandlungen deutlich zu reduzieren. Stanislaw Lem schrieb: »Wenn eine Verantwortung generell getragen wird, fühlt sich niemand verantwortlich – das ist wie bei einem Fakir auf einem Nagelbrett. Der spürt den einzelnen Nagel nicht.« Auch die deutschen Euthanasieaktionen während des Nationalsozialismus waren eine kollektive Tat. Nun sind wir weit entfernt von einem Tabubruch in Richtung aktiver Sterbehilfe. Aber wir finden sie immer wieder, die Diskussionen um Sterbehilfe und assistierten Suizid. Im Dezember 2017 hat der Bundestag nach offener Debatte ohne Fraktionszwang über § 217 StGB beraten und die gewerbsmäßige Durchführung eines assistierten Suizids unter Strafe gestellt. 2019 hat sich das Bundesverfassungsgericht mit einem Recht auf Tötungsbeihilfe zu beschäftigen. Die Diskussion ist nicht am Ende.

Der Blick in die Niederlande stimmt nachdenklich. Hier stagniert die Zahl der gemeldeten Euthanasiefälle. Gleichzeitig scheint aber die Zahl der vollzogenen Patiententötungen zuzunehmen. Wenn die Euthanasie gesetzlich erlaubt ist, dann kann »man sich den Verwaltungskram« auch sparen, mögen manche denken. Die Euthanasie in den Niederlanden wird offenbar auch deswegen immer wieder vollzogen, weil bei den behandelnden niederländischen Ärzten Behandlungsalternativen, etwa aus der Palliativmedizin, nicht bekannt sind. Auch lässt sich die Tendenz erkennen, dass es bereits zu einer Aufweichung der Regel gekommen ist, der zufolge Euthanasie nur an schwerstkranken Menschen im Endzustand einer tödlichen Krankheit straflos angewandt werden darf.

Es sind Fälle dokumentiert, in denen Ärzte Selbsttötungen bei beginnender Demenz unterstützten, und auch die Tötung von Menschen, die unter »Lebensmüdigkeit« leiden, soll nach dem Willen der niederländischen Ärzteorganisation kein Tabu mehr sein. Selbst die aktive Euthanasie bei schwer Demenzkranken, ohne Einwilligung der Patienten oder ihrer rechtlichen Betreuer, scheint keine Ausnahme mehr zu sein. Das ist eine ausgesprochen problematische Entwicklung. Sie bewirkt eine fatale Bewusstseinsveränderung in der niederländischen Öffentlichkeit. Aus der Chance zur Euthanasie entwickelt sich schleichend so etwas wie eine Pflicht zur Euthanasie. Dadurch können nicht zuletzt Angehörige unter Druck geraten. Das gilt auch für Ärzte, wenn Angehörige nicht nur unter fürsorglichen Aspekten eine Lebensprognose für einen Kranken erbitten, sondern unter dem Aspekt ihrer eigenen Lebensplanung. Am gefährlichsten ist an diesem schleichenden moralischen Erosionsprozess wahrscheinlich die Tatsache, dass in vielen Fällen gar nicht der Sterbewunsch des Menschen im Zentrum steht, sondern die Annahme der Umwelt, dass »so ein Leben« doch nicht mehr lebenswert sein könnte und deshalb Euthanasie auch ohne eine Zustimmung des Kranken in »wohlmeinender Absicht« ausgeübt wird. Überrascht es noch, dass immer mehr niederländische Ärzte als Grund für die aktive Beendigung des Patientenlebens angeben, die Angehörigen seien mit der Situation überfordert?

Schon 1995 wurden in den Niederlanden in 17 Prozent der Fälle Menschen ohne ausdrücklichen Wunsch getötet und zudem in einem erheblichen Umfang Tötungen an entscheidungsunfähigen Menschen durchgeführt (vgl. Jochemsen 2004, S. 242 ff.). Nochmals: Es geht nicht darum, aus moralischen Gründen eine Pflicht zum Leben »bis zuletzt« zu fordern. Respekt gilt Menschen, die nicht mehr wollen, die die Behandlung ihres Krebsrezidivs ablehnen, keine Nahrung mehr zu sich nehmen und die künstliche Nahrungsaufnahme verweigern. Ihr Wille ist zu respektieren und darf von einer Medizin, die nicht vom Patienten lassen kann, nicht übergangen werden. Man muss aber den Gefahren ins Auge blicken, die mit einer gesellschaftlichen Akzeptanz von Sterbehilfe verbunden sind. Das gilt auch für die sogenannte terminale Sedierung, die sich ihrerseits als gezielter und geplanter Weg aus dem Leben darstellt. Bei der terminalen Sedierung werden sedierende, schlafanstoßende Medikamente in recht hoher Dosis gegeben. Dieses Verfahren wurde entwickelt, um in den wenigen Fällen, etwa zehn Prozent aller palliativmedizinisch zu begleitenden Menschen, in denen das seelische und körperliche Leiden am Lebensende nicht durch die moderne Palliativmedizin behoben werden kann, helfen zu können. Es bleiben immer einige wenige Kranke, bei denen keine ausreichende Symptomkontrolle erzielt werden kann. Die terminale Sedierung ist ein Vorgehen, das der Anästhesie entlehnt ist. Patienten werden in ein sogenanntes »künstliches Koma« oder in eine »Langzeitnarkose« versetzt. An sich soll die Methode der Entlastung des kranken Körpers dienen, seine Regeneration unterstützen und den Betroffenen schützen, und zwar mit dem Ziel, ihn möglichst gesund weiterleben zu lassen. So funktioniert auch die terminale Sedierung. Sterbenskranke werden richtigerweise oftmals wieder ins Bewusstsein zurückgeholt, um zu sehen, wie es ihnen geht und was jetzt in ihrem Sinne zu tun ist. Ein gutes, ein elegantes Verfahren.

Prof. Radbruch aus Aachen, einer der anerkannten Palliativmediziner in Deutschland, berichtet eindrucksvoll von Patienten, die nach einem künstlichen Koma wieder in das Bewusstsein zurückgeholt wurden und auf eine weitere Sedierung verzichteten oder sie ablehnten – nun aber in der Gewissheit, dass man ihnen die befürchteten Schmerzen wird nehmen können, wenn sie nicht mehr zu ertragen wären. Nach dieser »Versicherung« wollten sie ihre letzten Wochen unbedingt bei Bewusstsein erleben. Das Problem der terminalen Sedierung liegt darin, dass die Patienten nicht mehr gesund werden. So wird dann auch gefragt, ob es überhaupt noch einen Sinn mache, sie hinsichtlich ihrer Vitalfunktionen sorgsam zu überwachen. Dadurch nimmt man das Risiko eines beschleunigten Todes als Folge der Narkose billigend in Kauf. Das ist zwar nicht primäres Ziel der Maßnahme, aber sie enthält ein »verführerisches Potenzial«: Einen terminal Sedierten weiter zu ernähren, muss das sein? Er stirbt doch ohnehin. Er stirbt dann aber nicht an seiner Krankheit, sondern an den Folgen des Abbruchs der Ernährung, oder man könnte etwas zugespitzt formulieren: Er wird in Narkose getötet.

In den Niederlanden gilt die terminale Sedierung nicht als Euthanasie, sie ist nicht genehmigungspflichtig und wird als sogenannte straffreie indirekte Sterbehilfe behandelt. Das gilt auch für Deutschland. Der bekannte Berliner Palliativmediziner Hans-Christof Müller-Busch zeigt in einem selbstkritischen Überblick über die Praxis der terminalen Sedierung, dass die Anlässe für sie umso häufiger in psychosozialen Gründen gefunden werden, je länger die terminale Sedierung in einer Institution praktiziert wird. Und die Anwendung nimmt an Häufigkeit zu, wenn man einmal mit ihr begonnen hat. Wenn uns die Sorge um den Nächsten zu viel wird, wenn die Gesellschaft die notwendigen Voraussetzungen für die

Übernahme von Verantwortung für Menschen, die auf existenzielle Hilfe angewiesen sind, nicht mehr schafft, wenn die öffentliche Diskussion die Last der Sorge für den Nächsten in den Vordergrund stellt, dann fallen die Hemmschwellen, an eine aktive Tötung zu denken, und lavierte Formen der aktiven Euthanasie werden verführerisch (vgl. Müller-Busch u. a. 2002).

»Einer trage des anderen Last«: Eine Gesellschaft, die das Vertrauen in einen tragfähigen Sozialstaat und in Institutionen, die um die Würde des Menschen ringen, mit der Bereitschaft, Verantwortung für andere zu übernehmen, verbindet, ist am ehesten in der Lage, den Gefahren der Euthanasie und des assistierten Suizids entgegenzuwirken. Das geht vor allem durch eine Verteilung der Lasten, sodass sie er- und getragen werden können. Der Schweizer Gerontopsychiater Christoph Held berichtet davon, wie nah beieinander, gewissermaßen Tür an Tür, das Ringen um menschenwürdige Pflege und Unterstützung etwa von Menschen mit Demenz und die Befürwortung und Praxis des assistierten Suizids in der Schweiz stattfinden: Im Nebenzimmer wird getötet, in der Wohngruppe um die Würde im Alltag gerungen. Ausweg Sterbehilfe? Sie kann nach meiner festen Überzeugung in keiner ihrer Varianten eine gesellschaftlich anerkannte und rechtlich flankierte Perspektive für eine Gesellschaft des langen Lebens darstellen.

Daran ändern in der Bevölkerung resonanzfähige Forderungen nach einer Legalisierung des assistierten Suizids ebenso wenig wie öffentliche Äußerungen von Prominenten wie Hans Küng: Sich öffentlich die Würde für den »Pflegefall« und »Demenz« abzusprechen, ist gefährlich für unsere Kultur – und eitel. Mit einem generellen Verbot jeder organisierten Form des assistierten Suizids wird man den Ängsten in der Bevölkerung und den sozial- und gesellschaftspolitischen Herausforderungen aber auch nicht gerecht. Jeder Mensch hat das Recht, über sein Leben zu befinden und zu entscheiden. Die staatliche Verantwortung besteht allerdings darin, Voraussetzungen dafür zu schaffen, dass auch in schwierigen Lebenssituationen gut für ihn gesorgt ist: fachlich, infrastrukturell, finanziell. Davon kann in Deutschland allerdings (leider) keineswegs (überall) die Rede sein. Auch die mit den neuen Instrumenten der gesundheitlichen Versorgungsplanung eingeführten Möglichkeiten, mit Blick auf das Lebensende eine selbstbestimmte Entscheidung treffen zu können, ist keineswegs »die Lösung« für die mit der Sterbehilfe verbundenen Fragen und Herausforderungen. Das hat der wissenschaftliche Beirat des DHPV (Deutscher Hospiz- und Palliativverband) in einem Memorandum (vgl. DHPV 2019) zum Ausdruck gebracht. Die Fokussierung auf individuelle Selbstbestimmung darf gesellschaftliche und soziale Rahmenbedingungen nicht ausblenden.

9

Könige im Exil?

SINNFENSTER FÜR EIN LEBEN MIT DEMENZ

Knapp zwei Millionen Menschen mit Demenz leben in Deutschland. Die Möglichkeit, an Demenz zu erkranken, ist für viele eine grausame Vorstellung. Wir müssen uns in unserer Gesellschaft in Beziehung setzen zu dem, was Demenz heißt, und lernen, mit ihr zu leben. Das ist keine medizinische, das ist eine kulturelle Herausforderung.

Zwischen Teilhabe und Rückzug« – unter diesem Titel veröffentlichten Hans-Ulrich Klose und Petra Mackroth bereits 1993 ihr Buch über die Handlungspotenziale älterer Menschen, mit dem Ziel, deren Teilhabe in der Gesellschaft zu verstärken (vgl. Klose/Mackroth 1993). Auch Menschen mit Demenz, so der Tenor, haben Rechte und Ansprüche: die Teilhabe und Zugehörigkeit, die Bedeutsamkeit für andere, aber auch die Möglichkeit zum Rückzug, das »Recht auf Weltferne«, das »Bei-sich-Sein«. Das berührt die Frage, in welchem Zusammenhang Menschenwürde und Demenz stehen. Menschenwürde ist ein Begriff mit einem weiten Bedeutungsspektrum, der in der politischen Diskussion gern strapaziert und schnell zum Falschgeld wird, wenn der Bedeutungsinhalt und seine Implikation nicht klargemacht werden. Kein Geringerer als Friedrich Schiller hat eine eigene Definition der Menschenwürde formuliert, die uns heute noch wesentliche Dimensionen des Begriffs verdeutlicht: »Nicht mehr davon, ich bitt Euch. Zu essen gebt ihm und ein Dach – habt

Ihr die Blöße erst bedeckt, dann ergibt sich die Würde von selbst« (Schiller 1976, S. 438). Schutz und Nahrung: Das sind nach Schillers Ansicht die elementaren und für die Erhaltung des Lebens notwendigen Grundlagen. Schutz und Nahrung heißt (auch) bei Menschen mit Demenz, ihnen einen Ort des Lebens anzubieten und ihn so zu gestalten, dass sie weithin ohne Angst und Bedrohung ihrer körperlichen und seelischen Integrität leben können. Zur Nahrung gehört neben dem Essen auch seelische Nahrung, die aus einer sorgenden Beziehung erwächst.

Richard Sennett erinnert uns daran, dass Menschenwürde sich in Beziehungen ereignet: »Im Grunde genommen beginnt die einfühlsame und die Menschenwürde achtende Auseinandersetzung mit dem anderen damit, dass wir ihm einen fundamentalen Respekt entgegenbringen« (Sennett 2002). Einen Respekt, der unabhängig ist von der Verfassung des anderen, von seinen Kompetenzen, von seinen Ausdrucksmöglichkeiten: Es geht um den Respekt einem jeden Menschen gegenüber, auch dem, der unserer Rationalität nicht folgt, der anders geworden ist, der sich mit für ihn und für uns neuen Wirklichkeiten auseinanderzusetzen hat – eben auch und gerade einen Respekt gegenüber Menschen mit Demenz, der sich in der feinfühligen Auseinandersetzung mit dem ganzen Menschen zeigt. Wenn uns dieser Respekt verloren geht, wenn wir ihn nicht einüben, dann sprechen wir Menschen mit Demenz das Lebensrecht ab und degradieren sie zu »Pflegefällen«.

Es ist eine kulturelle Herausforderung, Bilder von Demenz und von Menschen mit Demenz zu entwickeln, die von Respekt geprägt sind, und dies nicht nur aus der Distanz heraus, sondern vor allem auch in der alltäglichen Auseinandersetzung und Begegnung. Dieser Respekt äußert sich in den beiden Seiten der Menschenwürde, wie sie unserem Verfassungsverständnis zugrunde liegen: in der Achtung vor der Privatheit, dem Rückzug und der Zugehörigkeit sowie in der Bedeutung, die wir Menschen mit Demenz in unserem Leben schenken. Menschenwürde ist in einer verfassungsrechtlichen Betrachtungsweise ein Statusrecht, mit dem Menschsein untrennbar verbunden. Daraus ergibt sich ein rechtlicher Achtungsanspruch, zunächst auf Abwehr von Eingriffen in die Menschenrechte – in Freiheitsrechte etwa – und in die Privatsphäre. Der Grundsatz der Menschenwürde kennt auch eine soziale Dimension, die sich in der Zusicherung der Zugehörigkeit und Teilhabe verdichtet. Damit wären wir wieder bei den beiden Seiten der Menschenwürde, der Privatheit und der Zugehörigkeit.

Zur Privatheit gehört das Recht, mein eigenes Leben leben zu dürfen, auch als Mensch mit Demenz bei mir sein zu können, den Respekt vor meinen Grenzen zu erleben, Übergriffe, auch fürsorglicher Natur, abwehren zu können, nicht zum Objekt der Pflege (auch nicht von Pflegenoten) zu werden, nicht gläsern zu sein, Geheimnisse haben zu dürfen und (auch) unbeobachtet Teile des Alltags erleben und gestalten zu können, um nur einige Aspekte zu nennen. Zugehörigkeit wird erlebbar in wertschätzender Interaktion, in der Bedeutung, die Menschen im Leben anderer zukommt, und in der Erfahrung, Teil einer Gemeinschaft und Gesellschaft zu sein. Gerade der letzte Aspekt stellt noch einmal das Beziehungsgeschehen zwischen Menschen mit Demenz und der für sie wichtigen Bezugspersonen heraus: »Würde ist kein Zustand, sondern eine soziale Beziehung, die nicht das leiseste Schwanken im Gleichgewicht zwischen Selbstachtung und der durch die anderen erfahrenen Bestätigung zulässt«, so formuliert es David Le Breton (zit. n. Forum zur Beobachtung der Biowissenschaften und ihrer Technologien – BIOSKOP).

Damit sind einige bedeutsame Dimensionen der Menschenwürde beschrieben, die dem Begriff Konturen verleihen und zugleich seine Bedeutung für den Umgang mit Menschen mit Demenz verdeutlichen.

Im Sinne der ICF, der Internationalen Klassifikation für Funktionsfähigkeiten von Menschen mit Behinderung, geht es bei der Teilhabe darum, den Menschen das zu ermöglichen, was für sie subjektiv und elementar bedeutsam ist – nicht irgendeine möglicherweise gar nicht gewünschte Zugehörigkeit.

Hierin wird deutlich, dass nicht die Behinderung eines Menschen als eine Möglichkeit, ihn zu identifizieren, im Mittelpunkt stehen sollte. Sicher gibt es körperliche oder hirnorganische Schädigungen, die für die Syndrome der Demenz verantwortlich zu machen sind. Sicher gibt es Funktionseinschränkungen, die sich etwa aus der verminderten Hirnleistungsfähigkeit ergeben. Bedeutsam ist allein die Frage der Teilhabe: Wie lässt sie sich fördern? Wie werden Barrieren der Umwelt abgebaut und Verhaltensweisen beeinflusst? Wie wird aus Unwissenheit, aus Vorurteilen, aus dem Gefühl der Fremdheit ein aufgeschlossener Kontakt? Wie gelingt es, Menschen mit Demenz als Nachbarn und Freunde, als Gemeindeglieder, Mitbürgerinnen und Mitbürger zu erleben und anzusprechen? »Behinderung ist heilbar« ist einer der Slogans der Behindertenbewegung. Aus der Sicht der Menschen mit Demenz bedeutet das: Wir müssen in der Gesellschaft lernen, Menschen mit Demenz begegnen zu können, ihnen unsere respektvolle und einfühlsame Aufmerksamkeit entgegenzubringen. Insofern fordert der Teilhabeanspruch individuelles, kollektives und gesellschaftliches Handeln. Die Deutsche Alzheimer-Gesellschaft ist hier in vielerlei Hinsicht beispielhaft in ihrem Wirken und in ihren Anstrengungen, das Verständnis für Demenz zu erweitern, zu verändern und bis in die kleinsten Einheiten hinein »Dolmetscher« anzubieten, um Teilhabe von Menschen mit Demenz zu sichern. Sie geht beispielhaft vor, indem sie Helga Rohra, einer Demenzbetroffenen, einen Vorstandsposten übertragen hat und dadurch Menschen mit Demenz politische Teilhabe eröffnet.

Auch die Aktion Demenz leistet eine wichtige Arbeit. Sie verweist vor allem auf die Kommunen als Orte, in denen die Sorge der Menschen füreinander ihr Gesicht erhält und Teilhabe gelebt wird. Dabei ist Teilhabe für Menschen mit Demenz nicht nur bei schweren Formen der Demenz ein Thema. Gerade Frühbetroffene müssen in den Blick genommen werden, um etwa ihre Teilhabe am Arbeitsleben unter den Bedingungen einer beginnenden Demenz zu sichern. Die Teilhabe am Verkehr, am Konsum, am kirchlichen und kulturellen Leben gehört zu den wesentlichen Aufgaben – das heißt Teilhabe an dem, was für Menschen elementar bedeutsam sein kann. Betrachtet man Menschen mit Demenz vor dem Hintergrund dieses Teilhabegedankens, stellt man nicht ihre Krankheit in den Vordergrund, auch wenn diese keinesfalls geleugnet werden sollte. Die Perspektive »Teilhabe« eröffnet darüber hinaus den Blick auf Menschen mit Demenz als Menschen mit Behinderung, ausgestattet mit Rechten, nicht gleichgesetzt mit dem Alter, nicht reduziert auf die Pflege und in vielfältiger Weise behindert durch die Gesellschaft.

Wie die sechste Altenberichtskommission gefordert hat, ist die Sicherung der Teilhabe vor allen Dingen eine kulturelle Aufgabe, ein Ausdruck unserer Zivilisation. Norbert Elias beschreibt in eindrücklicher Weise den Prozess der Zivilisation als einen Prozess, der auf der einen Seite die Gewalt aus den alltäglichen Interaktionen eliminiert, aber auf der anderen Seite auch dafür gesorgt hat und davon geprägt ist, dass wir uns von den unmittelbaren Lebensäußerungen, etwa des Körpers, und den unangepassten Seiten des anderen immer weiter distanzieren. Denn wir empfinden Peinlichkeit und Scham.

Ich spreche gern von einer Zivilisation »zweiter Ordnung«, wenn es darum geht, einen respektvollen Umgang einzuüben, der sich dann an den Anliegen von Konventionen, Respekt, Höflichkeit, Wertschätzung orientiert, wenn die üblichen Formen des zivilisierten Umgangs nicht mehr tragen und etwa Spielregeln der Esskultur ebenso wenig eingehalten werden können wie die für unsere Kultur übliche Distanz. In einem Cartoon von Peter Gaymann im DEMENSCH-Kalender 2013 wird ein solchermaßen zivilisierter Umgang skizziert: Ein Passant begegnet einem älteren Herrn im Pyjama nicht abwertend, sondern humorvoll und spricht ihn schlagfertig an: »Im Schlafanzug auf der Straße: Sie trauen sich was.« Der alte Herr reagiert souverän: »Der ist maßgeschneidert!«

Dieser Humor, der die Vieldeutigkeit der Situation aufnimmt, sie nicht pathologisiert und nicht abwertet, sondern Menschenfreundlichkeit in einer unerwarteten Situation zum Ausdruck bringt, muss entwickelt und befördert werden. Denn ohne Humor lassen sich Toleranz und Teilhabe nicht leben, lässt sich Menschenwürde nicht herstellen.

Mit Demenz leben zu lernen ist möglich: Praktisch geht es um das Verstehen von Verhaltensweisen, das Kommunizieren, das Einschätzen von Risiken, das Gestalten von Situationen. Paradigmatisch geht es darum, die Ausdrucksformen der Demenz nicht zu pathologisieren, sondern die Teilhabeorientierung zur Grundlage der Politik und der Alltagsgestaltung zu erheben, in der häuslichen wie der stationären Pflege. Teilhabe ohne Gesellschaft kann es nicht geben. So formuliert Heike von Lützau-Hohlbein, Vorsitzende der Deutschen Alzheimer-Gesellschaft, dass Menschen mit Demenz eine

Umgebung brauchen, die sie mit ihren Bedürfnissen weiter am Leben teilhaben lässt, aber sie auch mit ihren Ängsten und ihrem Verlust auffängt. So ist die Teilhabesicherung von Menschen mit Demenz nicht vornehmlich als professionelle Aufgabe zu begreifen und nicht (allein) als Frage der Ausstattung der Pflegeversicherung misszuverstehen und zu verkürzen. Teilhabesicherung ist auch nicht primär eine Frage der Finanzausstattung von Pflegediensten und Einrichtungen. Insofern gewinnt das bürgerschaftliche Engagement eine zentrale Rolle in der Teilhabesicherung, und es wird eine neue Bedeutung zivilgesellschaftlicher Sichtweisen erkennbar: Die Fragen der Lebensgestaltung unter Bedingungen der Demenz können nicht an Staat, Markt und Familie delegiert werden, sie markieren eine gesamtgesellschaftliche Aufgabe.

Demenz ist kein Randthema unserer Gesellschaft mehr, es ist eines, von dem Millionen Familien in Deutschland wissen und betroffen sind, ein Thema, das in jeder Kommune aktuell ist. In einem subsidiären Verständnis von Sozialstaatlichkeit, das auch der Teilhabeorientierung nahesteht, müssen wir vor Ort Antworten auf diese Herausforderung finden: in Familien, in Nachbarschaften, in Kirchengemeinden, in Quartieren, in neuen Wohnformen und Versorgungskonzepten in Heimen.

Es wäre so einfach, denn Teilhabe von Menschen mit Demenz ist in vielfältiger Weise möglich: in der Öffnung von Gottesdiensten, in Mehrgenerationenhäusern, Betreuungsgruppen, in Kulturveranstaltungen von, mit und für Menschen mit Demenz, in der Gestaltung demenzfreundlicher Kommunen und in Wohngruppen für Menschen mit Demenz in »geteilter Verantwortung«. Die Kreativität, die sich in einem intelligenten Zusammenwirken unterschiedlicher Ansprechpartner entfaltet, ist beeindruckend.

Die eher politisch ausgerichteten Ausführungen zur Teilhabe lassen sich mit einem Gedanken zur »Teilgabe« von Marianne Gronemeyer abrunden: »Teilgabe meint, dass jedes Mitglied einer Gesellschaft seinen Beitrag zur Gestaltung des gesellschaftlichen Miteinanders in allen Fragen, die sein Leben betreffen, leisten kann« (Gronemeyer 2002, S. 27). Das gilt auch für Menschen mit Demenz. Sie können ihrerseits den Kulturwandel positiv beeinflussen, auf existenzielle Dimensionen des Lebens verweisen und mit ihrer Art unser Leben reicher und tiefer machen. Wir sind (alle) anders, sagt die Inklusionsbewegung, deshalb müssen wir Verschiedenheit akzeptieren. Das gehört zur Grundhaltung einer bunten Gesellschaft. Diese Annahme und Utopie, die mit dem Inklusionsansatz transportiert wird, ist auch inspirierend für das Thema Demenz. Sie wirft aber auch die Frage auf, inwieweit es weise ist, den Inklusionsansatz beim Thema Demenz zu verfolgen. Wenn wir Demenz auch als Weg aus dem Leben verstehen, entspricht dann das unbedingte Dazugehörenwollen und -sollen der Demenz? Der Teilhabegedanke ist wichtig, aber er erfasst nicht all das, was mit dem Thema Demenz verbunden ist.

So komme ich zu dem Gegenbegriff der Teilhabe, zum Rückzug. Wir lernen dabei zunächst, dass die (äußere) »Gegenwart« mitnichten alles ist, was für Menschen mit Demenz zählt. Es sind auch die inneren Erlebnisweisen, inkonsistente Momentaufnahmen und eine entrückte Gegenwart, die die Lebensqualität für Menschen mit Demenz ausmachen können. Meine eigene Mutter verwendete zur Beschreibung ihrer Situation ein Zitat aus einem Choraltext von Friedrich Rückert: »Ich bin der Welt abhandengekommen!« Nicht jedes Beschäftigungsangebot in Pflegeheimen, nicht jede Einladung zu einer noch so sinnvollen Tätigkeit, nicht jede noch so gut gemeinte Ansprache erreicht sein Gegenüber. Sich in einen Kokon des Schweigens und des inneren Erlebens zu begeben, kann sich auch als Selbstschutz, als Abwehrhaltung darstellen, der man mit Respekt begegnen sollte.

Menschen mit Demenz zu respektieren heißt auch, ihren Rückzug zu akzeptieren. Die kulturelle Fremdheit, das Sich-fremd-Werden darf nicht wohlmeinend überspielt werden. Der Respekt gegenüber einem Rückzug von Menschen mit Demenz enthebt uns aber nicht der inneren Anteilnahme, der Sorge, der Verantwortung. Marianne Gronemeyer formuliert die Grundhaltung der Sorge in einer anderen Weise, als es Pflegenoten tun können: »Dass dein Leiden auch mein Leiden, dein Glück auch mein Glück ist, ist Voraussetzung für eine bessere Welt« (Gronemeyer 2002). Eine diese Dimension ausklammernde Sorgekultur wird ebenso wenig Antworten auf die Versorgungsfragen von Menschen mit Demenz bieten können wie eine, die nicht in der Lage ist, eine Balance zwischen Rückzug und Teilhabebedürfnissen des einzelnen Menschen zu finden.

Gerade im Zusammenhang mit dem Thema Demenz ist es wichtig, dass wir lernen, das Leben in seiner ganzen Spannbreite in den Blick zu nehmen und das Schwierige, Unpassende und Leidvolle, das auch zum Leben gehört, nicht einfach an die Medizin zu delegieren. Wenn wir in unserer Gesellschaft nicht insgesamt lernen, mit dem, was wir heute Demenz nennen, umzugehen, werden wir gesellschaftlich den Sorgeherausforderungen der nächsten Jahre schwerlich gewachsen sein. Mit dem Bild der Sinnfenster bei Demenz soll versucht werden, hinter die Pathologie der Demenzen zu steigen, Sinnfenster der »Demenz« zu finden, die von der Wortbedeutung her für »ohne Geist« steht. Demenz mit dem Verlust des Gedächtnisses und eines sinnerfüllten Lebens gleichstellen zu wollen, ist gefährlich. Es macht in uns Bilder stark, die Demenz als »nicht mehr leben« oder »nicht mehr Person sein« beschreiben. Ein gutes Leben ist in unserer Gesellschaft produktiv, erfolgreich, jung, von Leistungsfähigkeit und Unabhängigkeit geprägt, und dazu passt Demenz nicht, denn sie bedeutet genau das Gegenteil.

Die negativen, Angst auslösenden Bilder von Demenz sind tief in uns und unserer Gefühlswelt verankert. Wir können uns eine Zukunft kaum vorstellen, in der wir nicht mehr die Kontrolle über uns haben oder einen Menschen an der Seite, der die Kontrolle über sich verliert. Die Formeln des produktiven Alters haben ein Bild vom erfolgreichen Altern etabliert. Es ist mit Aktivität, Produktivität, Leistungsfähigkeit, Nützlichkeit und Gesundheit verbunden. Auch diese Formeln wirken auf uns.

Doch was geschieht, wenn ein produktives Leben im Alter nicht möglich ist? In der Bildzeitung hieß es über ein Leben mit Demenz: »… kein Mensch mehr zu sein.« Und in der *ZEIT* wurde Demenz als eine Art existenzielle Orientierungslosigkeit beschrieben. Der Verlust von Identität wird über die Medien transportiert, auch in den Filmen zur Demenz, wie etwa »Ausgelöscht«. »Das ist kein Mensch mehr« oder »Ich habe meinen Mann verloren«, heißt es dann. »Ausgelöscht« und »Liebe« – diese Filme scheinen mit dem Gnadentod zu enden.

Ich kann die Gedanken und Gefühle nachvollziehen. Ich kenne die Erschöpfung von Menschen, ich kenne auch die Aggression, die entstehen kann, und die Hoffnungslosigkeit. Es ist keine Verurteilung der Gedanken und der Menschen, die sie aussprechen. Umso wichtiger ist es, dass wir der kulturellen Herausforderung begegnen, dem Leben mit Demenz einen »wertvollen« Rang in unserer Gesellschaft und in unserem Leben einzuräumen. Gerade deshalb brauchen die pflegenden Angehörigen Unterstützung. Sie dürfen nicht allein gelassen werden.

Das von Vernunft geprägte Menschenbild bestimmt uns auch in unserem Verhalten gegenüber Menschen mit Demenz, denen ihre zivilisatorischen Techniken abhandengekommen sind. Sie passen nicht mehr dazu. Sie halten sich nicht mehr an das, was unsere Spielregeln fordern. Wir schämen uns für sie und sind peinlich berührt. Krankheit führt auch zu Individualisierung von Risiken: Ich bin verantwortlich dafür, dass ich gesund bleibe. Wir betrachten Demenz als Schicksal des Einzelnen, von dem wir uns distanzieren, weil er so anders ist. Kann man bei alledem dennoch einen Zugewinn sehen in dem Defizit, das wir gemeinhin mit Demenz verbinden? Um eines klarzustellen: Ich will auch nicht mit einer Demenz leben müssen. Aber trotzdem muss ich mich in Beziehung setzen zu dem, was mir und mir wichtigen Menschen geschehen kann. Wir müssen also darüber sprechen, wie wir produktiv mit dem Thema Demenz umgehen können. Anhaltspunkte gibt es bereits, nicht nur in unserer Kultur. Dazu gehören Erzählungen von Angehörigen, Freunden und Nachbarn über bestimmte Fähigkeiten, die sie bei Menschen mit Demenz beobachten konnten. Zum Beispiel ihre Emotionalität. Eine kleine Geschichte hierzu: Wir haben uns in einem der Institute, für die ich tätig bin, sehr intensiv mit Fragen der Lebensqualität bei Menschen mit Demenz befasst. Wir beobachteten Situationen, Verhaltensweisen, Interaktionen, um die Art und Weise und die Wirklichkeit von Menschen mit Demenz zu verstehen und zu identifizieren, was ihnen guttut und was Angst auslöst. Wir waren in Rheinland-Pfalz unterwegs, in einer sogenannten »Oase«. Dahinter verbirgt sich ein Versorgungskonzept für Menschen mit Demenz in einer sehr späten

Phase, mit Räumen, in denen mehrere Menschen leben und versorgt werden. So haben sie das Gefühl, nicht allein zu sein. Das kann subjektiv für das Wohlbefinden bedeutsam sein. Eine meiner Mitarbeiterinnen hatte gerade ihren Vater verloren, kam aber dennoch in die Einrichtung. Eine der dort lebenden Frauen, die sich bislang noch niemals geäußert hatte, die wissenschaftliche Mitarbeiterin aber sehr wohl beobachtet hatte, kam auf sie zu und sagte: »Heute sind Sie aber traurig.«

Hier wurde eine Emotionalität sichtbar, mit der wir gar nicht gerechnet hatten und die uns zeigte, dass in den Menschen, die wir »dement« nennen, häufig eine ganz besondere Sensibilität wohnt. Nicht alle können sie (verbal) ausdrücken. Gleichwohl ist sie vorhanden. Diese Sensibilität und Emotionalität sind Kompetenzen, sind Seiten in uns, die wir gerade unter dem Vorzeichen der Demenz in besonderer Weise erschließen können.

Aus wissenschaftlichen Forschungsberichten wissen wir, dass wir das, was wir unter Lebensqualität, unter Zufriedenheit und Glück verstehen, häufiger bei Menschen mit Demenz beobachten können: die Lebendigkeit der Augen, die Reaktionen auf etwas, was gerade passiert, die Fähigkeit, die Gegenwart auszukosten. Was ist denn Glück, wenn nicht das Glück des Augenblicks? Wir können es niemandem aufzwingen und von niemandem erwarten: »Du sollst jetzt glücklich sein!« Aber wir können offen sein für das kleine Glück, für das, was dem Menschen guttut. Wir können feststellen, dass Menschen mit Demenz Glück erleben können, wenn die Rahmenbedingungen stimmen, zu Hause, in einer Wohngemeinschaft oder auch im Heim. Sie tun das vielleicht in einer anderen Weise als wir.

Wir finden weitere Bedeutungs- und Sinnfenster für diejenigen, die von Menschen mit Demenz umgeben sind, und zwar in den Begriffen Verantwortung und Empathie. Viele Menschen erleben die Beziehung zu Menschen mit Demenz als besonders wertvoll. Eine Kollegin etwa hat einen demenzkranken Vater. Sie wechselte ihren Job und zog in die Nähe ihrer Eltern. Für sie ist es eine wichtige Lebensphase, in der sie die Möglichkeit hat, die Beziehung mit ihrem Vater auszukosten und zu leben, was vorher nicht in dieser Weise möglich war. Es geht ihr nicht darum, ihn täglich zu pflegen, sondern ihm nahe zu sein. Das können sich nur wenige leisten und noch weniger vorstellen. Dennoch berichten Angehörige, dass sie während der Zeit der Pflege eine neue Beziehung zu ihren kranken Eltern bzw. Geschwistern entwickeln konnten.

Ich will diese Berichte nicht idealisieren. Sie erinnern aber daran, dass es für Menschen immer bedeutsam war und ist, Verantwortung für andere zu tragen. Die Sorge um den anderen kann reich machen, ebenso die Beziehung zu Menschen, die anders geworden sind, die einer anderen Rationalität folgen.

Der Film »Vergissmeinnicht«, in dem David Sieveking beschreibt, wie seine Mutter das Gedächtnis verliert und seine Eltern die Liebe neu entdecken, und das Buch von Arno Geiger, »Der alte König in seinem Exil«, das eine Vater-Sohn-Beziehung beschreibt, dokumentieren eine anteilnehmende Verantwortungsübernahme. Auch sie zeigen Sinnfenster von Demenz. Es sind Ikonen, Fenster zu einem neuen Verständnis, wie es mit Erhart Kästner zu formulieren wäre, der uns die Bedeutung der Ikonen (Fenster in den Himmel) in der orthodoxen Welt gelehrt hat (Erhart Kästner 1956). Sie werden kontrastiert durch eine Wirklichkeit, die eintönig, redundant und trivial ist, wie auch vielfach die elementaren Bedürfnisse von manchen »Dementen«, denen es oft nur ums Essen, Schlafen und den Blick auf die junge Pflegerin zu gehen scheint. Die Fenster in ein anderes Verständnis von Demenz eröffnen neue Deutungen, Gestaltungsmöglichkeiten und Umgangsweisen für ein Leben mit Demenz. Darum sind sie so wichtig.

Die Demenz lehrt uns darüber hinaus, dass wir verletzlich sind. Das ist nicht nur für mich, sondern für manche Kollegen in der Gerontologie ein wichtiger Begriff. Verletzlichkeit ist eine wichtige Dimension unseres Lebens, ein Existenzial. Verletzlichkeit ist möglicherweise der bessere, der kulturell und anthropologisch angemessenere Begriff als der der Demenz. Denn Demenz ist immer mit Pathologisierung verbunden. Wir können medizinisch kaum etwas tun – dennoch sollten wir das Recht auf eine gute medizinische Betreuung für Menschen mit Demenz verteidigen. Zentral ist und bleibt es aber, die Verletzlichkeit des anderen zu sehen. Darauf kommt es an. Wir sind alle einmal verletzlich und verlieren an Orientierung. Der Begriff der Verletzlichkeit bringt genau das zum Ausdruck. Er zeigt, dass wir auf andere angewiesen sind, er kann aber auch das Gefühl in uns auslösen, sorgend und beschützend tätig werden zu wollen. Daher ist er für unsere Kultur so wichtig: Er pathologisiert nicht in dem Sinne, dass jemand behandelt und ruhiggestellt werden muss, sondern fordert uns heraus, uns in Beziehung zu dem Menschen zu setzen, der verletzlich ist und daher unsere Unterstützung braucht.

All dies macht deutlich, dass das Thema Demenz Sinnfenster öffnen kann. Wir können vom Menschen mit Demenz lernen, in der Gegenwart zu leben, den Augenblick intensiver, auch spirituell, zu erleben. Das kann sich etwa in Kreativität ausdrücken, in Musik und Sprachkunst, die wir bei Menschen mit Demenz häufig finden können, aber auch in einem humorvolleren Zugang zur Wirklichkeit.

Wenn wir in die Kulturwissenschaften blicken, können wir im Zusammenhang mit Demenz Formen der Verarbeitung finden, die ebenfalls Sinnfenster öffnen: Wir können lernen, den Verlust als Transformation, als eine Veränderung, als ein Anderswerden anzusehen. Der »Senile« als Meister in der Disziplin des Verweilens im Augenblick. Im Buddhismus und Hinduismus finden wir so etwas wie den Zensus minimum, die Einsicht in das Wesen der Welt. Wir kennen das Bild oder den Begriff des Numinosen als das Heilige. Es gibt in der Tat einige Kulturen, in denen Menschen mit Demenz Heilige sind, die an etwas teilhaben, das uns nicht zugänglich ist. Das habe ich auch in Australien bei den Aborigines erlebt. Wobei das durchaus mit Unsicherheiten verbunden ist: Wie lassen sich Heilige von denen unterscheiden, die angeblich von bösen Geistern besessen sind, was man »von außen« betrachtet oft kaum beurteilen kann?

Ähnliches lässt sich auch im südlichen Afrika finden, aber auch in Deutschland in unserer Philosophie und Kulturgeschichte: Grenzen, die auch mit dem Bild der Transformation zu tun haben. Die Transformation vom Kognitiven zum Sinnlichen zeigt auch Arno Geiger in seinem Buch »Der alte König in seinem Exil«. Er beschreibt, wie sich Kreativität unter den Bedingungen einer Demenz entwickeln und sich in einem recht unkonventionellen und poetischen Umgang mit Sprache äußern kann. So entsteht Neues. Daher kann es hilfreich sein, beim Umgang mit Menschen mit Demenz ein Tagebuch zu führen, um diese kleinen Erlebnisse aufzuzeichnen, die uns lehren, einen anderen Blick auf die Realität zu werfen. Auch das sind kleine Sinnfenster, die uns Möglichkeiten einräumen, in Beziehung zu bleiben und etwas in dieser

Transformation zu entdecken. Wir kennen dieses Verhältnis zwischen Wahnsinn und Genialität, Kunst und Verrücktheit, das Schopenhauer als Wille und Vorstellung so eindrücklich beschreibt. Wir kennen weitere Angebote, Demenz und das, was sich in ihr ausdrückt, anders zu sehen, als wir es in der dominant pathologisierenden Art und Weise tun. Peter Sloterdijk hielt vor einigen Jahren vor den deutschen Gerontologen in Freiburg einen Vortrag mit dem Titel »Alte Leute und letzte Menschen: Notiz zur Generationenvernunft« (vgl. Sloterdijk 1996), in dem er das Recht auf Weltferne proklamierte. Auch das kann ein weiterführendes Bild sein: Wir haben ein Recht, uns zu verabschieden und auch zum Ausdruck zu bringen: Ich gehöre nicht mehr dazu. Von diesem Recht machen viele Menschen mit Demenz Gebrauch.

Ein weiteres Sinnfenster kann sich öffnen, wenn wir Demenz als einen Weg aus dem Leben verstehen. Medizinisch und empirisch stimmt dies: Die mit Demenz verbundenen Krankheiten führen zum Tode, einer Grenzsituation, deren Erfahrung auch zu unserer Entwicklung beitragen kann. Ich möchte in diesem Zusammenhang auf Viktor von Weizsäcker verweisen, den Entdecker und Begründer der psychosomatischen Medizin in Deutschland. Er beschreibt, wie wir mit Grenzsituationen und Krisenerfahrungen umgehen, die uns durcheinanderbringen und unsere Ordnung zerstören können: die Erfahrung der Unstetigkeit des Selbst, wie er es nennt (vgl. von Weizsäcker 1986, S. 170).

Es gibt Situationen im Leben, in denen Dinge durcheinandergeraten, etwa durch eine Trennung, eine Krankheit oder ein Versagen. Meistens finden wir zu einer neuen Ordnung zurück. Es gibt aber auch Situationen, so formuliert es von Weizsäcker, in denen das Ich nach dem Sprung nicht mehr landet. Es fällt aus einer Ordnung heraus, die bisher für das

Selbstbild prägend war. Dieses Gefühl der Überwältigung, des inneren Zerrissenseins, des Unbegreiflichen lässt sich nicht immer überwinden. Doch auch das ist potenziell ein Teil von uns.

Menschen mit Demenz etwa landen – zumindest für viele von uns schwer erkennbar – nicht mehr in ihrem Ich. »Sie landen nicht mehr.« Sie befinden sich möglicherweise in einer Ordnung, die wir nicht mehr als Ordnung verstehen. Und genau das hat mit den existenziellen Grenzerfahrungen unseres Lebens zu tun. Wir wissen ja auch nicht, wo wir nach unserem Tod »landen« werden. Insofern kann der Umgang mit Menschen mit Demenz auch ein Einüben sein, einmal nicht mehr zu landen, verloren zu sein und keinen Platz mehr zu finden. Wir wollen und können, wenn wir das Leben begreifen wollen, nicht davon ausgehen, dass alles immer gut gehen wird. Das Leben bleibt ein Fragment. Manchen gelingt ihr Leben wunderbar: ihr Leben erscheint uns rund und ganz.

Karl Jaspers beschäftigte sich ebenfalls intensiv mit den Veränderungen des Menschen und fragte sich danach: Können wir das, was uns bevorsteht, planen? Etwa mithilfe von Patientenverfügungen?

Patientenverfügungen richteten sich in ihren Anfängen gegen eine Medizin, die nicht lassen kann. Sie sind heute zu einem Ritual geworden, mit dem wir versuchen vorwegzunehmen und einzufangen, was uns unbegreiflich bleiben wird. Jaspers beschreibt das in Bezug auf Grenzsituationen: »Auf Grenzsituationen reagieren wir nicht sinnvoll durch Plan und Berechnung, sondern durch eine andere Aktivität, das Werden der in uns möglichen Existenz« (Jaspers 1973, S. 204). In dieser Aussage von Jaspers liegt ein Programm gegen die Aufforderung, das Leben bis zuletzt zu planen.

Das zeigen uns auch Menschen mit Demenz: Wir können

unser Leben nicht bis zuletzt vorwegnehmen, sondern müssen auch dem Unvorhergesehenen mit Weltoffenheit begegnen. Wir wissen nicht, was unsere Zukunft uns bringt – das wissen unsere Regierenden auch nicht. Wir wissen auch nicht, was es heißt, einmal »dement« zu sein. Das vorwegzunehmen hieße zu negieren, was das Leben und die Welt zu bieten haben. Zu dieser Ungewissheit kann die Demenz gehören. Denn auch sie ist eine mögliche Form der Existenz, mit der wir uns auseinandersetzen müssen. Walter Jens hat das Schicksal getroffen, über Jahre mit Demenz zu leben, bis er im Jahr 2013 verstarb. Ihn ereilte das, was er selbst nicht erleben wollte. Wenn Sie mit den Menschen sprechen, die ihn versorgt haben, dann werden Sie nicht nur von einem verzweifelten Walter Jens hören. Er hat in einer Weise gelebt, wie er es sich nie hat vorstellen können. Aber er konnte mit seiner Demenz leben.

Über Sinnfenster für Menschen mit Demenz zu sprechen berührt auch die Frage, wie wir mit dieser immer stärker um sich greifenden »Volkskrankheit« umgehen können. Wie wir in Familien, Nachbarschaften und im gesellschaftlichen Diskurs die bisherige Bewertung der Demenz überwinden.

Nochmals: Es spricht sehr viel dafür, den Begriff der Verletzlichkeit in den Mittelpunkt zu rücken. Es gibt keinen Menschen mit Demenz, der nur »demenzkrank« ist. Die Geriater sprechen von Multimorbidität. Wir haben es im hohen Alter immer mit verschiedenen Erkrankungen zu tun. So lässt sich nicht sagen, dass es allein eine hirnorganische Veränderung ist, die den Menschen so verletzlich macht. Es sind oft auch körperliche, seelische Einflüsse, die alte Menschen und nicht nur sie verletzlich machen. Die Geriatrie spricht von Frailty, von der Gebrechlichkeit.

Wir sollten den Begriff der Verletzlichkeit als Bild nehmen, das uns leitet. Und was lehrt uns diese Verletzlichkeit, die uns

Menschen mit Demenz vor Augen führen? Menschenwürde bedeutet nicht, den anderen in Ruhe zu lassen, sondern ihn in allen Aspekten seines Seins, auch in den verletzlichen, zu respektieren und in den Alltag und die eigene Lebensführung einzubeziehen. Wir brauchen die soziale Aufmerksamkeit für die Verletzlichen. Da sind wir als Bürgerinnen und Bürger gefragt. Professionelle Pflege und Medizin haben eine wichtige Funktion. Aber sie können niemals alles ermöglichen und umfassen.

Wir alle sind aufgerufen, gerade wenn wir zuversichtlich auf ein Leben mit Demenz schauen wollen, so zu handeln, dass wir zu einer sorgenden Kultur und Nachbarschaft beitragen. Eine solche Haltung trägt ganz wesentlich zur Humanisierung unserer Gesellschaft bei.

Ein Recht auf Demenz?

Wenn jeder Mensch Subjekt der Würde ist, die Würde des Menschen nicht an Leistungsfähigkeit gebunden ist und zum Wesenskern des Menschen gehört, dann macht der Achtungsanspruch von Menschen nicht halt vor der Demenz. Dies so zu sehen, ist eine der wesentlichen kulturellen Leistungen unserer Gesellschaft. Menschliche Würde ist nicht essenzialistisch, sie ist eine Sache der Praxis. Wie Rainer Marten es formuliert, hat Kant die Bestimmung der Menschenwürde auf den falschen Weg gebracht, indem sie für ihn (nur) in der reinen, durch keinen Affekt beeinflussten Vernunft gegeben war. Nichts aber hat aus sich Würde und Wert, nicht einmal das Gold. Zu Würde und Wert gehört die Schätzung, eben die positive (Be-)Wertung und Würdigung. Würde wird erlebbar, geschieht im sozialen Miteinander – als Würdigung. Würde ereignet sich in sozialer Interaktion. Verstehen wir ein Leben mit Demenz als Lebensform, würdigen wir Menschen mit Demenz und realisieren wir diese Würdigung in unserer Lebensteilung, dann ist dies Ausdruck einer Anerkennung eines Lebens mit Demenz. In einer bunten Gesellschaft, in einer Gesellschaft, in der niemandem die Würde abgesprochen werden darf, gibt es ein Recht auf Demenz – eben als Lebensform. Dieses Recht auf Demenz bleibt nicht allein appellativ, es fordert alle, auch den Staat in seiner Verantwortlichkeit für den wirksamen Schutz von Menschenrechten und der Sicherung von Bedingungen, die Teilhabe ermöglichen, heraus.

(aus dem Vorwort zum DEMENSCH-Kalender 2018)

10

Alternde Gesellschaft und Sorge –
Testfall für das Subsidiaritätsprinzip?

DIE GETEILTE VERANTWORTUNG ALS LEITBILD

**Subsidiarität, ein altehrwürdiger Grundsatz deutscher Sozialpolitik –
taugt er in einer immer stärkeren Ökonomisierung des Sozial- und
Gesundheitswesens? Was sagt er uns heute, und welche Bedeutung
hat er für die Sozialpolitik?**

Im Juni 2013 fand im Wissenschaftszentrum Berlin eine Tagung zum Thema »Subsidiarität als Zukunftsmodell« statt. Ist dieser altehrwürdige Grundsatz der deutschen Sozialpolitik noch aktuell? Sagt er uns heute noch etwas? Der Soziologe Holger Backhaus-Maul stellte zu Beginn der Tagung ironisch anerkennend fest: »Ein ehrwürdiger, aber ergrauter Begriff. Respekt, dass Sie ihn wiedererwecken.«

Kurt Biedenkopf eröffnete das Treffen mit einem Bekenntnis zum Subsidiaritätsbegriff. Subsidiarität sei eine Bedingung einer funktionsfähigen Demokratie. Er baue auf die Eigen- und Mitverantwortung der Bürgerinnen und Bürger. Ohne Verantwortungsübernahme der Bürgerinnen und Bürger für ihre eigenen Angelegenheiten, auch für die öffentlichen, gebe es keine Demokratie. Kurt Biedenkopf, der sich selbst für ein bedingungsloses Grundeinkommen ausgesprochen hat – ein hoch relevanter Vorschlag, da er die Voraussetzung für die öffentliche Verantwortungswahrnehmung schafft –, betonte:

»Je zentralistischer eine staatliche Ordnung, desto geringer die zivilgesellschaftliche Verantwortung.« Das gelte auch für den Sozialstaat, der inzwischen hochgradig zentralisiert sei.

Die Pflegeversicherung ist ein Musterbeispiel dafür. Auf Bundesebene wird entschieden, welche Pflegeleistungen vor Ort gewährt werden. Ob sie zum Bedarf des Haushalts passen, ob sie wirklich gebraucht werden, ob sie überhaupt verfügbar ist, das bleibt offen.

Auch die Qualitätssicherung im Rahmen der deutschen Pflegeversicherung ist ein Beispiel für hochgradige Zentralisierung und Reglementierung. Hier stellt sich mehr als einmal die Frage, ob sich das, was da geprüft wird, wirklich auf das bezieht, was die Qualität der Versorgung für die pflegebedürftigen Menschen ausmacht, und ob für die Sicherung der Qualität nicht andere Akteure berufener wären. Engagierte, Angehörige, Bürger vor Ort. Aber wir lassen es geschehen. Wir haben uns an den beschützenden Staat gewöhnt, schätzen ihn und setzen große Hoffnung auf ihn. Verbindet man das Subsidiaritätsprinzip mit Kritik am Sozialstaat, wird man leicht verdächtigt, dessen Abbau zu befördern oder gar zu fordern. Und es gibt Kräfte, die die Abschaffung der Pflegeversicherung verlangen. Das ist unverantwortlich. Sie könnte ebenso ein Musterbeispiel für Subsidiarität sein: Die Pflegeversicherung dient ganz wesentlich dazu, die Voraussetzungen für die Verantwortungsübernahme von Familien, Nachbarschaften und anderen kleinen solidarischen Lebenskreisen zu stützen, zu fördern und zu begleiten. Sie kennt beides: Stützendes und zentralistisch Reglementierendes. Leider nicht sonderlich gut ausbalanciert.

Sieht man einmal genauer auf den Subsidiaritätsgrundsatz und seine Bedeutung für die Architektur sozialer Sicherung, so wird deutlich, wie wichtig er bis heute ist. Denn er lädt ein, die Fragen der sozialen Sicherung unter dem Vorzeichen des demografischen Wandels noch einmal ganz neu zu sehen. Nicht umsonst haben sich die Kommissionen des siebten Altenberichts und des zweiten Engagementberichts der Bundesregierung das Thema Subsidiarität auf ihre Agenda gesetzt.

Wir müssen uns das Konzept und das Prinzip in seiner Bedeutung neu erschließen, auch wenn das altehrwürdige Prinzip in der aktuellen politischen Diskussion nicht wirklich attraktiv zu sein scheint. In einer Diskussionsrunde mit Henning Scherf und Franz Müntefering, dem BAGSO Vorsitzenden, im November 2011 im Worpsweder Querdenkertreffen, auf dem es um eine neue Pflege- und Teilhabepolitik ging, meinten beide: »Mit dem Begriff der Subsidiarität kann man heute die Bürgerinnen und Bürger nicht erreichen.« Er tauge kaum für die bundespolitische Diskussion. Es bleibt zu prüfen, ob sich daran etwas ändern lässt. Die Aufgabe besteht vor allem darin, seine Bedeutung zu erschließen und in eine politisch anschlussfähige Sprache zu übersetzen.

Die Leitidee des Subsidiaritätsprinzips ist hochaktuell und hat eine selbstverantwortliche Lebensgestaltung des Individuums, seiner Familie und des sozialen Zusammenhangs, in dem es lebt, zum Ziel. Gleichzeitig kann dieses Individuum auf die Unterstützung und Hilfestellung des Staates oder staatlicher Institutionen vertrauen, die sich für die Sicherung seiner Freiheit einsetzen. Es geht, ganz allgemein gesprochen, um die Koordination der politischen und gesellschaftlichen Ordnung und die Klärung des Verhältnisses der unterschiedlichen Ebenen unseres ausdifferenzierten Sozialstaats zueinander: Individuum, Familie, Nachbarschaft, Quartier, Vereine und andere Formen der Selbstorganisation, Kommunen, Länder und der Bund. Auch andere Institutionen sind darin einbegriffen: die Krankenkassen und Wohlfahrtsverbände etwa.

Haben wir heute eine Vorstellung von subsidiärer Ordnung? Respektiert der Staat die Selbstorganisationsfähigkeit der Bürgerinnen und Bürger, und fördert er sie? Wie passt das Marktprinzip, das im Bereich der sozialen Dienstleistungen immer stärker Einfluss gewinnt, gerade auch in der Pflege, zum Prinzip der Subsidiarität? Drängt die subsidiäre Vorstellung von Verantwortung der Familien nicht wieder die Familien und dort insbesondere die Frauen in Verantwortungsrollen, die eigentlich längst überwunden sind? Um diese Fragen geht es, wenn man den Subsidiaritätsbegriff noch einmal aus der Schublade holt.

Das Subsidiaritätsprinzip hat eine lange Geschichte, und nicht allein eine katholische, wie häufig angenommen wird. Ohne Luther, ohne die Reformation gäbe es den Subsidiaritätsbegriff so nicht. Wenn wir uns heute auf den Subsidiaritätsbegriff beziehen, wird er ganz wesentlich mit der katholischen Soziallehre verbunden. Wobei die katholische Kirche schon vor Oswald von Nell-Breuning subsidiär gedacht und entsprechende Enzykliken formuliert hat, wie Rerum Novarum 1891. Entwicklungen wie die Proletarisierung und Pauperisierung, womit die Verarmung breiter Bevölkerungsgruppen in der Zeit der frühen Industrialisierung gemeint ist, haben die Kirche herausgefordert. Sie musste sich zu der sozialen Frage verhalten und tat dies, wie meist in der katholischen Kirche, auf konservative und ausgewogene Art: Sie betonte die Garantie des Privateigentums und damit die kapitalistische Grundlage für die Entstehung von Märkten und die dynamische Industrialisierung. Sie verteidigte zugleich die eigenverantwortliche Lebensgestaltung in den Familien. Dabei proklamierte die katholische Kirche eine sehr traditionelle, patriarchale Familienvorstellung. Hierin war sie sich mit den Vertretern der proletarischen Arbeiterbewegung einig.

Die Enzyklika Rerum Novarum betont aber auch die staatliche Verpflichtung zur Hilfe in Notlagen. Das war in einer Zeit, in der die Vokabel »Sozialstaat« weithin unbekannt war, durchaus nicht selbstverständlich. Wir finden also schon im 19. Jahrhundert eine subsidiäre Verhältnisbestimmung von Gesellschaft und Politik, von selbstverantwortlich zu gestaltenden Lebensräumen und staatlicher Verpflichtung zur Hilfe in der Not. Die Gesellschaft setzt sich nach den Vorgaben der Enzyklika organisch aus ineinandergestellten Schalen zusammen. Der jeweils kleineren Gemeinschaft kommt vor der je größeren eine primäre Verantwortung zu.

Vielen ist dieses Bild heute noch geläufig. Die Familie ist die Keimzelle der Gesellschaft, während der Staat äußeren Schutz bietet. Zu diesem Bild passen die für die damalige Zeit typischen Formen der Wahrnehmung sozialer Verantwortung: Wohlfahrtsvereine, Volksvereine der katholischen Kirche, die Innere Mission, in großen Städten wie Hamburg das damals übliche Mäzenatentum, die Aktivitäten von Stiftungen, besonders ausgeprägt in Frankfurt. Gesellschaftliche Akteure, genauer gesagt das Bürgertum, übernahmen Verantwortung für die Armen und in Not Geratenen. Die damals gegründeten Institutionen, wie etwa die Innere Mission, sind bis heute prägend für den deutschen Sozialstaat: Aus ihnen wurden später die Wohlfahrtsverbände, die insbesondere nach dem Ersten Weltkrieg ihre bis heute wirksame und durchaus mächtige Position erworben haben.

Es gab aber nicht nur diese karitativen Organisationen. Im 19. Jahrhundert finden sich auch die bis heute prägenden Formen wirtschaftlicher Solidargemeinschaften. Ich denke an Genossenschaften, an die Vorläufer der Krankenversicherung, an die Spar- und Raiffeisenkassen, die Verwandtschaft aufweisen mit den Ideen eines Muhammed Yunus und seinen

Mikrokrediten in der Dritten Welt. Interessant ist der Rückblick in die Geschichte auch deswegen, weil gerade heute die Idee der Genossenschaften eine Renaissance feiert. Im Sinne des Subsidiaritätsprinzips gehören beide, die Genossenschaften und die sich herausbildenden Wohlfahrtsverbände, zu den Ausdrucksformen gesellschaftlicher Selbstverantwortung, die vor den staatlichen Ebenen Vorrang genießen – so zumindest im ursprünglichen Konzept der Subsidiarität und ihrer konzentrischen Kreise. Zu Beginn des 20. Jahrhunderts mit seinen zwei Weltkriegen, der Weltwirtschaftskrise und den vielfältigen gesellschaftlichen Umwälzungen und Emanzipationsbewegungen gewann der Sozialstaat, der in seiner Architektur weiter subsidiär angelegt ist, immer deutlicher an Kontur.

In die Endzeit der Weimarer Republik fällt die Enzyklika Quadragesimo anno. Hier kommt der von Oswald von Nell-Breuning formulierte sozialphilosophische Grundsatz der Subsidiarität zum Tragen: »Was der einzelne Mensch aus eigener Initiative mit seinen eigenen Kräften leisten kann, darf ihm nicht entzogen und dem staatlichen Handeln zugewiesen werden« (Papst Pius XI. 1931, Ziff. 79). Damit werden die Prinzipien der Selbst- und Mitverantwortung des Menschen in seinen »natürlichen« sozialen Netzwerken angesprochen. Weiter heißt es: »Jedwede Gesellschaftstätigkeit ist in ihrem Wesen und dem Begriff nach subsidiär. Sie soll die Glieder des Sozialkörpers unterstützen, darf sie aber niemals zerschlagen oder aufsaugen.« Freiheit und Selbstverantwortung sind die zentralen anthropologischen Eckpfeiler dieses von Nell-Breuning formulierten sozialphilosophischen Grundsatzes. Die Enzyklika Quadragesimo anno verteidigt mit dem Grundsatz der Subsidiarität die besondere Stellung der Familien als natürliches Ordnungsprinzip der Gesellschaft. Die

Familien sind älter – und stabiler – als der Staat. Die Enzyklika fordert aber auch einen sozial verantwortlichen Staat. Mit Blick auf das sich ankündigende Dritte Reich mit seinem totalitären Staatsverständnis gewann der Subsidiaritätsgrundsatz seine freiheitssichernde Bedeutung: Er ist darauf ausgerichtet, alle Formen gesellschaftlicher Selbstorganisationen vor einem vereinnahmenden Staat zu schützen.

Nicht immer war das Staatsvertrauen so groß wie heute. Ob es in der Zukunft immer in jeder Hinsicht gerechtfertigt ist, ob der Staat die Freiheit und Würde des Einzelnen respektiert, ist durchaus fraglich. Nicht nur die global angelegten Überwachungsstrategien aus den USA und Großbritannien stimmen da bedenklich. Auch manche gesundheitsökonomischen »Risk-Management-Maßnahmen« zur Reduzierung von ökonomischen Risiken für die Krankenversicherungen, für die eine »Gesellschaft des langen Lebens« nicht unbedingt zu einem erfolgreichen Geschäftsmodell gehört, lassen das Vertrauen in das Gesundheitssystem schwinden. Der Abbau von 500 geriatrischen Krankenhausbetten allein in Baden-Württemberg in den letzten Jahren ist Ausdruck der Rationalisierungen, die für den Einzelnen bisweilen durchaus dramatische Folgen haben können.

Nach dem Zweiten Weltkrieg mit all seinen Zerstörungen, all dem menschlichen Leid und der enormen Wiederaufbauarbeit stellte sich erneut die Frage nach der politischen Gestaltung des Sozialen. Kurt Biedenkopf betonte auf der schon erwähnten Tagung im Wissenschaftszentrum Berlin, dass die Nachkriegszeit eine Zeit gewesen sei, die zwar in vielfacher Weise chaotisch, aber auch von der Selbstorganisation der Bürgerinnen und Bürger geprägt war. Gesellschaftliches Verantwortungsbewusstsein, Solidarität und Selbstorganisationsfähigkeit treten vor allem in Zeiten der Not, wie beispielsweise bei der Jahrhundertflut 2013, auf. Sind sie die Lehrmeister für eine nachhaltige Gestaltung des Sozialen?

Konrad Adenauer und seine CDU hatten sich 1949 in den Düsseldorfer Leitsätzen deutlich zur sozialen Verantwortung des Staates bekannt. Das Bekenntnis zum Sozialstaat diente auch der gesellschaftlichen Befriedung in dieser schwierigen Zeit und sollte Vertrauen in den demokratischen Staat herstellen. Immerhin hatten die Deutschen bis dato eine demokratische Staatsform nicht wirklich gelernt und zur Lebensform erhoben. Die CDU sah den Sozialstaat und die soziale Verpflichtung des Staates in Verbindung mit Impulsen für Wohlstand und Wirtschaftswachstum. Der Vater der sozialen Marktwirtschaft, Ludwig Erhard, setzte darauf, dass die sozialstaatlichen Verpflichtungen, die in der Nachkriegsnot für die Stabilität und Befriedung der Gesellschaft so notwendig waren, mit zunehmendem Wohlstand zugunsten einer selbstverantwortlichen Gestaltung des Sozialen, ganz im Sinne des Subsidiaritätsprinzips, zurückgenommen werden. Er hat sich geirrt. Und er hat sich offenbar mit dieser gesellschaftlichen Entwicklung kaum abfinden können. Der Gewöhnungseffekt an sozialstaatliche Leistungen und an sozialstaatliche Verantwortung wurde von ihm wohl auch anthropologisch nicht richtig eingeschätzt.

Gewissermaßen kontrapunktisch zu den Düsseldorfer Leitsätzen mit ihrem Bekenntnis zur sozialstaatlichen Verpflichtung stand die Rothenfelser Denkschrift von 1955. In Rothenfels diskutierten und diskutieren Politiker, Verantwortliche aus Ministerien mit Wissenschaftlern und Vertretern von Kirche und Gesellschaft grundlegende Fragen politischer Gestaltungsaufgaben. Die Rothenfelser Denkschrift (vgl. Achinger u. a. 1955) verhielt sich kritisch gegenüber den sich ausbildenden Institutionen des Sozialstaats, die aus der

Sicht der »Rothenfelser« in der Gefahr standen, eigene Machtstrukturen aufzubauen. Es blieb bei der Denkschrift, und es erfolgte der schrittweise Ausbau des Sozialstaates – etwa der Rentenversicherung mit ihren einkommensäquivalenten Leistungen, die bis dato unbekannt war. Das Thema Pflege gab es als sozialpolitisches Thema kaum, allenfalls als Versorgung der Kriegsopfer.

Beim Aufbau der Institutionen des Wohlfahrtsstaates nach dem Zweiten Weltkrieg knüpfte die deutsche Sozialpolitik an den Subsidiaritätsdiskurs der Weimarer Republik an, in dem den Kirchen und Wohlfahrtsverbänden bereits eine bedeutsame Rolle zugesprochen wurde. Dabei gab es durchaus Streit: Sollen die Kommunen als die untere Ebene im Staatsaufbau im Subsidiaritätsverständnis eine zentrale Rolle einnehmen oder die Wohlfahrtsverbände? Das skandinavische Modell mit seiner starken Stellung der Kommunen im Sozialstaat – ganz in lutherischer Tradition – lag insbesondere den norddeutschen Bundesländern nahe. Das ist in mancher Hinsicht bis heute spürbar. Die Träger der freien Wohlfahrtspflege präsentierten sich als Garanten gesellschaftlicher Freiheit und gemeinschaftsbezogener Hilfen und fanden auf diese Weise ihre besondere Stellung im deutschen Wohlfahrtssystem, das international einzigartig ist. Der Vorrang privater und freier Träger der Wohlfahrtspflege vor staatlichen und auch kommunalen Stellen wurde an verschiedenen Stellen in die Sozialgesetzbücher geschrieben. Damit wurde der Grundstein gelegt für die Etablierung eines umfassenden Wohlfahrtsstaates, verbunden mit dem Sonderstatus der Verbände der freien Wohlfahrtspflege. Die Caritas ist noch immer einer der größten Arbeitgeber Deutschlands, ähnlich die Diakonie. Sie sind die »Player« im Sozialstaat. Das gilt auch für die Versorgung alter Menschen. Aber wie lange noch? Die Träger der freien

Wohlfahrtspflege reklamieren das Subsidiaritätsprinzip für sich: Sie verteidigen ihre Sonderstellung.

Der Sozialstaat, der im Nachkriegsdeutschland immer weiter ausgebaut wurde, kennt einen ganz wesentlichen Architekten, einen Vordenker. Es handelt sich um Hans Zacher, den Vater des deutschen Sozialrechts. Ohne ihn gäbe es das Sozialgesetzbuch mit seinen inzwischen zwölf Büchern kaum. Für ihn war und ist der Subsidiaritätsgrundsatz maßgeblich, sowohl in seiner Vorstellung als auch Konstruktion vom Sozialstaat, und dies nicht nur bezogen auf den deutschen Sozialstaat, sondern auf Sozialstaatlichkeit insgesamt. Zacher zufolge kann das Soziale nur subsidiär gedacht werden. Gerade mit Blick auf die Entwicklungsländer ist es Hans Zacher wichtig, die Selbstverantwortlichkeit und Selbstorganisationsfähigkeit der kleineren Einheiten in den Mittelpunkt zu stellen und sie als primäre Träger gesellschaftlicher Verantwortung auch für das Soziale zu sehen. Für ihn verbürgt der Grundsatz der Subsidiarität, dass das Soziale »geschieht«: in den Familien, Nachbarschaften oder anderen kleinen Einheiten gesellschaftlicher Selbstorganisation, allein oder bei Bedarf mithilfe verbandlicher oder staatlicher Unterstützung. Das Soziale aktiviert seiner Ansicht nach auch die Vielzahl möglicher Kräfte gesellschaftlicher Solidarität und Selbstorganisation. Subsidiarität schafft Raum für Autonomie, Selbstverantwortlichkeit und Mitverantwortlichkeit und lässt das Gesamtsystem atmen.

Hans Zacher beobachtete die Pflegeversicherung mit großer Skepsis, weil sie nach seiner Auffassung in vielerlei Hinsicht mit dem Subsidiaritätsprinzip nicht vereinbar ist. Er betonte immer, dass es auch eine Vorleistungspflicht des Staates gebe, damit Menschen und kleine Gemeinschaften in die Lage versetzt werden, ihr Leben eigenverantwortlich gestalten zu können. Es ist nicht der Nachtwächterstaat, es ist ein aktiv gestaltender Staat, der dem Subsidiaritätsprinzip zur Geltung verhilft. Es gehört zur unverletzlichen Würde des Menschen, dass wir als Bürgerinnen und Bürger ein Anrecht auf eine menschenwürdige Existenzsicherung haben. Das fordern heute auch auf internationaler Ebene die Verfechter einer UN-Konvention für die Rechte alter Menschen.

Es ist elementar bedeutsam für die Würde eines Menschen, dass er Rechte geltend machen kann und nicht auf Almosen angewiesen ist – sei es gegenüber seiner Familie, den Wohlfahrtsorganisationen oder dem Staat. Wie aber ist eine Sozialpolitik zu gestalten, die soziale Rechte, individuelle Freiheit und Selbstverantwortung als Grundlagen ihrer Gesellschaftsordnung anerkennt? Der deutsche Sozialstaat ist immer dann ausgebaut worden, wenn es wirtschaftlich bergauf ging. Und wenn es bergab ging und wirtschaftliche Krisen überwunden werden mussten, wurden Leistungen reduziert. Eine solche konjunkturabhängige Sozialpolitik lässt keine klare Handschrift einer subsidiär angelegten Sozialpolitik erkennen. Nach Hochzeiten des Ausbaus des deutschen Sozialstaats in den 1970er-Jahren entbrannte mit den ersten Krisen in den 80er-Jahren eine neue Debatte um die Subsidiarität. Dabei trafen sich konservativ-liberale Positionen mit den sogenannten neuen sozialen Bewegungen der Friedens-, Umwelt- und Frauenbewegung sowie der stärker werdenden Selbsthilfe im Gesundheitsbereich. Beide politisch sich sonst so fremden Lager setzten in gewisser Weise auf weniger Staat, aber mit unterschiedlichen Vorzeichen: Während Bundeskanzler Helmut Kohl in seiner Regierungserklärung 1982 mehr freie Initiative statt staatlicher Lenkung verkündete und dazu aufrief, die staatliche Versorgung durch die Eigenverantwortung der

Bürgerinnen und Bürger zu stützen, forderten die neuen sozialen Bewegungen die staatliche Unterstützung für die Eigenverantwortung, etwa den Ausbau der sozialen Selbsthilfe. Top down traf auf bottom up. In diesem Zusammenhang wurde der ganz wesentlich durch Rolf Heinze und Thomas Olk geprägte und diskutierte Begriff der neuen Subsidiarität zu einem Leitbegriff im sozialpolitischen Diskurs. Die Rede von den Grenzen des Sozialstaats wurde gekoppelt an die Forderung nach einer staatlichen Vorleistungspflicht für die Selbstorganisationsfähigkeit von Bürgerinnen und Bürgern, gerade dort, wo sie aus eigenen Kräften dazu schwer oder gar nicht in der Lage sind. Bis heute stehen sich, auch im Pflegebereich, diese unterschiedlichen Traditionen des Umgangs mit dem Thema Subsidiarität gegenüber. Die staatstragende Ehrenamtlichkeit, wo die Freiwilligen die begrenzte Leistungsfähigkeit des Sozialstaates kompensieren, steht der Selbstorganisation der Bürgerinnen und Bürger mit ihrem emanzipatorischen Anspruch gegenüber. Einfacher gesagt: hier die »Grünen Damen« im Krankenhaus und dort selbst organisierte Wohn- und Pflegeprojekte von Bürgerinnen und Bürgern, die Mitarbeit von Eltern in Renovierungsprojekten in der Schule und der selbst organisierte Schülerladen. Konservative und neoliberale Sozialpolitikansätze beklagten ebenso wie die neuen sozialen Bewegungen (die insbesondere den »Grünen« nahestanden) das »Zuviel« an Staat im Sozialstaat. Und beide Seiten konnten sich auf den Subsidiaritätsbegriff berufen.

Auch die katholische Kirche griff die Kritik am Fürsorgestaat auf. Papst Johannes Paul II. formulierte in seiner Enzyklika Centesimus annus 1991: »Der Wohlfahrtsstaat, der direkt eingreift und die Gesellschaft ihrer Verantwortung beraubt, löst den Verlust an menschlicher Energie und das

Aufblähen der Staatsapparate aus, die mehr von bürokratischer Logik als von dem Bemühen beherrscht werden, dem Empfänger zu dienen« (Papst Johannes Paul II. 1991, Ziff. 48). Die Kritik am deutschen Sozialstaat trug dazu bei, dass der sein Gesicht zum Teil grundlegend änderte. Nicht nur durch die Agenda 2010, schon weit früher fanden neue Steuerungsinstrumente Eingang in die Institutionen des Wohlfahrtsstaats. Man spricht von einer Verbetriebswirtschaftlichung des Sozialen und einer Ökonomisierung sozialer Dienste. Nicht mehr Theologen, nicht mehr Sozialarbeiter, nicht die Ärzte, sondern Betriebswirte übernahmen das Ruder in vielen Institutionen des deutschen Sozial- und Gesundheitswesens. Es wurden Marktelemente eingeführt, private Träger geworben, und renditeorientierte Investoren fanden Zugang in das deutsche Sozialwesen. Sie rationalisierten und setzten auf Effizienz. Keine soziale Einrichtung kommt heute mehr ohne Qualitätsmanagement, ohne Controlling aus. Für die Öffnung der Märkte wurden neue Instrumente der Qualitätssicherung entwickelt, die, wie man aus anderen Wirtschaftszweigen weiß, ihre eigene Bürokratie hervorbringen. Mitmenschlichkeit als Markt?

Zeitlich verbunden mit dieser stärker auf Effizienz ausgerichteten Gestaltung sozialer Dienste und Einrichtungen, aber auch der Sozialverwaltung in Deutschland, insbesondere in der Pflege, wird der Ruf nach der Bürgergesellschaft laut. Von ihr hat Oswald von Nell Breuning noch nichts gewusst. Von ihr sprach man auch nicht im Nachkriegsdeutschland. Mit dem Begriff der Bürger- und Zivilgesellschaft wird erst seit Ende der 90er-Jahre gehandelt – ebenso wie mit dem Begriff des bürgerschaftlichen Engagements, der sich als Klammer für die sich immer stärker ausdifferenzierenden Formen ehrenamtlichen und freiwilligen Engagements etabliert hat.

Ich erinnere mich noch daran, als ich mit dem Zentrum für Zivilgesellschaftliche Entwicklung, einem Institut an der Evangelischen Hochschule in Freiburg, das als Geschäftsstelle für den Zweiten Engagementbericht der Bundesregierung bis 2017 fungierte, die wissenschaftliche Begleitung und fachliche Beratung des Förderprogramms des Landes Baden-Württemberg zum bürgerschaftlichen Engagement 1996 übernahm. Bischof und Oberkirchenräte der Badischen Landeskirche zeigten sich pikiert und zitierten mich ins Kollegium: »Für das Ehrenamt sind die Kirchen und die Wohlfahrtsverbände zuständig. Was will der Staat da, und was soll der Begriff der Zivilgesellschaft?« Die gesamte Wohlfahrtspflege reagierte skeptisch. Heute wird der Begriff von der Kirche selbst benutzt.

»Kirche findet Stadt«: Mit diesem eingängigen Slogan wird etwa der Bezug von Kirche zur modernen Stadtgesellschaft und damit zur Zivilgesellschaft hergestellt. Man sieht: Es gilt sich zu verabschieden von einer hierarchischen Vorstellung der Gesellschaft, auch von den im klassischen Subsidiaritätsprinzip angelegten Hierarchien.

Wir leben in einer bunten Gesellschaft. Wir kennen sehr unterschiedliche Formen des Engagements und der Selbstorganisation. Es sind nicht allein die Kirchen und die Wohlfahrtsverbände, die für das ehrenamtliche Engagement und die Werte in der Gesellschaft stehen. Das Engagement ändert sich, unsere Vorstellungen von einer guten Gesellschaft können sich am ehesten mit dem Konzept der Zivilgesellschaft identifizieren. Auf ihr ruhen die Hoffnungen des 21. Jahrhunderts, schrieben Jürgen Kocka und Kai Brauer (vgl. Kocka/Brauer 2009). Zivilgesellschaft heißt ganz wesentlich, die Bürgerinnen und Bürger als Akteure der Gestaltung ihrer eigenen und der öffentlichen Angelegenheiten zu sehen, anzusprechen und zu beteiligen. Nicht (primär), um den Staat zu entlasten, sondern im Wissen darum, dass der Staat nicht alles leisten kann, soll und darf.

Die Zivilgesellschaft stellt ihrerseits Forderungen an den Staat und an die Gestaltung des Sozialen. Wenn die »Avichas«, die ehrwürdigen Alten, in La Paz/Bolivien auf die Straße gehen und eine Volksrente fordern, ist das ebenfalls eine zivilgesellschaftliche Aktion. Sie wurzelt in der Wahrnehmung gemeinsamer Interessen. Vor der Demonstration wird getanzt, und alltäglich wird Solidarität geübt. Die Bürgerinnen und Bürger allein zu Kunden zu machen, unter vorab zwischen Staat und Marktanbietern, wie etwa bei der Pflege, ausgehandelten Bedingungen, degradiert sie zu Objekten wohlfahrtsstaatlichen Handelns.

Auf lokaler Ebene entsteht im Zusammenhang mit der Bewältigung von Sorgeaufgaben für Kinder und für alte Menschen eine neue Bereitschaft, sich zu organisieren, sich dem Thema Solidarität vor Ort zu widmen. Die Betonung der Quartiere, der lokalen Zusammenhänge, der Kommunen hat viel zu tun mit alltäglicher Subsidiarität. Lokale Gemeinschaften sind nicht nur die Exekutive allgemeiner Verteilungsstandards, sie sind gestaltende Träger der Wohlfahrtsverantwortung. Damit es uns und unseren Nachbarschaften in unseren Quartieren und Gemeinden gut geht.

Dabei kann die Betonung kommunaler und örtlicher Verantwortung auch problematisch sein: Bremerhaven und Freiburg, das sind verschiedene Städte mit sehr unterschiedlichen strukturellen und finanziellen Handlungsmöglichkeiten. Eine Gemeinde im Kaiserstuhl und eine in der Uckermark sind vor völlig unterschiedliche Herausforderungen gestellt. Insofern besteht die Gefahr, dass, wenn man das Subsidiaritätsprinzip bemüht und die Kommunen stärken will, hier und dort völlig unterschiedliche Lebensverhältnisse entstehen oder stabilisiert werden.

Das kann und darf nicht sein. Die Lebensverhältnisse müssen nicht gleich, aber doch gleichwertig sein, wie in der Kommission zu gleichwertigen Lebensbedingungen in Deutschland aktuell analysiert und beraten wird. Insofern ist die zunehmende Bedeutung der Kommunen an eine sozialstaatliche Rahmensetzung gebunden, die sozialstaatliche Mindeststandards formuliert und gleichzeitig den jeweiligen lokalen Zusammenhängen Gestaltungsräume eröffnet. Das meint moderne Solidarität: Es geht nicht darum, Familien, Nachbarschaften und Kommunen alleinzulassen, sondern sie zu befähigen und Voraussetzungen für ihre Gestaltungsmöglichkeiten zu schaffen. Es geht darum, sie zu unterstützen, damit sie ihrer jeweiligen sozialstaatlichen Verantwortung gerecht werden können. Und es gilt, die sehr unterschiedlichen strukturellen Voraussetzungen von Regionen für demokratische, soziale und wirtschaftliche Stabilität und Prosperität in den Bick zu nehmen: das Ausmaß an Engagement, die Höhe der Wahlbeteiligung und das Vertrauen in den Staat lassen sich mit Strukturmerkmalen von Regionen in einem erschreckend hohen Maße erklären (vgl. Kapitel 2 zu »Demokratische Integration in Europa: Deutschland im europäischen Vergleich« in Klie/Blinkert 2019). Strukturpolitik ist gefragt – auch wenn man populistischen Parteien die Grundlagen für ihre Erfolge nehmen will.

Unterschiede finden sich nicht nur zwischen Regionen, sondern auch und gerade in urbanen Stadtgesellschaften. Berlin-Neukölln und Berlin-Charlottenburg, Hamburg-Winterhude und Hamburg-Osdorfer Born – auch innerhalb von Städten gibt es höchst unterschiedliche Lebensbedingungen und Familien, die mit je eigenen Lebenschancen ausgestattet sind.

Die Hoffnungen von Ludwig Erhard, dass mit dem Wirtschaftswachstum und der wirtschaftlichen Prosperität im Sinne der sozialen Marktwirtschaft eine sozial leistungsfähige Gesellschaft entsteht, haben sich nicht in jeder Hinsicht erfüllt. Wir müssen erkennen, dass gerade alte Menschen, die unter Armutsbedingungen leben und keine soziale Unterstützung aus ihren Familien erfahren, eine kürzere Lebenserwartung haben als jene mit einer besseren Chancenausstattung, mit einer besseren Bildung und einem höheren Einkommen. Im Alter kumulieren sich soziale Benachteiligungen, die im Lebenslauf durchlebt und erworben wurden. Wen interessieren die armen Alten, die sozial Isolierten, die Verletzlichen? Hierin liegt eine zentrale sozialpolitische Frage. Die Vorstellungen von der Selbsthilfefähigkeit von Familien im Umgang mit ihren älteren Angehörigen beziehen sich häufig auf Familien aus der Mittelschicht. Um die muss uns nicht so bange sein. Den Verlierern unserer Leistungsgesellschaft sollte die besondere soziale Aufmerksamkeit sowohl durch die Gesellschaft als auch durch den Staat gelten.

Für die Zukunft ist zu erwarten, dass die Zahl der »armen Alten« deutlich zunehmen wird, heute wird ihre Zahl überschätzt (vgl. Börsch-Supan 2013). Von Armut bedroht sind zumeist Frauen mit einer unterbrochenen Erwerbsbiografie, verbunden mit Trennungen und Scheidungen, und chronisch kranke Verrentete: Sie gehören zu den Risikogruppen des Alters, und sie lassen sich nicht ohne Anstrengungen ansprechen. Ihre Handlungsmöglichkeiten sind begrenzt. Die Polarisierung der Gesellschaft innerhalb Europas ist momentan insbesondere bei Jugendlichen zu spüren. Sie trifft jedoch zunehmend auch die Alten.

Es wäre zynisch angesichts dieser Gefährdungen von Lebenslagen, auf ein formales Subsidiaritätsprinzip abzuheben und zu sagen: »Hallo, Eigenverantwortung, hilf dir selbst! Sorge vor!« Hier besteht staatlicher Handlungsbedarf: um Menschen in Not zu helfen und ihnen Voraussetzungen für eine möglichst autonome Lebensführung zu sichern. Für die Zukunft wird es darauf ankommen, Armut und Ausgrenzung im Alter vorzubeugen, ebenso chronischen Krankheiten. In diesem Zusammenhang erfüllt einen die zunehmende Polarisierung der Gesellschaft, die sich öffnende Schere zwischen Arm und Reich mit großer Sorge. Vor allem weil wir wissen, dass in Gesellschaften, in denen der Graben zwischen Arm und Reich immer größer wird, auch die Zahl der chronisch Kranken zunimmt und die Kriminalität steigt. Setzt man auf die Eigenverantwortung und Selbstorganisationsfähigkeit der Gesellschaft, müssen die Voraussetzungen für die Sicherung sozialer Gerechtigkeit durch einen Ausgleich zwischen Arm und Reich geschaffen werden.

In diesem Zusammenhang fragt Heinz Bude mit Recht, wer die Gemeinwohlorientierung durch Begrenzung, Zielausrichtung und Zurückweisung wirtschaftlichen Machtstrebens übernehmen soll (vgl. Bude/Willisch 2006). Das gilt generell für einen Finanzmarkt, der die Grundlagen der Sozialstaatlichkeit ungehemmt infrage stellt, indem er mit seiner dramatischen wirtschaftlichen Zerstörungskraft und dem unvorstellbaren Ausmaß an Geldvernichtung bei gleichzeitiger Anhäufung von Staatsschulden den Handlungsspielraum für den Sozialstaat schmelzen lässt. Das gilt aber auch im engeren Sinne im sozialen Bereich. Etwa für die Krankenkassen und Versicherungen, die kostenintensive Risikopatienten identifizieren und Leistungen für sie rationieren.

Zahlreiche Medienberichte belegen eindrucksvoll und empörend zugleich die massenhafte Vorenthaltung von Versorgungsleistungen für Patienten. Clemens Becker, Chefarzt am

Robert-Bosch-Krankenhaus in Stuttgart, beklagt die Altersdiskriminierung durch den Rückbau der Geriatrie. Die Beitragssatzstabilität der Krankenkassen und ihre Ertragssituation beherrschen die Diskussion. Durch die stärkere Ökonomisierung des Sozialen steht für viele Akteure im Sozialbereich allein das Gewinnstreben im Vordergrund. Das sehen inzwischen auch die Bürger*innen so und verlieren so Vertrauen in die Institutionen, denen sie sich im Bedarfsfall anvertrauen müssen. Wenn sich das nicht mehr rechnet mit den Pflegediensten und Heimen, dann werden die sozialen Risiken, zu denen die armen Alten gehören, nicht nur uninteressant, sondern auch lästig. Das Nachdenken über Subsidiarität fordert dazu auf, die Ökonomisierung all unserer Lebensbereiche und die Frage der Verantwortung für die Folgen der Ökonomisierung kritisch zu beleuchten.

Die Rückbesinnung auf das Subsidiaritätsprinzip, auf die Selbstorganisationsfähigkeit der kleinen Einheiten, der Familien und Wahlverwandtschaften, der Nachbarschaften und kleinen örtlichen Genossenschaften, bildet günstige Voraussetzungen für eine neue Sozialstaatsdebatte. Es gilt, das Subsidiaritätsprinzip, das an die für eine moderne Gesellschaft so wichtigen Maßstäbe wie Autonomie, Selbstverantwortung und Freiheit gekoppelt ist, neu zu bestimmen. Heute setzt Subsidiarität voraus, dass eine übergreifende Gesamtaufgabe auf eine Vielzahl von Akteuren und Trägern verteilt ist, die sich ergänzen, um zur Erfüllung der jeweiligen Aufgabe, etwa die der Sorge und Pflege, beizutragen.

Man spricht heute vom Wohlfahrtspluralismus, vom Welfare-Mix, wenn Familien, Nachbarschaften und Freunde auf der einen Seite auf Pflege verwiesene Menschen unterstützen und sich der Angebote des Marktes bedienen, um professionelle oder haushaltsnahe Dienstleistungen zu besorgen, einzukaufen, zu organisieren, und auf der anderen Seite auch die ehrenamtliche Unterstützung, etwa eines Hospizvereins, mit einbeziehen und sich dabei auf staatliche Transferleistungen verlassen und Beratungsangebote ihrer Stadt oder Krankenkasse nutzen. In diesem Zusammenwirken von Familie, Markt, Staat und Drittem Sektor liegt wohl eine Möglichkeit der sozialen Sicherung in der Zukunft. Das schließt auch die Pflege ein. Die Autonomie des auf Pflege angewiesenen Menschen und der pflegenden Familie steht dabei im Vordergrund. Es liegt in ihrer Entscheidungsmacht, mithilfe entsprechender fachlicher Unterstützung bestimmen zu können, wofür, wie und in welcher Mixtur Hilfe organisiert wird.

Eigenverantwortung und Autonomie verlangen, dass die Verhandlungsmacht der auf Pflege angewiesenen Menschen und ihrer An- und Zugehörigen großgeschrieben wird. Setzt man auf einen Welfare-Mix, bedarf das einer entsprechenden Infrastruktur, einer Beratung und rechtlichen Begleitung derjenigen, die ein solches Arrangement nicht selbst gestalten können. Und das vor allem auf kommunaler Ebene. Die politischen Gemeinden bilden den optimalen Rahmen des Zusammenwirkens der unterschiedlichen Akteure, die an der Wohlfahrtsverantwortung beteiligt sind. Sie stellen Beratungsangebote bereit, in ganz komplizierten Fällen auch ein Case-Management. Das sind Voraussetzungen dafür, dass Subsidiarität in einer modernen Gesellschaft gelingt. Dabei ist Subsidiarität Ordnungsprinzip und Resultat zugleich. Das Prinzip der Subsidiarität eignet sich nicht, aus ihm abzuleiten, wer, wann, wie und wofür zuständig ist, nach dem Motto: »Erst die Familie, und wenn sie gar nicht mehr kann und erschöpft ist, der Staat.« So sieht die Realität vielfach heute noch aus. Vielmehr ist Verantwortungsteilung gefragt. Aushandeln ist gefragt. Das Ergebnis guten Aushandelns ist eine passgenaue Unterstützung und Hilfe. Nur so kann ein Leben in Würde, Freiheit und Eigenverantwortung gelingen. Der Sozialstaat kann Menschen nicht glücklich machen, aber er kann ihnen Rahmenbedingungen für ein selbstverantwortliches Leben vermitteln und existenzielle Risiken des Lebens auffangen. Mit dem Verfassungsrichter und Verfassungsrechtler Ernst-Wolfgang Böckenförde gesprochen, fußt die »Funktionsfähigkeit des Staates auf Voraussetzungen, die er selbst nicht schaffen, die er aber fördern kann« (Böckenförde 1976, S. 60). Alois Baumgartner und Wilhelm Korff haben einen zeitgemäßen Subsidiaritätsbegriff formuliert, indem sie fordern: »dass die Vielfalt der sich von unten her aufbauenden sozialen Einheiten in ihrer Eigenfunktion zu respektieren, zu bewahren und zu stärken ist, wo immer und solange sich diese gegenüber dem, was die ihnen übergeordnete gesellschaftliche Steuerungsinstanz zu leisten vermag, als die kompetenteren bewähren« (Baumgartner/Korff 1999).

Das klingt zwar kompliziert, bringt aber gleichwohl auf den Punkt, worum es bei einem modernen Subsidiaritätskonzept gehen muss: Soziale Unterstützung hat sich von unten her aufzubauen, aus den kleinen Kreisen. Es gilt, die Selbstorganisationsfähigkeit der Familien, die kleinen Kreise auch in neuen Formen, die über klassische Familien hinausgehen, zu stärken. Wo dies aber nicht gelingt und solange dies nicht gelingt, ist die nächste Ebene gefragt, wie etwa die staatliche Beratung, das Case-Management, um die solidarische Unterstützung zu stärken, zu ermöglichen, zu organisieren und professionell zu begleiten. Dabei stellt sich die Frage, was denn die Kompetenz der jeweiligen Akteure ausmacht, worauf zu achten ist, woraus sich die Güte und Tragfähigkeit der solidarischen Unterstützung ergibt. Hier sind die Menschenrechte wesentlicher Gradmesser. Familien und Nachbarschaften, die ihre Angehörigen vernachlässigen, ihnen Gewalt antun, sie in ihrer personalen Würde verletzen und ihrer Freiheit berauben, leisten nicht die soziale Unterstützung, die mit der Würde der Person vereinbar ist. Hier realisiert sich der Schutzauftrag des Staates, ähnlich wie bei Fragen des Kindeswohls. In diesen Situationen besteht Handlungsbedarf zur Wahrung der Menschenrechte und der sozialen Rechte. Es wäre ein zynischer Umgang mit den Hilfebedürftigen, wenn man angesichts von Menschenrechtsverletzungen in Privathaushalten auf die Verantwortung der kleinen Lebenskreise abheben würde: Das geht uns nichts an, das ist Privatsphäre. Diese Haltung kennen wir von früher aus der Debatte um Gewalt in der Ehe und gegenüber Frauen und Kindern. Die Gewalt und die Vernachlässigung von alten Menschen geht uns alle an. Es stellen sich aber auch Gerechtigkeitsfragen und Fragen, die Integrität und die Freiheit der pflegenden Angehörigen betreffend: Die Alternativlosigkeit in vielen Familien, in denen sich Ehepartner, Töchter und Söhne gezwungen sehen, sich unter Aufgabe ihrer eigenen Lebensziele allein der Pflege ihrer Angehörigen zu widmen, hat nichts mit der Einlösung sozialstaatlicher Verantwortung zu tun.

Es ist eine Schwachstelle in der Konstruktion und Rezeption des Subsidiaritätsprinzips zu erkennen: Immer besteht die Gefahr, dass auf eine traditionelle Rollenverteilung zurückgegriffen wird. Die Verteilung der Sorgeaufgaben, wie Elisabeth List feststellt, muss in den Diskurs über Gerechtigkeit in den Gender- und Generationsbeziehungen eingebunden werden (vgl. List 1993). So liegt die kulturelle Herausforderung des demografischen und sozialen Wandels auch in einer fairen und intelligenten Neuverteilung von Sorgeaufgaben zwischen Mann und Frau und zwischen den Generationen. Wohl bleiben Verwandtschaftsbeziehungen, Freundeskreise und Nachbarschaften die kleineren sozialen Lebenskreise und Zusammenhänge, in denen sich in besonderer Weise die Solidarität der Gesellschaft und damit das Prinzip der Subsidiarität bewähren. Sie können aber nicht länger allein auf traditionellen Rollenmustern aufbauen. Auch sollten sie nicht durch die formale Prüfung der Verfügbarkeit familiärer Unterstützung im Haushalt von Pflegebedürftigen auf ihre Pflegeaufgabe reduziert werden, wie es etwa die Krankenkassen tun: Der Anspruch auf häusliche Krankenpflege etwa wird schnell verneint, wenn Partner oder Kinder im Hause leben.

Das Subsidiaritätsprinzip eignet sich in einer modernen Gesellschaft als ethischer Maßstab für die Bewertung sozialpolitischer Gestaltungsoptionen. Denn jede reglementierte, zentral gesteuerte Dienstleistung für pflegebedürftige Menschen steht in der Gefahr, selbst organisierte Formen der Unterstützung und der Solidaritätsbereitschaft zu beeinträchtigen. Es lässt sich eine Art Beweislast des Sozialstaates aus dem Subsidiaritätsprinzip ableiten, der zufolge Interventionen den Grundsätzen der Subsidiarität nicht widersprechen dürfen. Das gilt für die Ganztagsschulen genauso wie für die überbordenden Qualitätsvorgaben für Heime und Dienste der Pflege. Es ist eine Art subsidiäre Vorsicht geboten und keine selbstgefällige Formulierung von Qualitätsvorgaben. Oder ist es doch besser, die Verantwortung für die Qualität der Sorge und Pflege abzugeben und sie an einen Pflegedienst, an ein Pflegeheim zu delegieren? Sich auf Noten zu verlassen, um sich dann aus der Verantwortung verabschieden zu können?

Der Subsidiaritätsgrundsatz konfrontiert uns mit unserer Verantwortung für unser Wohlergehen und das Wohlergehen unseres Nächsten. Mit Levinas ankert die Ethik der Subsidiarität in der »Güte der unbegrenzten Verantwortlichkeit«, die in der familialen Erfahrung ihren Ursprung hat und in der

Beziehung zum fremden Nächsten ihre Bewährung findet (vgl. Bude/Willisch 2006). In dieser Verantwortlichkeit für uns und für den Nächsten liegt der anthropologische Kern der Subsidiarität. Diese Verantwortung steht im Widerspruch zu einer allein auf Effizienz und Rendite hin ausgelegten Marktlogik, sie steht im Widerspruch zur Abgabe der Verantwortung an den Sozialstaat und zu verantwortungsentlastenden Sozialstaatserwartungen. Sie widerspricht auch den Machtstrukturen einer Sozialbürokratie, die sich auch in der Pflegeversicherung in problematischer Weise herausgebildet hat.

Einen Menschen in einer existenziell herausfordernden Lebenssituation, wie der der Abhängigkeit von fremder Hilfe, zum Kunden zu degradieren – wo es überdies schon keinen (echten) Markt gibt, beraubt ihn seiner Personalität. Er wird zum Objekt staatlich reglementierter Dienstleistungen. Sogar seine Lebensqualität wird in diesem Zusammenhang gemäß den Vorstellungen des Gesetzgebers im Rahmen der Pflegeversicherung gemessen – neuerdings mittels Selbstkontrolle der Pflegekräfte. Eine Lebensqualität, die sich der Sozialstaat leisten kann, die sich vergleichen lässt, um Benchmarks zu ermöglichen.

Ich möchte nicht, dass meine Lebensqualität jemals auf diese Weise gemessen wird und ich zum Objekt sozialstaatlichen Handelns eines vormundschaftlichen Staates gemacht werde. Ich erkläre heute schon, dass ich es ablehne, in einer solchen Weise bewertet und beurteilt zu werden. Ich wünsche mir, dass die Menschen, die für mich bedeutsam sind und für die ich bedeutsam sein werde, sich eine Verantwortungsbeziehung zu mir zumuten und die Frage meines Wohlergehens und meiner Würde als Kernfrage der Sorge um mich verstehen. Ich wünsche mir eine Gesellschaft, die die Verantwortungsübernahme für den fremden Nächsten zu einer Frage der Kultur, der Gesellschaft im Kleinen wie im Großen, in der Nachbarschaft, im Quartier, im Hochhaus und im Dorf macht. Der Pflegeversicherung fehlt es heute an der subsidiären Vorsicht, so weit es um die Ausgestaltung ihrer Leistungen geht. Sie bedient sich vermehrt der Bürger*innen als Ehrenamtlicher, um die begrenzten Leistungen der Pflegeversicherung zu kompensieren. Die, die sich in diesem Zusammenhang engagieren, leisten Wichtiges. Es besteht aber angesichts der öffentlichen Rede über die neue Bedeutung des bürgerschaftlichen Engagements die Gefahr, dass hier eine Top-down-Solidarität zur Unterstützung des Staates und der Stützung der Pflegeversicherung im Vordergrund steht und dabei nicht die Selbstorganisation sich sorgender Gemeinschaften in all ihrer Vielfalt und sozialen Unterschiedlichkeit zum Thema und zur Aufgabe sozialstaatlicher Interventionen gemacht wird.

Da sind wir wieder bei den sich begegnenden Diskursen um das Subsidiaritätsprinzip: Hier der Staat, der die Entlastung des Sozialstaats einfordert, und dort die emanzipatorische Bürgergesellschaft, die Selbstorganisation und Unterstützung fordert. Zugegeben: Eine starke Bürgerbewegung, die in dieser Weise eine Unterstützung ihrer Sorgefähigkeit fordert, kennen wir in Deutschland (noch) nicht. Es gibt anders als in England keine Gewerkschaft pflegender Angehöriger, keine Rentnerorganisationen mit großen Mitgliederzahlen, wie aus den Niederlanden bekannt, oder eine mächtige Lobby der Älteren wie in den USA, die dort seit Jahren eine Pflegeversicherung fordert. Aber es gibt viele Organisationen vor Ort, es gibt die Alzheimer-Gesellschaften und unzählige Initiativen, die sich um die Sorgefähigkeit ihrer Gemeinden sorgen. Kirchengemeinden machen sich ebenso auf den Weg wie kleine Kommunen. Wohlfahrtsverbände entdecken ihre Wurzeln neu und machen sich zu Beratern kleiner Bürgergruppen. In all diesen Aktivitäten liegt die Hefe für eine neue Bürgerbewegung, wie es Klaus Dörner nennt, die sich das Thema »Sorge« auf die Fahnen geschrieben hat (vgl. Dörner 2012). Der Staat, die Kommunen, die Großorganisationen tun gut daran, diese neue Saat der örtlichen Solidarität zu würdigen, zu stützen, zu initiieren und ihr Vertrauen zu schenken. Denn: »Ohne Verantwortungsübernahme der Bürgerinnen und Bürger für ihre eigenen Angelegenheiten, auch für die öffentlichen, gibt es keine Demokratie.« Die Fragen: Wie leben wir im Alter?, Wie sorgen wir füreinander? sprechen eine Herausforderung an, die auf die Agenda der lokalen Politik gehört, nicht nur in den Bundestag. Wie resonanzfähig das Thema vor Ort ist, zeigen Veranstaltungen zum Thema »Älter werden in der Gemeinde oder Caring Communities«. Ob in der Ortschaft Irslingen, in Kirchheim am Neckar oder einem der anderen inzwischen knapp 100 Orte, in denen wir zum Thema Caring Community oder ambulant betreute Wohngemeinschaften unterwegs sind, wo das Thema »Bürgergemeinschaften« aufgerufen wird: Es kommen meist weit über 100 Bürger*innen, die bereit sind, sich aktiv einzubringen, wenn es darum geht, Bedingungen guten Lebens für alte Menschen zu gestalten. Die Caring Community ist auf kommunal- und lokalpolitischer Ebene ausgesprochen resonanzfähig. Das gilt auch für Großstädte: im Berliner Bezirk Treptow-Köpenick wird unterstützt von Ines Schilling, der Sozialraumkoordinatorin, das Leitbild für unterschiedliche Sozialraumentwicklungsprojekte aufgegriffen: von Palliative Care bis zu Initiativen im Cosmos Viertel, einem der sozialen Brennpunkte Berlins.

11

Aufstand der Alten?

AUFBRÜCHE ZU NEUEN FORMEN DES WOHNENS UND SORGENS

Wohngemeinschaften im Alter, Bürgergenossenschaften für die Daseinsvorsorge vor Ort, Wohngruppen für Menschen mit Demenz im Quartier – vielfältig sind die Beispiele, in denen sich Bürgerinnen und Bürger auf den Weg machen, neue Formen des Wohnens und Sorgens zu entwickeln. Mit Breitenwirkung.

Manche mögen sich noch an die dreiteilige ZDF-Sendung mit dem Titel »Aufstand der Alten« erinnern. Die Geschichte war gruselig. Der Film spielte im Jahr 2030 und zeichnete das Bild eines zerrissenen Landes, der Rentnerrepublik Deutschland. Es war eine Frage des Geldes geworden, ob ein Mensch in Würde altern und sterben kann – komfortabel zu Hause, versorgt durch transnationale Pflegekräfte. Der Export der armen Alten aus Deutschland nach Afrika, dahinvegetierend auf Pritschen, wurde als zynische Umkehrung des Flüchtlingsdramas gezeigt. Der eigentliche Ausweg, der skizziert wurde, war der des »freiwilligen, sozial verträglichen Frühablebens«. Auch hierfür gab es einen Leistungskatalog der Krankenkassen. Die zunehmende Spaltung der Gesellschaft in Arm und Reich wurde dokumentiert, wenn etwa die Wohlhabenden, die sogenannten »Woopies«, die well-off-older-people, mit Anti-Aging-Strategien jung gehalten, vom »Kommando Zornige Alte« mit Fettbeuteln und Silikonkissen beworfen wurden.

Die Geschichte bediente die Katastrophenängste der Bevölkerung. Frank Kittelberger griff sie in einer Tutzinger Akademietagung 2019 wieder auf, um den aktuellen Diskurs zu beleben. Die Szenarien waren ja keineswegs völlig unrealistisch:

- der Export von Älteren nach Thailand
- Heime für Deutsche in Polen, Rumänien und der Slowakei, mit deutschen Firmennamen und dem Versprechen: »Hier spricht man Deutsch.«

Die Motive, Patientenverfügungen zu unterschreiben, speisen sich bei vielen Bürgerinnen und Bürgern aus der Angst, einmal ihre Würde zu verlieren, anderen zur Last zu fallen, ein als sinnlos erlebtes Leben ertragen und durchleiden zu müssen. Auch die Diskussionen um die Legalisierung des assistierten ärztlichen Suizids sind nicht weit entfernt vom sozialverträglichen Frühableben auf Krankenschein.

In einer Diskussion mit einer ehemaligen pflegenden Angehörigen, die aus ihrer Sicht acht harte Jahre mit ihrem schwerkranken Ehemann durchgemacht hat, betonte auch sie: »Das möchte ich nicht erleben, da werde ich mir einen Sterbeplatz in den Niederlanden besorgen.« Gerade für die Individualisten, die vielen Singles und die »Woopies« ist das Thema hohes Alter und Verlust der Selbstständigkeit ein angstbesetztes Thema.

Der Film »Aufstand der Alten« bietet aber auch andere Bilder an, Bilder von Menschen, die sich zusammentun, in Kommunen, Altenwohngemeinschaften. Schon heute entstehen neue Wohnmodelle, etwa Rentnerdörfer, in denen die wohlhabende obere Mittelschicht wohnt und die häufig von großen Hotelketten wie Hilton oder Sheraton betrieben werden, etwa die Sun Citys oder die Retirement Villages. So entstanden in Australien, in Brasilien, in den USA und vielen anderen Ländern ganze Stadtteile oder eben Villages: beschützte, durch Sicherheitsdienste bewachte Dörfer mit Marinas für die sehr Wohlhabenden, in jedem Fall guided. Am Wochenende kommen dann die Verwandten in die Restaurants, die kleine Mall, die Kinos und besuchen die Freizeitattraktionen. Golfplätze sind obligatorisch – und nicht nur einer, wenn möglich.

Es kann aber nicht die Lösung sein, dass sich die reichen Alten ein gutes Leben erlauben können, ob in Deutschland oder in Übersee, und die Flowerpower-Generation sich den Traum einer End-of-life-Kommune gönnt oder zumutet, während viele andere auf der Strecke bleiben. Die an den Horizont gemalten Schreckgespenster von der Pflegekatastrophe lassen ein solches Versagen des Sozialstaates als nicht unwahrscheinlich erscheinen. In den Ländern, die keine Absicherung für den Versorgungsbedarf im hohen Alter kennen, und das sind viele, ist das Szenario noch realistischer als in den sozialstaatlich organisierten Ländern. Aber auch in Deutschland scheint eine Spaltung der Altersgesellschaft in Arm und Reich vielen Bürgerinnen und Bürgern nicht mehr ganz abwegig. Wir brauchen für die nächste Generation, für die nächsten Jahrzehnte, in denen eine große Zahl an »verletzlichen«, in ihrer Selbstständigkeit stark eingeschränkten Menschen unter uns leben werden, und zu ihnen werden auch wir gehören, andere Perspektiven für das »verletzliche« Alter.

Vielfältige Wohn- und Lebensformen gehören zu solch einer Perspektive. Sicher wird die Familie weiterhin eine zentrale Rolle in der Sorge um ihre Angehörigen spielen. Aber auch andere Formen des Zusammenlebens, der kleinen Lebenskreise in Freundschaften, Wohn- und Hausgemeinschaften, Kirchengemeinden und Nachbarschaften werden gefragt sein – für all die, die nicht primär auf ihre Familien setzen können oder wollen – und auf Wahlverwandtschaften verwiesen sind.

Wir können mit unserer Vorstellung von Familie nicht im klassischen Familienbegriff verharren und auf die im Übrigen gar nicht so romantische Großfamilie zurückblicken. Die gab es bei genauerer, historisch informierter Betrachtung so auch kaum. Auch werden ihre Leistungsfähigkeit und das Ausmaß der am Wohl ihrer Familienmitglieder orientierten Solidarität häufig überschätzt. Selbst der Rückgriff auf die guten alten Zeiten der Familienpflege stellt sich als Geschichtsklitterung heraus. Die durchschnittliche Dauer der Versorgung und Begleitung von heute sogenannten Pflegebedürftigen im Jahre 1935 soll drei Monate betragen haben, heute beträgt sie acht Jahre. Die von der erwerbstätigen Bevölkerung verlangte Flexibilität, die für die Zukunft zu erwartende höhere Erwerbsbeteiligung von Frauen, die Zunahme von Ein-Personen-Haushalten und das schlichte Fehlen der Kindergeneration in der Babyboomer-Generation lassen den Rückgriff auf die heute noch dominante Partner-, Schwieger- sowie Töchterpflege nicht zu. Auch die Anzahl derer, die als pflegende Angehörige über Jahre einen Menschen mit Demenz versorgten und zu einem großen Teil klinisch depressiv wurden, ist alarmierend und lässt das Familienmodell nicht als fair und tragfähig erscheinen.

Wir dürfen pflegende Familien nicht länger alleinlassen, wie zahlreiche wissenschaftliche Studien zeigen. Das alltägliche Schicksal heutiger Pflegefamilien wird wesentlich seltener thematisiert als Skandale in Pflegeheimen. Sie bieten die Alternative zur häuslichen Versorgung. Die von einer großen Zahl von älteren Menschen bevorzugten Seniorenresidenzen gibt es nur für eine absolute Minderheit der »Senioren«. Die meisten können sich solche Wohnformen schlicht nicht leisten.

Seniorenresidenzen sind die lokalen Vorläufer von Retirement Villages – aber immerhin am Ort. Auch Formen des betreuten Wohnens sind in ihren unterschiedlichen Preisniveaus nicht überall und für jeden zu haben und werden überdies schnell zu Formen des »bereuten Wohnens«, da die Versorgungserwartungen, die mit dem betreuten Wohnen verbunden werden, dort oft nicht eingelöst werden können. Da helfen auch keine Qualitätssiegel. Eine gute Versorgung, Wohlergehen im Alter auch mit Blick auf die Vulnerabilität hängen entscheidend davon ab, dass ich an einem Ort lebe, an dem eine gute professionelle Versorgung verbunden ist mit einer mich tragenden Art und Weise des aufeinander bezogenen Lebens und Wohnens, den Alltag stützenden Dienstleistungen und befriedigenden und zugewandten Beziehungen. Ein solcher Lebensort kann entstehen, auch in Heimen, auch in Formen des betreuten Wohnens. Vor allem aber in selbst organisierten Formen des aufeinander bezogenen Lebens und Wohnens. Ob ein solcher Lebensort entsteht, hängt weniger von der formalen Qualität einer Dienstleistung ab, etwa einer »Pflegenote« oder einem Qualitätssiegel, wenn es sich um eine Institution handelt. Entscheidend ist vielmehr, dass ich als Person wertgeschätzt werde, mir meine Autonomie und das Empfinden von Selbstwirksamkeit erhalten bleiben, dass ich vertrauen kann in die menschlichen Beziehungen, die mich tragen, und dass ich mich in wechselbezügliche Solidarität eingebunden weiß. Das klingt vielleicht theoretisch, lässt sich aber an vielen Orten als gelingende Praxis und Alltag beobachten. Solche Beispiele lieferte auch die ZDF-Reihe »Aufstand der Alten«. Formen gemeinschaftlichen Wohnens und Lebens kennen auch eine rein zweckrationale Ebene: Es ist billiger, man kann füreinander sorgen, gemeinsam wirtschaften, ist nicht allein. Wir kennen sie – vielleicht auch aus unserer Nachbarschaft und Umgebung: Mehrgenerationenwohnprojekte, fast unsichtbare Formen nachbarschaftlicher Unterstützung in einer Reihenhaussiedlung, in der man erst die Kinder großgezogen hat und dann füreinander im Alter da ist und in mancherlei Hinsicht gemeinsam wirtschaftet. Der Spiegel berichtete von fünf Hamburgern, die einen Ausweg aus ihrer Einsamkeit suchten und eine WG gründeten (vgl. Hardinghaus 2013). Projekte für Schwule und Lesben, aber auch für Menschen mit Zuwanderungsgeschichte sind zumindest aus den urbanen Gebieten bekannt. Die Attraktivität solcher Wohnformen nimmt zu, und viele sehen in ihnen eine Perspektive für ein erfülltes und von Sorge getragenes Alter.

Zur Ikone für die Attraktivität neuer Wohnmodelle ist der frühere Bremer Bürgermeister Henning Scherf avanciert. Er lebt inzwischen über 20 Jahre mit vier Paaren in einer Hausgemeinschaft, in der sie sich Aufgaben teilen, eine Kultur des Zusammenlebens praktizieren und auch das Versprechen gegeben haben, im Falle der Krankheit und Unterstützungsbedürftigkeit füreinander da zu sein. Nicht umsonst ist sein Buch »Grau ist bunt« zum Bestseller geworden. Es beschäftigt sich mit der Sehnsucht vieler älter werdender Menschen nach einem gelingenden und von Zuversicht geprägten Leben im Alter. Scherf macht Mut, den eigenen Weg zu suchen und sich nicht allein institutionellen Antworten anzuvertrauen. Es gibt noch viel mehr gute und mutmachende Beispiele. Wenn man etwa Ursula Schnell von der Bremer Heimstiftung im Haus am Viertel (www.bremer-heimstiftung.de) bei ihrer Arbeit zuschaut oder sie in dem Film sieht, der im Rahmen des Projektes SONG (Soziales neu gestalten, www.netzwerk-song.de) gedreht wurde, kann einem ganz warm ums Herz werden: Ursula Schnell praktiziert Quartiersarbeit, sie ist eine Architektin der sozialen und warmherzigen Begegnung in einem Stadtteil Bremens, in dem Menschen mit sehr unterschiedlicher Lebensgeschichte und Herkunft ihr Leben im Alter gestalten, und das unter Einbeziehung aller Generationen, mit integriertem Kindergarten und Kulturzentrum.

Auch die »Lebensräume für Jung und Alt« der Stiftung Liebenau (www.stiftung-liebenau.de) gehören zu diesen guten Beispielen. Seit Jahrzehnten wird in den Lebensräumen für Jung und Alt an vielen Orten am Bodensee generationenübergreifend alltägliche Solidarität praktiziert. Alleinerziehende leben zusammen mit alleinstehenden alten Menschen und sorgen füreinander, professionell begleitet, freiwillig, aber mit einer entsprechenden »Gelegenheitsstruktur«. Man trifft sich, kennt sich, hat gemeinsame Aufgaben. Die »Freie Scholle« in Bielefeld (www.freie-scholle.de) gilt als eines der Musterbeispiele genossenschaftlicher Wohnformen, in denen die »Genossen« sich umeinander kümmern, aber auch dafür sorgen, dass es professionelle Unterstützung gibt. Sie stellen als Mieterinnen und Mieter, oder eben »Genossen«, eine Sozialarbeiterin ein, die dafür sorgt, dass gegenseitige Unterstützung funktioniert, fachliche Hilfe dann geholt wird, wenn es notwendig ist, und Krisensituationen rechtzeitig erkannt und aufgefangen werden können. Aus dem kleinen Lebenskreis der Nachbarschaft des Quartiers eines Mietshauses ist eine lokale, sorgende Community entstanden – nicht sich selbst überlassen, nicht aus der Not und anarchistisch entstanden, wie im »Aufstand der Alten« gezeigt, sondern durchaus intelligent geplant, arrangiert und koordiniert.

Das Bielefelder Modell
Theresia Brechmann, Bielefeld

»Wohnen mit Versorgungssicherheit ohne Betreuungspauschale« lautet das Motto der Bielefelder Gem. Wohnungsgesellschaft BGW. Das kommunale Wohnungsunternehmen mit 13 000 Wohnungen entwickelte 1996 gemeinsam mit dem Verein Wohnprojektberatung neue Wohn- und Angebotsformen für alte, behinderte und pflegebedürftige Menschen. Die Stadt Bielefeld unterstützte das Modellvorhaben, welches durch seinen großen Erfolg nun viele Nachahmer findet.

Alle 500 bis 1000 Meter entsteht ein schwellenfreies Wohngebäude mit Wohncafé, Servicebüro, Gästewohnung und Zwei- und Dreizimmerwohnungen. Der ambulante Dienst steht alten und behinderten Menschen, Familien und jungen Menschen in Not im Haus und im umliegenden Wohnviertel rund um die Uhr mit vielfältiger Dienstleistung zur Verfügung.

Der ambulante Dienst erhält von der BGW ein Vorschlagsrecht für die Vermietung von sechs bis acht Wohnungen an Menschen mit hohem Hilfebedarf. Diese sichern dem ambulanten Dienst die Finanzierung des Helferteams.

Gemeinsam werben Wohnungsunternehmen und ambulanter Dienst ehrenamtlich tätige Bürger. Derzeit organisieren über 500 ehrenamtlich tätige Bürger die Wohncafés, Nachbarschaftshilfe, die Betreuung von Menschen mit Demenz, Hobbygruppen und Stadtteilinitiativen.

Die Bürgerselbsthilfe in überschaubaren Wohnvierteln fördert die Gemeinde von unten, die Nachbarn füreinander da sein lässt. Das Konzept wird von der Kommune getragen, und so kam es zu folgendem einstimmigen Ratsbeschluss der Stadt Bielefeld vom 10.05.2007:

• Der Rat fühlt sich bei Angeboten für Pflegebedürftige dem Grundsatz »Ambulant vor stationär« weiterhin verpflichtet.

• Der Rat sieht bis auf Weiteres keinen Bedarf an zusätzlichen Plätzen in stationären Alten- und Pflegeeinrichtungen. Der Schwerpunkt der

Weiterentwicklung eines Unterstützungs- und Hilfeangebotes ist primär auf stadtteil- und wohngebietsnahe, ambulant betreute Wohnformen zu legen. Soweit sich mittelfristig ein weiterer Bedarf an stationären Pflegeplätzen abzeichnet, sollen durch die Stadt Bielefeld gesteuerte, dezentrale und kleinteilige Bauvorhaben verfolgt werden.

Grundlage der gemeinsamen Arbeit von Bürgergemeinschaften, ambulanten Diensten, Wohnungsunternehmen und Kommune ist der Gedanke, dass alle einen Gewinn von den Angeboten im Wohnquartier haben sollen. Jedes Projekt sieht anders aus und orientiert sich an der Kultur der beteiligten Bürger vor Ort. Andere Kommunen haben die Idee übernommen und gestalten von Hamburg bis München neue Wohn- und Versorgungsformen für Menschen im Wohnviertel. Das Versorgungsmodell aus Bielefeld ist einfach, denn es beginnt mit den Menschen, die den höchsten Hilfebedarf haben. Sie werden zuerst in das Wohnprojekt integriert. Jede Hilfe ist wählbar und erfolgt nach Wunsch und Bedarf. Die Familien behalten eine mitverantwortliche Aufgabe für pflegebedürftige Angehörige und Freunde und pflegen ein Leben lang ihr Wohnprojekt und ihr Wohnviertel, denn es gibt Sicherheit für alle Bürger.

Ein weiteres Beispiel ist die Initiative diakonischer Hausgemeinschaften in Heidelberg (www.mehrgenerationenhaus-heidelberg.de). Sie betreibt das Mehrgenerationenhaus Heidelberg, eines von insgesamt 450, die vom Bundesfamilienministerium gefördert werden. Es ist eine Agentur für die Pflege guter Nachbarschaft, »ein Dorf in der Stadt, eine Werkstatt für menschlichere Spielregeln«, wie es die Initiatoren beschreiben. In einer offenen »Vielfaltsgemeinschaft« sollen Modelle für gegenseitige Unterstützung entstehen. Junge und Alte, Familien und Alleinstehende, Menschen in glücklichen und in schwierigen Lebensphasen sollen in dem Quartierszentrum eine besondere Lebensqualität erfahren. Nicht kommerzielle Aspekte prägen die Spielregeln des Miteinanders, sondern ein Gefühl der Gemeinschaft: Freundschaften entstehen, Kinder entdecken gemeinsam die Welt, Ältere treffen sich zum Kaffee. Es wird gemeinschaftlich gekocht und gegessen, gesungen, musiziert und fürs Leben gelernt, so beschreibt die Initiative ihren Arbeitsansatz. Dabei geht es mitnichten nur um Pflege. Es geht um Kinderbetreuung, um Reparaturdienste, um Unterstützung im Haushalt, um Fragen der Mobilität, um die gemeinsame Nutzung von technischen Geräten: Formen der gemeinschaftlichen Sorge und des gemeinschaftlichen Wirtschaftens.

Auch in Gelsenkirchen, »auf« Schalke, finden sich solche sorgenden Gemeinschaften, auch wenn sie sich selbst nicht als solche bezeichnen würden. Die schon seit Langem bestehende Initiative ZWAR, zwischen Arbeit und Ruhestand (www.zwar.org), richtet sich an Menschen in den Fünfzigern, berufstätig oder im Vorruhestand, die ihre Freizeit und Zukunft mit anderen aktiv gestalten wollen. Gesellschaftliches Engagement, Eigeninitiative und Eigenverantwortung können auf diese Weise gefördert werden, und das in einer Stadt, die vor großen sozialen Herausforderungen steht. Der Gelsenkirchener Oberbürgermeister Frank Baranowski ist beeindruckt von der vielfältigen und robusten Struktur, die in seiner Stadt entstanden ist, um älter werdenden Menschen ein aktiveres, geselligeres und auch besseres Leben zu ermöglichen.

Vierzehn ZWAR-Gruppen haben sich inzwischen gebildet, darunter auch einige türkischsprachige. Achtzig Nachbarschaftsstifter sind an vierunddreißig Standorten in Gelsenkirchen ansprechbar, auch auf Schalke. Besonders beeindruckt davon zeigt sich die Nachbarschaftsstifterin Necla Cifci: Sie ist so erfüllt von der Freiwilligenarbeit, von ihrem Einsatz in der Nachbarschaftspflege, dass sie ihre Berufstätigkeit reduzierte, um mehr Zeit für die Aufgaben zu haben, die für sie »wirklich wichtig und erfüllend« sind. In den Städten an der Ruhr, die von dramatischer Finanzknappheit geprägt und mit großen Herausforderungen hinsichtlich der Bevölkerungsentwicklung konfrontiert sind, machen solche Beispiele Mut. Sie zeigen aber auch: Bürgermeister müssen die Verantwortung annehmen, sich hinter solche Initiativen stellen und bei aller Finanzknappheit dafür Sorge tragen, dass sie ein professionelles Back-up haben.

Das ist in besonderer Weise in der Staat Ahlen geschehen: Ein beeindruckendes Netzwerk aus Dienstleistern, Professionellen und Freiwilligen ist dort seit 1990 entstanden. Die Heimaufnahmen konnten um 60 Prozent reduziert werden. Hierbei haben sich folgende Schlüsselbegriffe herausgebildet, die für eine professionelle Flankierung gesellschaftlicher Solidarität im Kleinen und im Großen wichtig sind: eine gute Kooperation professioneller Dienstleister, der Aufbau von tragfähigen Nachbarschaftsstrukturen und die Begleitung von pflegenden Angehörigen. Es gibt viele mutmachende Antworten auf den demografischen Wandel und eine Gesellschaft des langen Lebens. Eine mögliche zeigt sich in der Gemeinde Weyarn (www.weyarn.de). Hier geht nichts ohne die Beteiligung der Bürger. Der Bürgermeister Michael Pelzer stand für diesen konsequenten Weg der Bürgermitwirkung. Der Gemeinderat musste Macht abgeben und konnte gleichzeitig darauf setzen, dass die Bürgerinnen und Bürger Verantwortung übernehmen, so sein Credo. Er stellte Mittel für die professionelle Begleitung und für Qualifizierungsmaßnahmen von Bürgerinnen und Bürgern und Verwaltung bereit, damit die Bürgerbeteiligung auch effizient und mit Lernprozessen auf beiden Seiten verbunden ist. Des Weiteren stehen Budgets zur Verfügung, mit denen Bürger*innen öffentliche Aufgaben und eigene gemeinwohlbezogene Anliegen realisieren können. Der Arbeitskreis Altersplanung etwa hat einen eigenen Seniorenratgeber herausgegeben, er organisiert regelmäßige Begegnungen zwischen Alt und Jung und hat das Projekt »Klinikpaten« umgesetzt, in dem Ehrenamtliche Senioren in den ersten Stunden und Tagen nach ihrer Entlassung aus dem Krankenhaus zur Seite stehen.

Weyarn kann eine beeindruckende Demokratiebilanz vorweisen. Und Bürgermeister a.D. Pelzer ist davon überzeugt, dass sich nur in diesem Miteinander von Verwaltung, Bürgerinnen, Bürgern und Unternehmen die Herausforderungen der Zukunft meistern lassen. Er sieht es als eine Pflichtaufgabe der Kommune, in dieser Weise für die Zukunftsfähigkeit seines Dorfes zu sorgen, und kann seine Kollegen nicht verstehen, die sich den demografischen Wandlungsfragen nicht intensiv widmen.

Bürgermeister Wörner in Dürmentingen ging ebenfalls einen eigenen Weg, um die Beteiligung von Bürger*innen in seinem Dorf zu fördern und in der Gemeindeverfassung, in der Hauptsatzung, abzusichern: Dort wurde ein Vorschlagsrecht für Bürgerinnen und Bürger verankert. Sie können beantragen, dass und wie öffentliche Aufgaben wahrgenommen und organisiert werden, unter Beteiligung von bürgerschaftlichem Engagement. Vorschläge zu einem Bürgerhaus, zur Freiwilligen Feuerwehr, zur Energieversorgung gehören zu den Initiativen aus der Bürgerschaft – mit beeindruckenden Ergebnissen.

Beeindruckend ist auch, was Bürgermeister Uwe Behnke in der Gemeinde Schönfeld in Brandenburg mit seinen 580 Bürgerinnen und Bürgern auf die Beine gestellt hat. In Schönfeld sieht man deutlich, was in kleinen Gemeinden unter schwierigen Rahmenbedingungen für den sozialen Zusammenhalt aller Generationen geleistet werden kann. Das Gemeindehaus, der Dorfanger sind zum Treffpunkt für Jung und Alt geworden. Es wurde ein Nachbarschafts- und Begegnungszentrum ins Leben gerufen, dessen Küche nicht nur ältere Menschen und Menschen, die nicht mehr aus dem Haus kommen, mit warmen Mahlzeiten versorgt, sondern auch die Kindertagesstätte des Ortes. Eine Bibliothek und ein Fitnessstudio sprechen unterschiedliche Altersgruppen im Dorf an. Das Schwimmbad am Dorfrand wird im Miteinander von Ehrenamtlichen und Gemeinde betrieben und kann auf diese Weise erhalten werden. Der regelmäßig tagende Bürgerstammtisch hat ein von allen getragenes Leitbild formuliert: Niemand soll Schönfeld verlassen müssen, weil es an den Rahmenbedingungen für ein schönes Leben fehlt, so steht es auf der Homepage des Ortes. Es zeigt sich, dass zwei Gruppen besondere Unterstützung in der Gemeindepolitik brauchen: Familien mit Kindern und die oftmals allein gebliebenen Hochbetagten. In Schönfeld wurde eine bereits verzogene kinderreiche Familie zurückgeholt, indem ihr durch die Zusammenlegung zweier Wohnungen in einem Haus aus Gemeindebesitz ein passendes Wohnungsangebot unterbreitet wurde. Durch freiwilliges Engagement und Nachbarschaftshilfe können die Pendler die Sorge um ihre Angehörigen und deren Pflege mit ihrer Erwerbsarbeit vereinbaren. Das Wichtigste: Man pflegt die gemeinsame Kultur und identifiziert sich mit der Gemeinde.

Im Schammatdorf, einem Dorf für Behinderte und NichtBehinderte, Junge und Alte, Ärmere und Reichere, Mieter und Eigentümer, Einheimische und Auswärtige, leben knapp dreihundert Menschen zusammen, unter ihnen Malu Dreyer, Ministerpräsidentin von Rheinland-Pfalz. Hier will sie alt werden, selbstbestimmt, aber nicht allein.

Die Gemeinde Eichstetten am Kaiserstuhl hat Ende der 90er-Jahre einen neuen »Generationenvertrag« im Dorf »abgeschlossen«. Alt-Bürgermeister Kiechle hatte früh erkannt, dass ältere Menschen sich mehr und mehr fragen, ob einmal für sie gesorgt sein wird. Aus dem ehemaligen Krankenpflegeverein der Kirchengemeinde wurde die Bürgergemeinschaft, in der fast die Hälfte der Haushalte Mitglied ist. Sie betreibt eine Anlage mit barrierefreien Wohnungen für ältere Menschen, ein Bürgerbüro mit Treffpunkt, das die gegenseitige Unterstützung organisiert, und eine Wohngruppe für Pflegebedürftige und Menschen mit Demenz, den Adlergarten. Auch die Kernzeitbetreuung der Kinder ist Aufgabe der Bürgergemeinschaft. Durch die Mixtur aus ehrenamtlichem Engagement, nebenberuflicher Tätigkeit und professioneller Begleitung ist ein tragfähiger Hilfemix entstanden.

Man musste sich gegen die Investoren und großen Träger wehren, die behaupteten, nur eine Altenhilfeeinrichtung mit mehr als 40 oder gar 80 Plätzen würde sich rechnen. Für Eichstetten, eine schuldenfreie Gemeinde, rechnet sich auch die Wohngruppe. Die Bürgerinnen und Bürger identifizieren sich mit der Bürgergemeinschaft und leben Solidarität gegenüber ihren vulnerablen Mitbürgerinnen und Mitbürgern. Der Adlergarten ist Mitglied im Freiburger Modell, einem Netzwerk von Wohngruppen für Menschen mit Demenz, das die Prinzipien der geteilten Verantwortung verfolgt: Angehörige, Freunde und Ehrenamtliche teilen sich auf Augenhöhe die Verantwortung für die Sorge der auf Pflege angewiesenen Menschen mit beruflichen Helfern und Professionellen. Eichstetten ist nicht nur wegen seines Weins und der ökologischen Landwirtschaft, sondern gerade wegen seines neuen Generationenvertrages zu einem Mekka für soziale Initiativen und engagierte Bürgermeister geworden.

So ließen sich viele Geschichten erzählen, wie in unterschiedlichen Regionen auf unterschiedliche Art und Weise immer mehr Bürgerinnen und Bürger zusammenarbeiten. Durch das Zusammenwirken der Gemeinde mit professionellen Versorgungsformen und Strukturen ist vielerorts eine Kultur der Sorge entstanden, die sich als Antwort auf die Herausforderungen des demografischen Wandels lesen lässt. In Oberried bei Freiburg und anderen Umlandgemeinden und Ortsteilen wurde der Prozess der Gründung von Bürgergenossenschaften angestoßen, die Aufgaben der Daseinsvorsorge – vom Dorfladen, dem Bürgerbus über Hilfe von Haus zu Haus bis zu einer Wohngruppe für auf Pflege angewiesene Menschen – für den örtlichen Bedarf gemeinwirtschaftlich organisieren sollen, mit großer Resonanz in der örtlichen Bevölkerung. Studierende, die sich intensiv mit dem Genossenschaftsgedanken auseinandergesetzt haben, meldeten den Freiburger Genossenschaftsinitiativen zurück: Ihr macht uns Jungen Mut, wenn ihr in dieser Weise in den sozialen Zusammenhalt unserer Gesellschaft im Kleinen und den Zusammenhalt der Generationen investiert. 2019 steht die Gründung nach manchen Irrwegen auf der Agenda: die Aufgaben reichen von Energieversorgung, Mobilität, Wohnungen bis zur ambulant betreuten Wohngruppe. All diese Ansätze sind Beiträge, die die Sorgefähigkeit einer modernen Gesellschaft weiter- und neu entwickeln. Sie machen Mut, setzen Energien und Gestaltungskraft frei. Sie aktivieren Bürgerschaft und neue Gemeinschaften. Viele haben sich aufgemacht, sich den Herausforderungen des demografischen Wandels zu stellen. Das ist kein Aufstand der Alten, das sind Aufbrüche und Investitionen in die Zukunftsfähigkeit unserer Lebensorte.

12

»Weiter so« geht nicht.
Aber wie geht es weiter?

WARUM DIE PFLEGEVERSICHERUNG GRUNDLEGEND
REFORMIERT WERDEN MUSS

**Das Vertrauen der Bevölkerung in die Pflegepolitik ist gering.
Ob Pflegestärkungsgesetze oder Konzertierte Aktion Pflege:
Grundlegende Fragen der Sicherstellung der Pflege werden von der
Politik nicht in Angriff genommen – auch wenn im Maschinenraum der
Pflegeversicherung kräftig gearbeitet wird: neuer Pflegebedürftigkeits-
begriff, neues Begutachtungsverfahren, neues Qualitätssicherungs-
konzept. An einer Strukturreform kommt man nicht vorbei.
Wie könnte ein Weg eingeschlagen werden, der die Sorgefähigkeit
der Gesellschaft im intelligenten Mix zum Ziel hat?**

Die Zahlen liegen auf dem Tisch: die Anzahl der Menschen
mit Pflegebedarf wird steigen, die Möglichkeiten, die Fähigkeiten und die Bereitschaft, Pflegeaufgaben innerhalb von
Familien zu übernehmen, werden sinken. Gleichzeitig werden uns bis zum Jahre 2030 etwa 500 000 Arbeitskräfte – davon etwa 200 000 Fachkräfte – allein in der Langzeitpflege
fehlen. Es sieht auch nicht so aus, als ob Deutschland das Ein-
wanderungsland für Pflegekräfte wäre. Fraglich ist auch, ob
wir in den nächsten Jahrzehnten unendlich viel mehr Finanzen werden aufbringen können, um die Solidarität mit pflegebedürftigen Menschen als umfassend staatlich finanzierte

Dienstleistung zu organisieren – wie dies etwa vonseiten der Gewerkschaften vorgeschlagen und gefordert wird. Die Pflegereformen der letzten Legislaturperioden sind ganz wesentlich an der Frage der Finanzierung gescheitert. Ich halte eine wieder in der Diskussion befindliche Vollkaskoversicherung für die Pflege nicht nur finanziell, sondern vor allen Dingen kulturell für keinen sinnvollen Weg. Damit ist nicht gesagt, dass nicht mehr Geld für die Unterstützung, Pflege, Entlastung pflegender Angehöriger und stützender Infrastruktur aufgebracht werden müsste, damit das Vertrauen gestärkt wird, mit der Pflege nicht alleingelassen zu werden. Auch an einer Finanzierungsreform der Pflege kommt man nicht vorbei (s. Kapitel 13).

Andere Länder geben wesentlich mehr Geld pro Kopf für die Unterstützung ihrer vulnerablen Mitbürger*innen aus als Deutschland, Schweden etwa viermal so viel. Doch die Lösung liegt nicht (allein) darin, mehr Geld zur Verfügung zu haben. Wir müssen einen Weg finden, die Sorgeaufgaben in der Gesellschaft verlässlich zu organisieren und in eine Kultur der gegenseitigen Aufmerksamkeit und Solidarität einzubinden. Auch benötigen wir einen kulturell essenziellen und unter Ressourcengesichtspunkten effizienten Hilfemix, ein Miteinander von

- einander nahen Menschen – in Familien und Wahlverwandtschaften oder anderen kleinen Lebenskreisen,
- Nachbarn,
- beruflichen Helfern, sowohl in Vollzeit als auch im Nebenerwerb,
- Professionellen im engeren Sinne, etwa Pflegekräfte, Ärzte, Sozialarbeiter,
- bürgerschaftlich Engagierten unter Einbeziehung von technischen Hilfen.

Der neue Pflegebedürftigkeitsbegriff hat den Kreis der Leistungsberechtigten erweitert. Das ist ebenso zu begrüßen wie die pflegewissenschaftliche Fundierung des Pflegebedürftigkeitsbegriffes – wenn all das denn auch Auswirkungen für die Versicherten hätte. Allein ein neuer Pflegebedürftigkeitsbegriff beeinflusst aber nicht die Herausforderungen der nächsten Jahrzehnte, die ich am Anfang dieses Kapitels beschrieben habe. Deshalb gilt mehr denn je: Grundlegende Reformen sind gefragt.

Es war eine sozialpolitische Leistung, in den 90er-Jahren (endlich) eine Pflegeversicherung einzuführen, das allgemeine Lebensrisiko Pflege anzuerkennen und die Pflege (partiell) aus der Sozialhilfe auszugliedern. Ohne die Finanznot der Kommunen wäre sie allerdings wohl nie zustande gekommen. Denn die stöhnten unter den Lasten der Sozialhilfe. 60 Prozent der Pflegeheimbewohner waren auf Sozialhilfe angewiesen, und das war teuer für die Städte und Gemeinden. Durch die Pflegeversicherung wurden sie spürbar entlastet. Auch wenn 2017 die Sozialhilfeausgaben auf einem Tiefstand waren, was u. a. mit der Umstellung von Pflegestufen auf Pflegegrade zu tun hatte, stiegen sie bereits 2018 deutlich und werden weiter zunehmen. 40 bis 50 Prozent der Pflegebedürftigen sind in Heimen auf ergänzende Sozialhilfe angewiesen und werden so zu Taschengeldempfängern. Und verständlicherweise fürchten die Kommunen absehbare finanzielle Belastungen. Wurden sie doch gerade durch die Reform der Eingliederungshilfe um fünf Milliarden Euro entlastet. Bleibt die Frage, wann die Pflegeversicherung an die Reihe kommt, vielleicht zusammen mit der Eingliederungshilfe?

Sie ist im Laufe der Jahre an vielen Stellen nachgebessert worden. Fritz Baur, langjähriger Vorsitzender der Bundesarbeitsgemeinschaft der überörtlichen Sozialhilfeträger aus

Münster, diagnostizierte: »Es wurde nachgebessert, geflickt, korrigiert« (Baur 2013). Ein Blick in das Sozialgesetzbuch XI, das die Pflegeversicherung regelt, zeigt eindrücklich, wie ein zunächst recht übersichtliches Gesetz auch handwerklich zur Flickschusterei verkommt. Wer nicht Insider ist, versteht das Gesetz nicht. Eine Aufgabe, die von der Gesellschaft als eine der größten Herausforderungen der nächsten Jahrzehnte angesehen wird, kann allerdings nicht durch kleine Korrekturen und Leistungsverbesserungen beantwortet werden. Darüber besteht weithin Einigkeit.

Das betont auch Alexander Künzel von der Bremer Heimstiftung, der Sprecher des Zusammenschlusses innovativer Altenhilfeträger, die sich unter dem Akronym SONG, Soziales neu gestalten, versammelt haben: »Stoppt den Bau von Pflegeheimen, investiert ins Quartier, stärkt die Bereitschaft zur gegenseitigen Unterstützung und investiert in die soziale Architektur unserer Gesellschaft vor Ort.« Und weiter: »Schließen wir ein Heim in Bremen und setzen die Mitarbeiter in den Quartieren ein, könnten wir auf mindestens fünf Heime verzichten« (vgl. Ehret 2012).

Es ist nicht die Intensität der medizinischen Versorgung, die Menschen ins Heim zwingt. Es sind vorschnelle Heimeinweisungen aus dem Krankenhaus, ohne die Rehabilitationsmöglichkeiten auszuschöpfen. Es ist das Fehlen sozialer Unterstützung vor Ort: Der Eintritt in Heime ist meistens sozial und nicht medizinisch begründet. Das belegen viele Studien, auch wenn nicht von der Hand zu weisen ist, dass im Wesentlichen Menschen in Heimen leben, die intensive Assistenz und Pflege benötigen. Heime werden ihre Bedeutung behalten, aber wir dürfen unsere Versorgungserwartungen anders als Herr Söder in Bayern mit seiner Heimplatzgarantie nicht auf Heime lenken (s. Kapitel 6).

Von den Kapitalinteressen, die hinter dem Ausbau von Pflegeheimen stehen, war bereits die Rede. Heime können, wie Bodo de Vries vom Johanneswerk Bielefeld betont, wichtige und hilfreiche, quartiersbezogene Stützpunkte für Menschen sein, die in Wohngruppen oder allein leben sowie in Familien gepflegt werden. Schon Konrad Hummel hatte in den 80er-Jahren gepredigt: »Öffnet die Heime« (vgl. Hummel 1988). Das macht deutlich, dass die Zukunft der Heime in ihrem Gemeinwesenbezug liegen wird, und zwar mit folgenden Aufgabenbereichen: Technikeinsatz, professionelle Unterstützung und Absicherung nächtlicher Betreuung in den Haushalten.

In fachpolitischen Kreisen ist man sich schnell einig über die Ziele entsprechender Reformen. Folgende Aspekte sollten dabei im Vordergrund stehen:

- die Stärkung (fairer und verträglicher) familiärer und nachbarschaftlicher sowie örtlicher alltäglicher Unterstützung,
- eine effiziente Gestaltung professioneller Hilfe,
- eine präventive und rehabilitative Ausrichtung aller Hilfen und
- ein wirksamer Schutz der Menschen, die auf Assistenz und Pflege angewiesen sind.

Die alltäglichen Probleme, mit denen behinderte und pflegebedürftige Menschen und ihre Angehörigen zu kämpfen haben, lassen sich angesichts des demografischen und sozialen Wandels nicht allein mit einer Weiterentwicklung der Pflegeversicherung lösen.

Der Grund hierfür liegt unter anderem im gegliederten System der sozialen Sicherung. Die Versorgung von Menschen mit Pflegebedarf kennt Leistungen der gesundheitlichen, hauswirtschaftlichen und pflegerischen Unterstützung sowie der sozialen Teilhabe. Beteiligt sind die Pflegeversicherung, die Krankenversicherung und die Eingliederungshilfe. Diese Sicherungssysteme funktionieren höchst unterschiedlich. Die Pflegeversicherung kennt einen Teilleistungsanspruch bei sogenannter Pflegebedürftigkeit (Teilkasko), die Krankenversicherung einen umfassenden Anspruch auf Diagnostik, Therapie und Rehabilitation (Vollkasko). Das Bundesteilhabegesetz, das steuerfinanzierte Leistungen der Teilhabe gewährt, wird, wenn auch entschärft, nach Bedürftigkeitskriterien gewährt, d. h. abhängig vom Einsatz eigener Mittel aus Einkommen, Vermögen und den Leistungen unterhaltspflichtiger Angehöriger. Diese System- und Leistungsvielfalt ist für die betroffenen Menschen nicht überschaubar. Gerade für Menschen mit einem hohen Hilfebedarf hat dies zur Folge, dass notwendige Leistungen zum Teil gar nicht oder zu spät und vielfach unkoordiniert nebeneinander erbracht werden. Vom privaten Beratungsbedarf des Pflegebevollmächtigten der Bundesregierung war bereits die Rede. Dadurch kommen Menschen zu Schaden. Damit werden Chancen vertan, auf Pflege angewiesene Menschen darin zu unterstützen, ihr Leben in ihrem gewohnten sozialen Umfeld aufrechtzuerhalten und in einer Weise zu führen, die ihren Vorstellungen entspricht. Die Problemdiagnose ist bekannt: ein fragmentiertes und segmentiertes Hilfesystem. »Der Homo patiens irrt oftmals im Labyrinth der fragmentierten Versorgungslandschaft umher und erlebt seine eigene Reise des Odysseus« (Schulz-Nieswandt 2013).

Inzwischen wurden bundesweit sogenannte Pflegeberater, neudeutsch Case-Management-Stellen, bei den Kassen geschaffen, die auch dazu dienen, diese Unübersichtlichkeit für die Betroffenen handhabbar zu machen, ihnen Beratung anzubieten und sie in schwierigen Lebenssituationen zu begleiten. Das ist ein richtiger Ansatz, wenngleich er nicht flächendeckend und höchst unvollkommen umgesetzt wird. Denn das Case-Management gibt es nicht bei allen Kassen. Zum Teil wird es auch genutzt, um Kosteneinsparungen für die Krankenkassen zu erwirken. Manche Kassen setzen es sehr verantwortlich und professionell ein, vor allem, wenn sie mit den Kommunen zusammenarbeiten. Die Pflegeberatung der Kassen, aber auch Angebote der Kommunen werden wenig genutzt – und gekannt (Haumann 2018). Und eine Pflegeberatung allein macht eine Reform der Pflegeversicherung nicht überflüssig. Eine grundlegende Reform ist allerdings nicht einfach. Denn sie berührt Interessenlagen. Sie greift in den bisher in mancherlei Hinsicht durchaus lukrativen Markt ein. Sie stellt den Einfluss bisheriger Akteure, etwa der Pflegekassen, aber auch der Leistungserbringerverbände infrage. Und diese sind, insbesondere im stationären Bereich, gut organisiert. Die Pflegekassen unter dem Dach der Krankenkassen stehen den Ministerien nahe und sind zum Teil mit ihnen verschränkt. Sie geben sich weithin selbstzufrieden mit der Pflegeversicherung: Man hat sie deutlich verbessert, sie genießt bei der Bevölkerung Ansehen, ihre Leistungen werden in Anspruch genommen und als hilfreich empfunden. Aber sie reichen nicht aus. Kritische Stimmen betonen, dass die Pflegeversicherung nicht nachhaltig konzipiert ist. Und sie kennt viele Verlierer. Schon bei ihrer Einführung wurde Kritik laut. Lothar Späth, damals Ministerpräsident in Baden-Württemberg, wollte die Pflegeversicherung mit einer Stärkung von Seniorengenossenschaften verbinden und das Engagement von Bürgerinnen und Bürgern als Versicherungsbeiträge gelten lassen. Das war visionär. Die damals initiierten Seniorengenossenschaften, etwa die Riedlinger, sind noch heute Wallfahrtsorte für alle, die an neuen Konzepten in der Pflege interessiert sind. Die Bundeskanzlerin hat sie zu ihrem Zukunftsdialog eingeladen.

Die Grünen haben in den 1980er-Jahren eine erste Pflegeversicherung vorgeschlagen, und zwar als steuerfinanziertes Leistungsgesetz. Ironischerweise musste Andrea Fischer, die bisher einzige grüne Gesundheitsministerin, eine der wenigen Abgeordneten des deutschen Bundestages, die gegen die Pflegeversicherung gestimmt hatten, weil ein demografisches Risiko sich nicht umlagefinanziert auffangen lässt, die Pflegeversicherung in ihrer Amtszeit verantworten und weiterentwickeln.

Es gibt immer noch Anhänger der Idee, die Pflegeversicherung wieder abzuschaffen. Manche diskutieren dies im neoliberalen Fahrwasser und sehen eine Verpflichtung zur individuellen Vorsorge. Die AfD möchte das Geld der Versicherung in voller Höhe den pflegenden Angehörigen auszahlen – so die Forderung im bayerischen Landtagswahlkampf 2018. Man könnte mit guten Gründen ein einheitliches System konzipieren, indem Gesundheit, Teilhabe und Pflege zusammengefasst werden. Das ist indes nicht nur politisch unrealistisch, das macht auch keinen Sinn. Warum nicht? In den Konkurrenzen und Aushandlungsprozessen, die sich in der Krankenversicherung entwickelt haben, sowie in der wettbewerblichen Ausgestaltung des Rechts der gesetzlichen und privaten Krankenversicherungen hätten Pflege und Teilhabe keinen angemessenen Stellenwert. Noch heute ist die Pflegeversicherung für die Krankenkassen das »Schmuddelkind« und genießt nicht wirklich große Aufmerksamkeit. Nicht einmal zehn Prozent der Ausgaben der gesetzlichen Krankenversicherung machen die Ausgaben der Pflegeversicherung aus. Auch die Ansiedlung der Pflegeversicherung im Bundesgesundheitsministerium, ganz nah und in derselben Abteilung wie die Krankenversicherung, führt im Ergebnis dazu, dass der politische Gestaltungswille sich nicht zentral auf die Pflegeversicherung erstreckt – trotz anders lautender Rhetorik. Es gibt einen weiteren Grund, der dafür spricht, nicht alles in einem einheitlichen System zusammenzuführen, in einer Bürgerversicherung etwa. Es ist trotz aller Kritik eine Errungenschaft, dass das Lebensrisiko Pflege in einer Sozialversicherung abgesichert wird. Das Sicherungsniveau sollte nicht ohne Grund und Not aufgegeben werden. Immerhin stehen weit über 30 Milliarden Euro für die Pflege zur Verfügung. Die Versicherten haben Ansprüche erworben. Die Pflegeversicherung steht in der nächsten Haushaltskrise nicht zur Disposition. Das ist wichtig. Insofern sollte man bei der Pflegeversicherung bleiben, allein um das Geld zu sichern.

Ein drittes Argument spricht für das gegliederte System: Wenn man alles in eine Sozialversicherung integrieren will, was mit der Lebensgestaltung und der Unterstützung von Menschen mit Pflegebedarf und Behinderung entsteht, führt dies weiter zu einer Entpflichtung der Kommunen. Auf sie kommt es aber in besonderer Weise an. Gelebt und gepflegt wird vor Ort. Die Kultur gegenseitiger Unterstützung ist eine Frage der örtlichen Kultur. Infrastrukturen, Quartiersmanagement, innovative Versorgungsansätze in den Dörfern und Stadtteilen sind eingebunden in eine kommunale Politik. Man braucht die Kommunen. Sie müssen in ihrer Rolle gestärkt werden. Auch hierin sind sich alle einig.

Eine Strukturreform von Pflege und Teilhabe heißt also nicht, ein einheitliches System wie etwa in den Niederlanden oder in den skandinavischen Ländern zu schaffen. Das gegliederte System steht nicht zur Disposition. Es ist vielmehr das Gesamtkonzept, an dem es fehlt. Entsprechende Zusagen der Politik wurden nicht eingelöst. Mit einem solchen Gesamtkonzept könnten die Fehler im System beseitigt werden: das nicht abgestimmte Nebeneinander von umfassenden Leistungen der Krankenversicherung und Teilleistungen der Pflegeversicherung, der fehlende Lebensraumbezug, die fiskalischen Fehlanreize in puncto Prävention und Rehabilitation. Krankenkassen haben nicht wirklich ein ökonomisches Interesse, die Rehabilitation von Pflegeversicherten zu fördern, um Pflegebedürftigkeit zu vermeiden – wirkt die Rehabilitation, sparen die Pflegekassen. Trotz Strafzahlungen spielen die Rehabilitationskosten für Pflegebedürftige kaum eine Rolle. Das zeigt etwa eindrucksvoll die Analyse von Krankenkassendaten 2018 (Klie 2018). Die Pflegekassen funktionieren wie eine Einheitsversicherung und gleichen ihre Ausgaben über alle Kassen hinweg aus. Das Nebeneinander unterschiedlichster Leistungen, die fehlende systematische Verantwortung innerhalb der Infrastrukturen – all diese Systemfehler gilt es aufzugreifen und zu beseitigen.

Wie kann aber nun eine grundlegende Strukturreform aussehen? Ein erster Vorschlag wurde 2013 vorgelegt – für die damalige Bundestagswahl. Zwei Jahre lang hatten Experten aus unterschiedlichen Feldern des Sozial- und Gesundheitswesens ihre Eckpunkte diskutiert und formuliert. Sie sahen, wie es Rolf Hoberg, seit den 1980er-Jahren an der Entwicklung der Pflegeversicherung beteiligt, zuletzt Vorstandsvorsitzender der AOK Baden-Württemberg, formuliert, in der damals beginnenden Legislaturperiode eine große Chance für eine echte Weiterentwicklung.

Ein Grundgedanke aller Reformüberlegungen könnte eine differenzierende Betrachtung dessen sein, was wir heute mit

Pflege und Pflegebedürftigkeit verbinden. Die Pflegeversicherung versteht heute unter Sicherung der Pflege sowohl professionelle Pflege als auch hauswirtschaftliche Leistungen sowie soziale Unterstützungs- und Betreuungsleistungen. Zusammen werden sie Pflegeleistungen genannt. Ist das richtig, ist das weiterführend? Ich meine, nein. Im Englischsprachigen kennt man die Unterscheidung zwischen Cure und Care. Wir hatten vorgeschlagen, an diese Unterscheidung anzuknüpfen und sie zu einer Art Ordnungsprinzip auch für die Finanzierung und die leistungsrechtliche Ausgestaltung der Pflege zu machen. Als Cure werden alle medizinischen, fachpflegerischen und therapeutischen Maßnahmen verstanden, die von professionellen Akteuren im Gesundheitswesen zur Vorbeugung (Prävention), Behandlung (Kuration), Wiederherstellung (Rehabilitation) und Linderung (Palliation) angeboten, geleistet und verantwortet werden. Care hingegen umfasst alle Formen der Sorge und des Versorgens, die für den Lebensalltag relevant und erforderlich sind – zu denen die inzwischen vier unterschiedlichen Betreuungsleistungen der Pflegeversicherung gehören. Dies schließt die Hilfen zur Alltagsgestaltung, zur hauswirtschaftlichen Basisversorgung, Grundpflege und Förderung der sozialen Teilhabe ein. »The essence of cure is care«, heißt es in der Pflegewissenschaft (vgl. Leininger 1988). Der Kern, das zentrale Anliegen von Cure, von Medizin und Fachpflege, ist das Wohlergehen des vulnerablen Menschen. Anders als im Krankenhaus sind für die alltägliche Unterstützung, für die Sicherung dieses Wohlergehens nicht Ärzte und Pflegekräfte verantwortlich, sondern Angehörige, Freunde, Nachbarn und selbst beschaffte Hilfen. Und das ist auch gut so. Es ist doch das Leben des je einzelnen Menschen, das er selbstverantwortlich führt. Er soll sich nicht dem Regime von Professionellen und deren Bewertungen unterwerfen müssen. Was ihm wichtig ist, woran er Interesse hat, wie er Präferenzen und Prioritäten setzt, in seinem Leben und unter den schwierigen Bedingungen der Vulnerabilität, muss seine Sache bleiben. Das ist von Haushalt zu Haushalt unterschiedlich. Jeder Mensch hat seine eigenen Prägungen: durch Familie, Lebensumfeld und Kultur. Diese zentralen Aspekte entziehen sich jeder Normierung. Was Menschen bedeutsam in ihrer Lebensführung und in ihrer Alltagsgestaltung wichtig ist, muss ihre Angelegenheit sein und bleiben. Das betont auch die Behindertenrechtskonvention (kurz: BRK), die das Wunsch- und Wahlrecht und die selbstständige Lebensführung in den Vordergrund ihres menschenrechtsorientierten Behinderungsbegriffes stellt. Dieser Begriff und das mit der BRK verbundene Versprechen gilt eben auch für Pflegebedürftige, auch für Menschen mit Demenz: Sie sind auch Menschen, die in ihrer Teilhabe bedroht sind. Jeder pflegebedürftige Mensch, das betont Harry Fuchs, einer der Väter des modernen Rehabilitationsrechts in Deutschland, ist auch ein Mensch mit Behinderung, aber nicht jeder Mensch mit Behinderung ist pflegebedürftig. So gelten all die Versprechungen, Zusicherungen, aber auch das Vertrauen hinsichtlich einer selbstverantworteten und selbstbestimmten Lebensführung auch und gerade für auf Pflege Angewiesene und ihre Angehörigen. Care meint, Sorge dafür zu tragen, dass ein solches Leben gelebt werden kann, eingebunden in eine sozialstaatliche Verpflichtung, einen Sozialstaat, der im guten Sinne subsidiär handelt.

Fachliche Unterstützung, die medizinisch-pflegerische Begleitung von Menschen, die auf Pflege angewiesen sind, gehört – wohl abgestimmt und in guter Kooperation aller in diesem Sektor Tätigen – in die Zuständigkeit der Krankenversicherung, sowohl der gesetzlichen als auch der privaten. Und dies, so der Vorschlag, muss an jedem Lebensort gelten. Auch im Heim.

Schon im Dritten Reich waren Leistungen der medizinischen und pflegerischen Unterstützung in Heimen aus der Krankenversicherung ausgliedert worden. Das ist diskriminierend. Das führt im Übrigen auch zu Unter- und Fehlversorgung und fördert in gewisser Weise die Sonderwelt Pflegeheim. Nur sehr unvollkommen, handwerklich schlecht gemacht und unzureichend – aber immerhin, können mit dem Pflegepersonalstärkungsgesetz Leistungen der medizinischen Behandlungspflege von den Kassen gezahlt werden – wenn zusätzliches Personal nachgewiesen wird. Für die medizinische und fachpflegerische Begleitung muss dort, wo Menschen leben, zu Hause, in Wohngruppen, in betreutem Wohnen und in Pflegeheimen, immer und in umfassender Weise die Krankenversicherung die Verantwortung übernehmen. Nicht Teilkasko, sondern Vollkasko. Dies hieße, dass auch ambulante Dienste und Fachkräfte, die in Heimen arbeiten, soweit sie in Kernaufgaben der Fachpflege tätig sind, von der gesetzlichen Krankenkasse (so wie von der privaten) finanziert werden müssten. Dann ist es auch nicht mehr nötig, sich an Minutenwerten für bestimmte Dienstleistungen zu orientieren. Dann macht es Sinn, die Fachpflege als Infrastruktur vorzuhalten und pauschaliert zu finanzieren, je nach Bedarfsintensität abgestuft.

Care-Leistungen der Pflegeversicherung, die hauswirtschaftliche Versorgung und auch die nicht den Pflegekräften unterworfenen Leistungen der Grundpflege, die zu Hause zumeist in den Händen der Angehörigen liegen, gehören in die Pflegeversicherung. Es sollte dem auf Pflege angewiesenen Menschen und den Familien freigestellt werden, was sie mit den begrenzten Leistungen der Pflegeversicherung an

Unterstützung einkaufen. Macht man sie zum Objekt von vorab festgelegten Leistungen, die sie möglicherweise gar nicht benötigen oder wünschen, ist das weder effizient noch am Wunsch- und Wahlrecht orientiert.

Ein neues, aufeinander abgestimmtes Miteinander von Kranken- und Pflegeversicherung sowie Teilhabeleistungen wären das Ergebnis einer Strukturreform, die wesentlich mehr Bedarfsgerechtigkeit und Effizienz verspricht. Das aber nicht allein dadurch, dass man eine neue Abgrenzung schafft – hier Kranken-, dort Pflegeversicherung und Teilhabe –, sondern indem man die Koordination der Hilfen sicherstellt. Und das beginnt beim Erstkontakt mit einem auf Pflege angewiesenen und behinderten Menschen. Wie kommen wir bei dem ersten Kontakt dazu, dass die behandelnden Ärzte, Therapeuten, Fachkräfte der Pflege und die Familien zu einer gemeinsamen Einschätzung gelangen, was in der Situation zu tun ist? Das Krankenhaus interessiert sich häufig überhaupt nicht dafür, wie die häusliche Lebenssituation ausgestaltet ist. So kommt es zu Krankenhausentlassungen, die völlig unvorbereitet sind: Der Kühlschrank ist leer, Angehörige oder Nachbarn sind nicht benachrichtigt. Noch nicht einmal die Medikamentenversorgung ist immer sichergestellt. Das darf nicht passieren, ganz gleich, wo und in welcher gesundheitlichen Krisensituation.

Am Anfang einer jeden Hilfe muss die Frage stehen, was der Patient will und was ihm dazu verhilft, ein selbstbestimmtes und gemeinschaftsbezogenes Leben zu führen. Diese Frage muss auch danach immer wieder gestellt werden. Am ehesten kommt dem Medizinischen Dienst der Krankenversicherung (MDK), den Minister Spahn grundlegend reformieren will, eine solche Funktion zu. Er überprüft mit dem neuen Begutachtungsassessment, das der Feststellung der Pflegegrade gilt, viele Aspekte im Zusammenhang mit der »Pflegebedürftigkeit«, die für die Hilfegestaltung bedeutsam sind. Er hätte dann ggf. weitere Stellen einzubeziehen, auf eine koordinierte Vorgehensweise hinzuwirken und Beratung anzuregen. Das sehen schon das deutsche Sozialgesetzbuch und das international vorbildliche deutsche Rehabilitationsrecht vor. Nur wird es nicht praktiziert, da es keine Verpflichtung gibt und die Ansprüche auf eine abgestimmte Vorgehensweise nicht durchgesetzt werden können. Wenn der MDK nicht nur die Pflegestufe feststellen würde, sondern bei Menschen mit Behinderungen, die pflegebedürftig sind und trotzdem arbeiten, auch mit anderen Stellen, etwa mit der Agentur für Arbeit, kommunizieren würde, wäre schon viel gewonnen. Ansätze zu solch integrierter Hilfe finden sich im geltenden Pflegeversicherungsrecht. Sie wirken oft nur nicht, da das System weiterhin von den Eigeninteressen der jeweiligen Akteure dominiert wird. Das muss sich ändern. Zum Beispiel mithilfe von Assessment-Agenturen und der Verpflichtung, dass die Bedarfe aufeinander bezogen festgestellt werden. Werden Hilfebedarfe ermittelt, heißt das noch lange nicht, dass daraus bestimmte Leistungen abgeleitet werden. Hierfür gibt es Instrumente der Hilfeplanung, die mit den Betroffenen und deren Angehörigen zusammen erarbeitet werden. Das, was medizinisch pflegerisch notwendig ist, wird vonseiten der behandelnden Ärzte und Pflegefachkräfte in den Blick genommen und in die Hilfeplanung eingebracht. Das, was zur Sicherstellung eines gelingenden Alltags, zur Förderung der Teilhabe, zur individuellen Lebensgestaltung, auch zur Entlastung von pflegenden Angehörigen bedeutsam ist, bringen die Pflegeversicherung, der Assistenzdienst und vor allen Dingen die Betroffenen selbst mit in die Hilfeplanung ein. So gelingt es, das zu entwickeln, was fachlich geboten und von den Betroffenen gewünscht wird. In den Niederlanden ist so etwas selbstverständlich, in Deutschland leider vom Engagement der jeweiligen Akteure abhängig.

Wenn nun ein solcher Hilfeplan erstellt ist, gilt es, Hilfen zu organisieren. Das können die Betroffenen, Angehörige oder Freunde häufig selbst ziemlich gut, ohne weitere Hilfe. Möglicherweise nutzen sie das Pflegegeld und beschränken sich auf wenige hinzugezogene bezahlte Hilfen. Es kann aber auch sein, dass organisierte Hilfen, berufliche Unterstützung oder auch ehrenamtliche Begleitung gefragt sind. Hier kommt es darauf an, welche Unterstützungen es vor Ort gibt und wie sie organisiert sind. Da sind die Kommunen gefragt: Gelingt es ihnen, mit Vereinen, Kirchengemeinden, Wohnungsbaugesellschaften, Unternehmen, die die Vereinbarkeit von Pflege und Erwerbsarbeit als wichtige Standortfrage erkannt haben, mit den Moscheevereinen, bürgerschaftlichen Initiativen und Wohlfahrtsverbänden eine tragfähige, professionelle und zivilgesellschaftliche Hilfestruktur anzubieten? Sorgende Quartiere und Dörfer zu entwickeln? Die Verantwortung der Städte und Gemeinden ist zu betonen, und sie müssen mit entsprechenden Kompetenzen und Ressourcen ausgestattet werden. Erschreckend sind die Ergebnisse des DAK Pflegereports 2018, der eindrücklich deutlich machte, dass von gleichwertigen Lebensverhältnissen für Pflegebedürftige keine Rede sein kann. Ob Tagespflege verfügbar ist, ob Wohngruppen am Ort entstehen: es hängt von den jeweiligen regionalen Bedingungen ab.

Entscheidungen fernab der Pflegebedürftigen von Pflegekassen fällen zu lassen, die bei kleineren Kassen häufig in fern gelegenen Zentralen sitzen und häufig keinen Bezug zu dem Ort haben, in dem die Versicherten leben, ist ein großer Fehler. Das macht Menschen zu »Pflegefällen«, die ihre Pflegeleistungen erhalten, aber nicht als Menschen in ihrer Gesamtheit und mit all ihren Bedarfen und dem, was ihnen persönlich bedeutsam ist, gesehen werden.

Das gelingt nur vor Ort. Insofern braucht es eine neue Aufgabenverteilung zwischen Pflegeversicherung, Städten, Gemeinden und Landkreisen. Die Kommunen haben auch ein Interesse daran, dass Heimplätze nicht in unnötiger Weise belegt werden und sich die Heimquote erhöht. Auch aus diesen Gründen sind sie diejenigen, die die Infrastrukturentwicklung zu verantworten und zu begleiten haben. Wie man so etwas regeln kann und was das kostet, hat die Arbeitsgruppe »Strukturreform Pflege und Teilhabe« erarbeitet (Hoberg et. al. 2013). Ein politikfähiger Entwurf lag schon 2013 vor. Er fand sogar Eingang in die Koalitionsvereinbarung. Er kostet. Die Kosten sind aber beherrschbar (Rothgang 2017). Es hätte nur Gestaltungswillen und Mut gebraucht, eine solche Reform in Angriff zu nehmen. Von einer Sozialadministration, die mit sich selbst und ihrer Pflegeversicherung zufrieden ist, ihre Macht und ihren Einfluss verteidigt, werden wir eine solche Reforminitiative nicht erwarten können.

Noch ist das Feld der Pflegepolitik keines, das wirklich zu den attraktiven gehört, es bietet nur geringe Profilierungschancen. So gibt es noch zu wenig – nicht verbandlich gebundene – Politiker*innen, die gestaltungsbereit und -kräftig sind und nicht primär die Interessen einer bestimmten Klientel berücksichtigen. Wenn es aber eine der Zukunftsfragen unserer Gesellschaft ist, wie wir füreinander sorgen, dann muss dieses Thema auch zu einem relevanten Thema der Bundespolitik werden, das sich nicht nur in der Reaktion auf Skandale beweglich zeigt, sondern in der Vorwegnahme dessen, was die Herausforderungen der Zukunft bewältigen hilft. Dazu gehört ein Politikansatz, der die Grenzen zwischen Gesundheits- und Pflegepolitik sowie zwischen Familien- und Teilhabepolitik überschreitet. Das ist nicht einfach. Aber die Bürger*innen können ihre Problemlagen nicht nach den Zuständigkeiten der Ministerien sortieren. Es wäre im Ergebnis zynisch, wenn die Mutlosigkeit der Politik und das Beharren auf Sektorengrenzen dazu führten, dass wir keine zukunftstaugliche Sicherung der Pflege in unserer Gesellschaft garantieren können.

Lassen sich aber allein durch Korrekturen im Sozialrecht die grundlegenden Herausforderungen des demografischen Wandels bewältigen? Die fehlenden Arbeitskräfte für die Pflege werden sich nicht auf diese Weise herbeizaubern lassen. So viel steht fest. Deshalb darf sich eine Reform nicht allein auf das Sozialrecht beschränken: auf eine Neuordnung der Zuständigkeiten zwischen Krankenkassen und Pflegekassen auf der einen Seite und den Kommunen auf der anderen Seite. Eine solche Reform muss wesentlich mehr örtliche Ressourcen und Hilfearrangements unterstützen und erhalten. Ohne einen intelligenten Hilfemix vor Ort werden wir die Herausforderungen nicht meistern.

Es braucht auch eine Neuordnung der Berufe, der beruflichen Tätigkeitsformen in der Pflege. Auch hier hilft die Unterscheidung zwischen Cure und Care. Nötig sind gut ausgebildete Pflegekräfte, die aber nicht für alle Aufgaben zuständig sind, und ein klares Kompetenzprofil. Die Profis der Pflege sind für anspruchsvolle handwerkliche Aufgaben der Fachpflege zuständig. Sie sind diejenigen, die die Pflegebedürftigen und ihre Familien, aber auch die anderen Helfer begleiten, wenn es darum geht, mit gesundheitlichen Risiken und pflegerischen Anforderungen umzugehen. Sie sind an der Abstimmung der Ziele und der Vereinbarung von Hilfen beteiligt, sie haben den Blick auf die gesundheitliche Situation.

Und vor allem haben sie den Menschen und seine speziellen Bedürfnisse im Blick.

Pflegeberufe können attraktiv sein, wenn man sie nicht in Bürokratie auf- und untergehen lässt und die Pflegenden in einen Minutentakt einzwängt, den die Pflegeversicherung heute provoziert. Es gibt kaum einen Beruf, in dem sich die Berufsangehörigen so mit ihren Aufgaben identifizieren, so loyal zu ihrem Arbeitgeber stehen. 19 Jahre arbeiten sie durchschnittlich in ihrem Beruf. Länger als andere, allerdings oft mit Unterbrechungen. Pflege ist weiterhin ein Frauenberuf. Kindererziehungszeiten sind daher typisch. In der Zukunft genügend Menschen für die Berufe der Pflege und Unterstützung zu finden, ist eine wichtige Aufgabe, die nicht nur mit herkömmlichem Denken gelöst werden kann; das heißt zum Beispiel, dass wir nicht nur Schulabgänger für diese Berufe gewinnen sollten. Auch Menschen mit gewundenen, weniger kontinuierlichen Berufskarrieren können für Berufe in der Pflege und Unterstützung von Menschen begeistert werden. Denn diese Berufe bieten attraktive, sinnvolle Aufgaben. Viele Menschen erleben es als erfüllend, im Bereich der Pflege zu arbeiten und Verantwortung zu übernehmen; das ist interessanter, als in einem immer gleichen Tätigkeitsmuster in der Fertigung oder im Callcenter beschäftigt zu sein. Und so schlecht verdient man auch nicht: mehr als beispielsweise Mechatroniker, Friseure oder Kfz-Mechaniker.

Um Menschen für einen auf Menschen bezogenen Beruf zu gewinnen und zu interessieren, um in der fachlichen Verantwortungsübernahme für andere eine berufliche Perspektive zu sehen, müssen früh Erfahrungen vermittelt werden: in der Verantwortungsübernahme für andere, im familiären, im nachbarschaftlichen und ehrenamtlichen Bereich. Das ist aus den Forschungen zur Berufseinmündung von jungen Menschen in Pflege- und Sozialberufen bekannt. Ohne diese grundlegende Erfahrung, den anderen Menschen empathisch als interessantes Gegenüber zu sehen, von dessen Lebenserfahrung und Dankbarkeit wir profitieren können, werden keine Menschen für Berufe am Menschen zu gewinnen sein. Wir brauchen nicht nur die Fachkräfte der Pflege. Wir brauchen auch die, die für Hauswirtschaft Begabungen mitbringen. Denn nicht alle Menschen, die bereit sind, andere Menschen durch ihren Beruf zu unterstützen, wollen pflegen.

Viele Frauen sind in der immer noch klassischen Rollenzuteilung zwischen Mann und Frau Meisterinnen in der Alltagsgestaltung, im Wirtschaften, in der Bewirtschaftung ihres und des Lebens von anderen Haushalten. Männer und Frauen mit solchen Fähigkeiten sind gefragt: in Wohngemeinschaften und Wohngruppen, in Quartieren, auch in Privathaushalten. Wenn wir im Hinblick auf den Fachkräftemangel immer nur die medizinische Versorgung in den Mittelpunkt rücken, geraten andere berufliche Aufgaben auf dem Gebiet der Sorge und Pflege allzu leicht aus dem Blick. Das ist nicht gut. Auch deswegen brauchen wir die Unterscheidung zwischen Cure und Care: Das Feld der Sorge ist vielfältig, von U 3 bis U 100, von den ganz Kleinen bis zu den sehr Alten. Es umfasst die Schülerin, die mit Babysitting ihr Taschengeld aufbessert, über die persönliche Assistenz für Menschen mit Behinderung, gegebenenfalls auch nebenberuflich – früher ein Einsatzfeld von Zivis und heute von jungen Menschen im Freiwilligendienst geleistet –, bis hin zur Dorfhelferin, zur Hauswirtschaftsfachkraft und zur Sozialen Arbeit in einem übergreifenden, begleitenden und beratenden Tätigkeitsprofil. Die vielen Formen mehr oder weniger bezahlter Nachbarschaftshilfe gehören ebenfalls in den Care-Bereich. Hier sollte der Gesetzgeber ordnend eingreifen, denn es ist eine

Grauzone zwischen ehrenamtlicher und bezahlter Arbeit entstanden.

Aus den Ehrenamtlichen, aus den Praktikanten, aus denen, die einen Freiwilligendienst leisten, werden nicht selten Menschen, die in einem Beruf am Menschen ihre berufliche Perspektive finden oder zumindest die biografisch wichtige Erfahrung der Verantwortungsübernahme für den anderen gesammelt haben. Wenn sie Care-Aufgaben zu ihrem Beruf machen, müssen sie nicht zwangsläufig in der Pflege oder der Altenpflege landen. Es kann auch die Hauswirtschaft sein, oder ein therapeutischer Beruf, es kann auch in Richtung Pädagogik oder Soziale Arbeit gehen. Die wenigsten haben einen akademischen Abschluss vor Augen, aber die Durchlässigkeit der Bildungswege bis dorthin ist wichtig, damit sich Berufe für Menschen nicht als Sackgasse darstellen. Verbunden mit einer örtlichen Arbeitsmarktpolitik, mit Weiterbildungsangeboten, lassen sich Menschen dafür gewinnen, im Bereich beruflicher, nachbarschaftlicher, aber auch ehrenamtlicher Unterstützung von Kindern, Menschen mit Behinderungen und alten Menschen tätig zu werden.

In dem Projekt »Herausforderung Pflege« des Bundesgesundheitsministeriums wurde ein Wettbewerb durchgeführt, in dem sich Mitarbeiterinnen und Mitarbeiter aus der Langzeitpflege melden konnten, wenn sie von besonders interessanten Personalentwicklungskonzepten in ihrem Unternehmen profitierten (www.agp-freiburg.de). Die besten Ideen wurden prämiert. Zum Beispiel Svenja S., eine junge Frau mit Migrationsgeschichte, zunächst arbeitssuchend in Deutschland. Sie begann als Aushilfe im Pflegeheim und zeigte sich als besonders engagiert. Anfänglich hatte sie zwar große Sprachprobleme und durchaus Mühe mit ihrem Selbstbewusstsein, wurde aber systematisch gefördert. Sie absolvierte eine berufsbegleitende Altenpflegeausbildung zur Hälfte in der Freizeit, zur Hälfte im Dienst und gehört jetzt zu den Pflegekräften, die sich sehr stark mit ihrer Einrichtung identifizieren und den nächsten Schritt in Richtung Wohnbereichsleitung vor sich haben. Da ist der Ausbildungsbetrieb, der weit über den eigenen Bedarf hinaus junge Menschen anspricht, Netzwerke mit Hauptschulen bildet, die Berufe am Menschen attraktiv durch junge Menschen bewerben, die selbst in dem Beruf gelandet sind, sich das erst nicht vorstellen konnten, nun aber ganz begeistert sind. Sie werden zu Botschaftern auf dem regionalen Arbeitsmarkt. Solche Einrichtungen können sich den Nachwuchs aussuchen. Oder die Sozialstation, die inzwischen zum »marktbeherrschenden« Unternehmen vor Ort geworden ist, weil sie ihren Mitarbeiterinnen und Mitarbeitern gute Arbeitsbedingungen bietet, sie weiterbildet und den Kontakt auch dann hält, wenn sie sich in Elternzeit befinden oder aus anderen Gründen die Berufstätigkeit ruhen lassen. Zwei oder drei Stunden Arbeit pro Woche sind auch dann möglich und hilfreich, um den Kontakt zu den Kolleginnen zu halten.

Eine flexible und intelligente Arbeitszeitgestaltung macht den Arbeitgeber attraktiv. Nachwuchssorgen hat er keine. Eine Verbindung von moderner Personalarbeit und einem offenen Berufsgruppenkonzept mit Durchlässigkeit nach oben bis hin zu Fachausbildungen und Studiengängen – hierin liegt die Zukunft. Gelingt es, Cure- und Care-Berufe in dieser Weise aufzuwerten und breit aufzustellen, dann werden wir zwar weiter mit großen Herausforderungen konfrontiert sein, haben aber immerhin die richtigen Konzepte. Ist es die einzige Lösung, auf den Import von Pflegekräften aus China, Indien oder Vietnam zu setzen? Es gibt diese Pflegekräfte. Sie arbeiten in Deutschland. Sie werden angeworben. Sie sind aber nicht die Lösung, denn sie werden die fehlenden 500 000 Arbeitskräfte nicht ersetzen können. Das bestätigte seinerzeit schon Helmuth Braun, der verantwortlich zeichnete für ein Modellprojekt, in dem chinesische Pflegekräfte für den deutschen Markt ausgebildet werden: »Die Zukunft der deutschen Pflege liegt nicht in China!« Ohne eine qualifizierte Zuwanderung wird es nicht gehen.

Ist eine Öffnung des Arbeitsmarktes der Pflege für andere Berufe zu verantworten? Wie soll das mit der Qualitätssicherung funktionieren? Immer wieder ist von Skandalen in Pflegeheimen zu hören, von korrupten Pflegediensten. Es sind auch nicht alle Marktakteure im Bereich der Langzeitpflege seriös. Schulz-Nieswandt spricht von Grenzanbietern der Langzeitpflege, die der besonders aufmerksamen und strengen Begleitung bedürfen. Werden sie nicht die billigeren Arbeitskräfte aus der Hauswirtschaft nutzen, um Geld zu sparen? Auch in puncto Qualitätssicherung hilft die Unterscheidung zwischen Cure und Care. Für Cure, die fachliche Qualität der Pflege, für Medizin und Therapie tragen im Wesentlichen die Berufsgruppen der Pflegefachkräfte, Ärzte und Therapeuten Verantwortung. Im Recht der gesetzlichen Krankenversicherung gibt es ein ausgeklügeltes System der Qualitätssicherung, mit Beteiligung der Patienten und Selbsthilfegruppierungen. Wir kennen das Institut für Qualität und Wirtschaftlichkeit im Gesundheitswesen, wir kennen den gemeinsamen Bundesausschuss. An diesen Institutionen lässt sich viel kritisieren. Sie haben aber inzwischen eine Arbeitsweise entwickelt, die wissenschaftlichen Erkenntnissen Eingang in die Bewertung der Qualität der Arbeit von Fachkräften verschafft.

Es macht überhaupt keinen Sinn, im Bereich der Pflegeversicherung Fragen der Qualitätssicherung von Pflege und Medizin völlig anders und im Übrigen auf einem viel niedrigeren Niveau zu regeln als im Bereich der gesetzlichen Krankenversicherung. Man sieht dies an den Expertenstandards in der Pflege. Sie sind wichtig. Ihre Entwicklung wird aber durch die Einbindung in die sogenannte gemeinsame Selbstverwaltung blockiert: Pflegekassen und Trägerverbände sollen über die Entwicklung von Standards entscheiden. Das kann nicht gut gehen. Denn Medizin und Fachpflege gehören zusammen – bei Stärkung der Eigenständigkeit der Fachpflege. Sie darf nicht angesichts der Dominanz der Ärzte – wie in den Krankenhäusern häufig der Fall – in ihrer Eigenverantwortung begrenzt und eingeschränkt werden. Die Fachpflege benötigt auch im Bereich der Krankenversicherung und in den Gesundheitsberufen eine größere Eigenständigkeit.

Die Robert Bosch Stiftung hat hier wesentliche Arbeit geleistet, indem sie die Kooperation der Gesundheitsberufe und ihre Durchlässigkeit auf die berufspolitische Agenda gesetzt hat (Robert Bosch Stiftung 2011). Uns werden nicht nur die Pflegekräfte fehlen, wir steuern auch auf einen Ärztemangel zu. Auch deshalb müssen die Gesundheitsberufe künftig auf Augenhöhe kooperieren. Die Qualitätssicherung der Fachpflege, der Medizin und der Therapeuten muss zusammengefasst werden. Und wie ist es mit der Qualitätssicherung im Bereich Care? Hier ist alleiniger Maßstab die Person, um die es geht, der Mensch mit Behinderung, der auf Pflege angewiesene Mensch. Ist seine Teilhabe gesichert? Wird er in seinen Menschenrechten gewürdigt? Geschieht die Hilfe, so wie es ihm gemäß ist? Im regelmäßigen Kontakt zu ihm gilt es, immer wieder neu auszuhandeln, wie sein Alltag zu gestalten ist, wie Leben gelingt, wie mit den gesundheitlichen Einschränkungen umgegangen werden kann und wer sich an den Hilfen beteiligt. Bezogen auf die gemeinsam formulierten Ziele, bezogen auf das Wohlbefinden und die Teilhabe des Pflegebedürftigen gilt es, die »Qualität« zu sichern.

Was hat der Betroffene davon, dass alles, was mit ihm geschieht, perfekt dokumentiert wird? 2,75 Milliarden Euro wurden 2014 allein für die Dokumentation in der Pflege aufgewendet, das sind etwa zehn Prozent der gesamten Ausgaben für die Pflegeversicherung, nur um Qualität abbilden und sich gegenüber der Pflegeversicherung und den Qualitätssicherungsinstanzen rechtfertigen zu können. Ist das zu billigen? Es zeigt den Unsinn eines bürokratisierten Regelsystems. Mindestens alle sechs Monate findet ein ausführlicher Kontakt mit einem Berater statt, ein Check, wie es aussieht, ob alles so bleiben kann oder die Hilfe nachjustiert werden muss. Der Schlüssel für die Qualitätssicherung im Bereich Care liegt darin, in den Blick zu nehmen, was dem Menschen wichtig ist, Aufmerksamkeit für seine Lebenssituation und für die Wahrung seiner Rechte aufzubringen.

Es verlangt auch die soziale Aufmerksamkeit von Nachbarn, Freunden, Mitgliedern der Sportvereine oder Kirchengemeinde und anderen Gruppierungen und Gemeinschaften, denen man sich zugehörig fühlt. Diese Aufmerksamkeit sind wir uns gegenseitig schuldig. Sie muss stimuliert und sie muss zum Kulturbestandteil werden. Und sie hat sich auch auf den Menschen zu beziehen, der nicht zu Hause lebt, sondern in einer Institution – sei es in einem Heim oder in einer Wohngruppe. Ich will nicht aufgrund standardisierter Instrumente befragt werden, ob meine Lebensqualität »stimmt«. Ich möchte in dem wahrgenommen werden, was mir persönlich bedeutsam ist.

Wenn die Fachpflege in vielen Bereichen noch nicht einmal sagen kann, was ihre fachlichen Standards sind, an denen ich die Qualität ihrer Arbeit messen kann, wenn grundlegende

Menschenrechte in Pflegeheimen, aber auch in der häuslichen Pflege nicht gewahrt werden, etwa durch Gabe nicht indizierter Psychopharmaka oder freiheitsentziehende Maßnahmen, die immer noch in großer Zahl zu beklagen sind, dann ist die Diskussion über die Lebensqualität ein Ablenkungsmanöver von elementaren Fragen der Menschenrechte. Soll ich lächeln bei der Fixierung, damit die Items in der Fremdanamnese meiner Lebensqualität zufriedenstellend beantwortet werden können? Warum ist die Versorgungsqualität in überschaubaren Wohneinheiten oder Wohngemeinschaften häufig höher als in klassischen Pflegeheimen? Weil sich Angehörige, Freunde, Ehrenamtliche und Professionelle gemeinsam darum bemühen, ein möglichst gutes Leben für die vulnerablen Menschen in ihrem Quartier zu organisieren. Die Profis stehen für die Fachlichkeit, die Hauswirtschaftskraft für Fragen der Wohnlichkeit und der Kultur, Angehörige oder Freunde sind Experten für die Person und wissen, was diesem Menschen guttut, wo er herkommt, welche Werte er schätzt und wo seine Macken sind.

In diesem Verantwortungsmix liegt der Schlüssel zu der besonderen Qualität der Lebens- und Versorgungssituation, nicht in der klassischen Qualitätssicherung nach den DIN ISO 9000 ff. Sie mögen eine wie auch immer geartete Berechtigung haben, berühren aber nicht den Kern dessen, was für den vulnerablen Menschen existenziell ist. Und wie ist das mit dem Geld? Wer soll das alles bezahlen? Eine Vollkasko-Pflegeversicherung für alle wird es nicht geben. Sie ist nicht finanzierbar. Sie ist auch kulturell nicht zu wünschen, weil sich in der Unterstützung von vulnerablen Menschen die Solidarität einer Gesellschaft, ihre Menschlichkeit und ihr Verantwortungsgefühl zeigen. Um das alles zu erhalten, brauchen wir einen funktionsfähigen und leistungsstarken Sozialstaat, auf den wir uns mit unserer Solidaritätsbereitschaft verlassen können.

Pflege kostet. Wir brauchen eine gute und angemessene Bezahlung für die Professionellen. Sie werden teurer, wenn Fachkräfte zur Mangelware werden. Unsere medizinischen Erkenntnisse weiten sich aus und werden dazu führen, dass wir zum Teil bessere diagnostische und therapeutische Maßnahmen ergreifen können. Auch das kostet – kann aber auch dazu beitragen, dass die Selbstständigkeit vieler hochbetagter Menschen länger erhalten bleibt.

Die immer wieder gebetsmühlenartig vorgetragene Aussage »Die Gesellschaft muss entscheiden, wie viel ihr die Pflege wert ist« greift zu kurz und ist in gewisser Weise auch naiv – und interessengeleitet. Wir kommen nur weiter, wenn wir das Problem durch die Brille der Volkswirtschaft betrachten. Dann lautet die Frage: Was können wir tun, damit wir in einem ökonomisch intelligenten Welfare-Mix unter der Nutzung von Prävention und Rehabilitationspotenzialen die Kosten für die Langzeitbetreuung pflegebedürftiger und behinderter Menschen begrenzen können? Wir wissen: Die Investition in ein Quartiersmanagement, das soziale Netzwerke schafft, das gegenseitige Unterstützung organisiert, das bürgerschaftliches Engagement stimuliert, fördert nicht nur die soziale Integration, es fördert auch die Gesundheit, und es spart nachweislich Versorgungskosten.

Rainer Neubart, einer der führenden und zugleich politisch denkenden Geriater in Deutschland, betont immer wieder den gesundheitsökonomischen Effekt von rechtzeitiger Rehabilitation und Prävention. Drehtürpatienten, die ohne Not ins Pflegeheim verfrachtet werden, sind teuer, weil es an einem professionellen Case-Management fehlt. Eine Organmedizin, die nicht die Multimorbidität, sondern nur die unterschiedlichen Erkrankungen, die den Patienten betreffen, in den Blick nimmt, kostet Geld. Ebenso eine medizinische Sichtweise, die nicht das Umfeld, die Familie, die Wohnsituation bedenkt. Solange wir nicht die Koordinationsprobleme im bestehenden System beseitigt haben, solange wir nicht ein effizientes Gesamtsystem durch Koordination und Kooperation aufgebaut haben, so lange können seriöse Kostenrechnungen nicht vorgenommen werden.

Eine Strukturreform ist notwendig. Sie ist Voraussetzung für eine ernsthafte Neuorientierung in der Sozial-, Gesundheits- und Familienpolitik. Gerd Künzel, ehemaliger Abteilungsleiter im Brandenburgischen Sozialministerium und maßgeblich an der Konzeption der Reformüberlegungen beteiligt, fordert, dass personenbezogene und menschliche Vorgehensweisen klare Vorfahrt vor Institutioneninteressen haben müssen. Eine Strukturreform der Pflege, wie sie hier skizziert wurde, käme nicht als Revolution daher, die bestehende Strukturen und gute Arbeit entwertet. Sie wäre aber radikal, indem sie Verantwortlichkeiten neu zuordnet und ernst macht mit dem Leitbild einer Caring Community. Mit vier Bausteinen für eine grundlegende Reform der Pflegeversicherung, die Gegenstand von Debatten um das Thema (Langzeit-)Pflege in der nächsten Koalitionsvereinbarung sein könnten, schließt das Kapitel 13.

13

Neuverteilung von Kosten und Verantwortung: Pflegeversicherung vor Finanzierungs- und Strukturreform?

Im Jahre 2020 wird die Pflegeversicherung 25 Jahre alt. Sie war eine sozialpolitische Errungenschaft: Erstmals wurde »Pflegebedürftigkeit« als allgemeines Lebensrisiko anerkannt und wurden Leistungen jenseits der Sozialhilfe gewährt. In den letzten 25 Jahren haben sich allerdings die Bedingungen der Langzeitpflege so grundlegend geändert, dass Geburtsfehler der Pflegeversicherung, die es damals schon gab, ebenso beseitigt werden müssen, wie neuen demografischen Herausforderungen Rechnung getragen werden muss. Es ist bitter: Trotz aller Qualitätsbemühungen, die Pflegeversicherung geht ganz wesentlich an der Lebenssituation Pflegebedürftiger und ihrer An- und Zugehörigen vorbei. Das muss sich ändern.

Drei Bundesminister*innen haben die »Konzertierte Aktion Pflege 2018« ausgerufen: Bundesgesundheitsminister Spahn, Bundesfamilienministerin Giffey und Bundesarbeitsminister Heil. In zahlreichen Arbeitsgruppen werden Probleme in der Umsetzung der Pflegeversicherung beraten, werden Fragen der pflegerischen Versorgung in Kliniken aufgerufen. Es geht um Heilmittelübertragung von Ärzten auf Pflegekräfte, um Entbürokratisierung – um viele, viele Details. Noch im Juni 2018, wenige Tage vor dem Start der »Konzertierten Aktion Pflege 2018«, teilten in einer Allensbach-Umfrage lediglich sieben Prozent der Bevölkerung die Meinung, dass die Bundesregierung genügend für die Pflege tut. Auch mit der »Konzertierten Aktion Pflege 2018«, die ganz wesentlich getragen und zugleich limitiert wird von den korporatistischen Akteuren – Pflegekassen, Ministerien, Verbänden, Ländern –, werden die Grundfragen und Probleme der pflegerischen Versorgung nicht aufgegriffen. Zwar hat sich auf Intervention der Hausspitze des Bundesgesundheitsministeriums eine Vertreterin osteuropäischer Pflegevermittlungsdienste in den Kreis der Mitdiskutant*innen hineingemogelt: Das in dem massenhaften Einsatz von Osteuropäern in deutschen Privathaushalten zum Ausdruck kommende Systemversagen wird jedoch nicht aufgegriffen.

Das Gleiche gilt für die eklatanten Unterschiede in den Infrastrukturen für pflegebedürftige Menschen vor Ort. Von gleichwertigen Lebensbedingungen in der Pflege kann nicht die Rede sein. Auch dieses Thema wird nicht gezielt und strategisch aufgegriffen. Die zu Recht von Tine Haubner und von Care Revolution benannten Probleme der Ausbeutung pflegender Angehöriger, die sich in einer ökonomischen Zwangslage auf Jahre hin Pflegeaufgaben widmen müssen, wird ebenso wenig thematisiert wie ausbeutungsähnliche Verhältnisse zulasten osteuropäischer Haushaltshilfen. Die Rolle der Kommune bleibt weiter marginalisiert, die gesundheitsökonomischen Verschiebebahnhöfe von der Krankenversicherung hin zur Pflegeversicherung werden weiter bedient. Die Zuzahlungen von Heimbewohner*innen zu den Kosten der Heimversorgung, sie steigen rasant. Dies hat immerhin die Hamburgische Gesundheitssenatorin Cornelia Prüfer-Storcks 2018 zur politischen Initiative bewogen, die Heimkosten zu deckeln. Es bleibt die schon im Kapitel 12 skizzierte Strukturreform erforderlich – und sie muss um eine Finanzierungsreform ergänzt werden. Das gilt auch vor dem

Hintergrund der vielfältigen Reformbemühungen im Maschinenraum der Pflegeversicherung, genannt Konzertierte Aktion Pflege.

Es wäre nicht fair, die Bemühungen der letzten Jahre um eine Weiterentwicklung der Pflegeversicherung gering zu schätzen. Die größten Energien hat man auf ein pflegewissenschaftlich fundiertes Konzept von Pflegebedürftigkeit verwandt. Mit den Pflegestärkungsgesetzen I, II, III wurden die Pflegestufen durch Pflegegrade ersetzt, manche Leistungen ausgebaut und vielfältige Nachjustierungen im »Maschinenraum der Pflegeversicherung« vorgenommen. Die einzelnen Vorschriften im SGB XI werden dabei immer unübersichtlicher und ähneln inzwischen dem Krankenversicherungsrecht, das von kaum einem Außenstehenden inzwischen auch nur noch annähernd verstanden wird. Sogar der Pflegebeauftragte der Bundesregierung, Andreas Westerfellhaus, bekennt in seinen Vorträgen, dass selbst er bei den Anträgen für seine auf Pflege angewiesene Mutter überfordert sei und sich entsprechender professioneller Unterstützung bedienen muss. Was ist das für eine Pflegeversicherung, die nah am Menschen zu sein verspricht, die Familien in ihrer alltäglichen Pflege unterstützend zur Seite stehen soll, wenn sie schlicht nicht mehr verständlich ist? Eine Allensbach-Befragung aus dem Jahre 2018 bestätigt: Die meisten Bürger*innen in Deutschland informieren sich weder bei den Pflegekassen noch bei kommunalen Beratungsstellen oder anderen Profis über Pflege- und Pflegeversicherung. Sie fragen bei ihren Ärzten, im Familien- und Freundeskreis. So hilft man sich gegenseitig, nimmt aber kaum die vom Gesetzgeber ausdifferenzierten Hilfen der Pflegeversicherung in Anspruch – so es sie denn überhaupt gibt.

Und genau hier liegt eines der größten Probleme. Nicht

nur, dass die Pflegeversicherung schwer verständlich in ihren Regelungen ist, nicht nur, dass viele der in der Pflegeversicherung angebotenen Hilfen nicht auf die Lebenssituation Pflegebedürftiger und ihre speziellen Hilfebedarfe passen. Es gibt in vielen Regionen, in manchen Quartieren, in Großstädten schlicht die Hilfen nicht, die in der Pflegeversicherung versprochen und auf die im SGB XI ein Rechtsanspruch eingeräumt wird. Das hat zuletzt der Pflegereport der DAK (Klie 2018) in erschreckender Weise deutlich gemacht. Ob man ausreichend versorgt wird, ob Hilfen für Familien vorhanden sind, ob man auf eine Infrastruktur von Tagespflege, Kurzzeitpflege, Wohngruppen oder die weiterhin nicht sonderlich beliebten Heime zurückgreifen kann, das hängt von den Bedingungen vor Ort ab.

Von gleichwertigen Lebensbedingungen in Deutschland kann in keiner Weise die Rede sein. Der Landkreis Osnabrück ist der Landkreis mit den meisten Tagespflegeplätzen pro Kopf der Bevölkerung in Deutschland: 870 werden im Landkreis angeboten. In anderen Regionen, aber auch in Großstädten, sieht es düster mit Tagespflegeangeboten aus. Von Nachtpflege ganz zu schweigen: Der Anspruch steht nur im Gesetz, kann aber faktisch nicht eingelöst werden. Es sei denn, man nimmt den Rechtsanspruch wirklich ernst, wie das im Landkreis Karlsruhe geschehen ist. Hier erhalten in dem sog. Walzbachtaler Modell die Pflegebedürftigen, die eine nächtliche Unterstützung benötigen, diese durch einen ambulanten Dienst, der für eine Gemeinde die nächtliche Unterstützung sicherstellt: Finanziert über § 41 SGB XI, über den Rechtsanspruch auf Nachtpflege. Landkreis, Diakoniestation und AOK haben es möglich gemacht, mit dem Segen des Sozialministeriums. Das ist aber die ganz große Ausnahme. Von Systemversagen möchte man normalerweise in der Pflegeversicherung nichts hören. Insofern bleibt es das Schicksal der auf Pflege angewiesenen Menschen und ihrer An- und Zugehörigen, ob es nun eine Einrichtung, ob es einen ambulanten Pflegedienst, ob es eine wohnortnahe Wohngruppe gibt oder nicht.

Die Pflegekassen haben sich ebenso wie die Krankenkassen überwiegend gegenüber regionalen Unterversorgungsproblemen anästhesiert. Die Pflegeversicherung adressiert nicht in eindeutiger Weise, wer die Infrastrukturverantwortung trägt: Pflegekassen im Zusammenwirken mit den Leistungserbringern und den Kommunen und Ländern – so heißt es. Genau diese organisierte Unverantwortlichkeit führt – längst nicht überall – aber doch an vielen Orten dazu, dass Pflegebedürftige schlicht nicht die Hilfen bekommen, die Rechtsansprüche einlösen können, die sie benötigen und die ihnen zustehen. Gleiches gilt für eine suffiziente Beratung, für die sogenannte Pflegeberatung, auf die seit 2008 ein Rechtsanspruch besteht: In schwierigen Lebenssituationen, dort wo die Probleme kumulieren, brauchen Familien, brauchen auf Pflege angewiesene Menschen gute fachliche Beratung, gegebenenfalls ein sogenanntes Case Management, das sie intensiv berät, unterstützt, und dies in einer Kontinuität – also nicht nur bei Krankenhausentlassung oder während eines isoliert stattfindenden Beratungsgesprächs.

Der Rechtsanspruch auf Pflegeberatung wird in Deutschland allerdings nur in wenigen Regionen und von ausgesprochen wenigen Pflegekassen in einer Weise einlösbar gemacht, wie es der Gesetzgeber vorsieht. Und der GKV-Spitzenverband hat offenbar auch kein besonderes Interesse daran, herauszufinden, welche Kassen ihrer Verantwortung nachkommen und welche nicht. Das kann nicht sein: Pflegeberatung ist nicht nice to have, sondern dient insbesondere den auf

Pflege angewiesenen Menschen, die es besonders schwer haben. Aus ihren »Fällen« gilt es zudem, für die Weiterentwicklung des regionalen Hilfesystems zu lernen. Das nennt man Care Management: Jeder schiefgelaufene Fall in der Langzeitpflege muss dazu beitragen, dass das Hilfesystem vor Ort sich weiterentwickelt und dass derartige Fehler und derartige Pannen und derartige Situationen der Unterversorgung oder auch Menschenrechtsverletzungen nicht wieder vorkommen.

In beispielhafter Weise bemüht man sich genau hierum im Landkreis Tuttlingen, der sich auf den Weg zu einem sorgenden Landkreis macht. Fallkonstellationen, in denen Gewalt in Familien gegenüber Pflegebedürftigen nicht nur nicht konsequent, sondern überhaupt nicht weiterverfolgt wurde, dramatische Situationen von freiheitsentziehenden Maßnahmen in der eigenen Häuslichkeit, Überforderungssituationen pflegender Angehöriger oder krank machende Isolation. Diese Felder wurden von der dortigen Altenhilfefachberaterin, Frau Thoma, dokumentiert. Mithilfe des Innovationsprogramms »Pflege« der baden-württembergischen Landesregierung ist man nun dabei, in einem breit aufgestellten Projekt mit einem Runden Tisch mit über 50 Teilnehmer*innen sich der Probleme der häuslichen Pflege zu stellen. Der Justizminister Wolf hat inzwischen die Schirmherrschaft übernommen. Die Polizei, Vermittlungsdienste osteuropäischer Pflegekräfte, Kirchengemeinden, Besuchsdienste, die AOK, die Betreuungsbehörde, Hausärzte und die örtlichen Bürgermeister: Sie sind alle dabei, um die Verantwortung für Bedingungen guten Lebens von auf Pflege angewiesenen Menschen einzulösen (vgl. Klie 2019). Hier im Landkreis Tuttlingen, aber auch in vielen anderen Städten und Gemeinden verstehen die Kommunen ihre Verantwortung für die Pflege als eine Verantwortung für die Daseinsvorsorge und engagieren sich. Das ist auch juristisch geboten: Die Kreise und Stadtkreise sind in der Letzt-verantwortung für die Garantie von Menschenrechten älterer Menschen (Hoffmann 2010): Ähnlich wie in der Jugendhilfe kommt ihnen eine Art Garantenstellung zu, wenn sie von einer Notlage erfahren haben.

Aber es geht ja nicht nur um Notlagen, es geht um die präventiv eingelöste Verantwortung für das Thema »Langzeitpflege«. Hier sind die Kommunen schon deshalb gefragt, weil nur vor Ort die Bedingungen für ein gutes Leben mit Pflegebedürftigkeit geschaffen werden: infrastrukturell, hinsichtlich der Zusammenarbeit der beteiligten Akteure, kulturell und letztlich auch politisch. Dabei gibt es viele unterschiedliche Antworten auf den örtlichen Bedarf in der Langzeitpflege. Von daher helfen auch keine in Berlin entwickelten Programme mit noch so differenzierten Angeboten, die inzwischen fünf verschiedene Arten von Betreuung unterscheiden und die Dienste jeweils zertifizieren lassen. Das sind keine klugen Strukturen, die dort geschaffen wurden. Den Kommunen müssen die Handlungsspielräume für eine bedarfsgerechte Ausgestaltung der Infrastrukturen übertragen werden, zumindest dort, wo sie es können und wollen – was auch nicht immer und überall der Fall ist. Ob nun Pflegekompetenzzentren wie etwa in der Grafschaft Bentheim in Nordhorn, ob regionale Gesundheitszentren wie im Landkreis Reutlingen, ob über partizipativ angelegte Planungsprozesse in Gemeinden, die bisweilen von engagierten freigemeinnützigen Trägern unterstützt werden, wie etwa bei Vinzenz von Paul gGmbH in Baden-Württemberg: Wege gibt es genug, gute Beispiele ebenso. Es muss dafür Sorge getragen werden, dass die Verantwortung für die Infrastrukturen vor Ort tatsächlich eingelöst wird.

Aus diesem Grunde wurde (Hoberg et al. 2013) bereits zur

vorletzten Bundestagswahl eine Strukturreform Pflege und Teilhabe vorgeschlagen und abgestimmt, s. Kapitel 12. 15 Bundesländer standen dahinter, alle drei Kommunalen Spitzenverbände und zwei Bundesministerien. Die Reform, die sich auch die Siebte Altenberichtskommission der Bundesregierung zu eigen gemacht hatte, scheiterte ganz wesentlich am Widerstand des Bundesgesundheitsministeriums und des GKV-Spitzenverbandes: Der allenthalben für richtig befundene Politikansatz wurde machtpolitisch verhindert. Eine Lehrstunde dafür, dass es in der Pflegepolitik mitnichten nur darum geht, die Lebensbedingungen von auf Pflege angewiesene Menschen vor Ort zu stärken. Es geht schlicht und auch um Einfluss, um viel Geld, um Stakeholder-Interessen, die auch im Deutschen Bundestag gut vertreten sind und die Pflegepolitik dominieren. Das, was im Jahre 2013 noch gut möglich gewesen wäre, erscheint nun als deutlich komplizierter. Inzwischen steigen die Personalkosten deutlich – was aus Sicht der Beschäftigten auch angemessen ist –, wird die Gewinnung von Beschäftigten für die Langzeitpflege fast überall in Deutschland schwieriger. Bürger*innen müssen in Pflegeheimen deutlich höherer Beträge zuzahlen und werden prognostisch wieder stärker in der Sozialhilfebedürftigkeit landen.

Das politische Klima in Deutschland ist durch eine immer stärkere Polarisierung gekennzeichnet, die sich auch in der Kommunalpolitik äußert. Nur selten gelingt es wie im Bezirk Treptow-Köpenick in Berlin, dass unter dem Leitbild eines sorgenden Bezirkes sich der für Soziales zuständige stellvertretende Bürgermeister von den Linken mit dem für Gesundheit zuständigen Stadtrat von der AfD tageweise zusammensetzt, um darüber nachzudenken, wie Unterstützungsstrukturen für Sterbende, für Pflegebedürftige und Menschen mit

Behinderung ausschauen könnten. Die Polarisierung in den politischen Debatten hat vor allen Dingen dort in problematischer Weise zugenommen, wo die Strukturbedingungen schwierig sind. Dies gilt nicht nur für Regionen in Ostdeutschland, das gilt auch für andere Regionen, die sich als Verliererregionen empfinden. So wird es auch für die Pflegepolitik nicht unbedingt einfacher, auf eine notwendige grundlegende Reform zuzusteuern und sich auf eine solche zu verständigen, wie dies noch im Jahre 2013 möglich war. Versucht werden muss es.

Dies sieht etwa auch ein inzwischen im Vorstand eines ambulanten Dienstes Verantwortung tragender ehemaliger hochrangiger McKinsey-Berater: Mit weiteren Reparaturen im Maschinenraum der Pflegeversicherung wird man die notwendigen Reformen nicht hinbekommen. Bleibt nur ein Crash wie in anderen Branchen? In jedem Fall braucht es eine entsprechende politische Willensbildung, die eine grundlegende Reform trägt. Immerhin: Eine Reihe von Landesregierungen haben sich inzwischen für eine Finanzreform der Pflegeversicherung starkgemacht, erste Vertreter von großen Krankenkassen melden sich zu Wort, wie etwa Andreas Storm von der DAK. Auch arbeiten viele hoch motivierte Kolleg*innen in Krankenkassen und Landesministerien, um die Pflegeversicherung zukunftsfest zu machen – und dies geht nicht ohne grundlegende Reformen.

Was wären die wesentlichen Reformbausteine?

1. Da ist zunächst die schon in der Strukturreform Pflege und Teilhabe geforderte Stärkung der Verantwortung der Kommunen. Überall dort, wo die Pflegekassen ihrer Verantwortung nach Pflegeberatung nicht nachkommen, sie nicht ihre Ressourcen und ihre Mitarbeiter*innen in die regionalen

Beratungszusammenhänge einbringen, müssen sie – landesrechtlichen Spielregeln folgend – entsprechende Beratungsinfrastrukturen mitfinanzieren. Immerhin hat das Bundesversicherungsamt einige Kassen schon verpflichtet, Millionenbeträge an Regress zu zahlen, da sie zwar Pflegeberatung abgerechnet, aber tatsächlich nicht geleistet haben. Die Vorschläge für eine Stärkung der Kommunen: Sie liegen auf dem Tisch. Zunächst bedarf es einer klar geregelten Infrastrukturverantwortung auf regionaler Ebene. Es kann nicht sein, dass Pflegebedürftige zwar lauter schöne Ansprüche im SGB XI finden, diese aber nicht einlösen können. Wird die regionale Infrastruktur nicht in bedarfsgerechter Weise vorgehalten, muss dies zu Sanktionen führen. Wichtiger: Es bedarf eines regional angepassten Monitorings für die jeweils notwendige Infrastruktur. Da hilft es allerdings nicht, wenn der bayerische Ministerpräsident Söder eine Pflegeheimplatzgarantie im letzten bayerischen Wahlkampf eingeführt hat. Nicht nur, dass kaum jemand in ein Pflegeheim ziehen möchte, wir wissen vor allem, dass der Bedarf an Pflegeheimplätzen im Wesentlichen etwas damit zu tun hat, ob man über soziale Netzwerke verfügt oder nicht – seien es Familien, Freunde, Nachbarn, ob alternative Angebote vor Ort verfügbar sind wie ambulant betreute Wohngruppen, Tages- und Kurzzeitpflege. Selbstverständlich werden wir auch weiterhin Heimplätze – wenngleich anders konzipiert – brauchen. Daher braucht es regional abgestimmt und verwoben mit den kommunalpolitischen Befassungen mit dem Thema Langzeitpflege eine mit Regulierungsinstrumenten ausgestattete Infrastrukturverantwortung. Notfalls müssen Kommunen selbst Angebote schaffen, wie dies in der Vergangenheit vergleichsweise üblich war. Der Markt garantiert eben mitnichten eine bedarfsgerechte Versorgung und gleichwertige Lebensbedingungen für Pflegebedürftige in Deutschland.

2. Ein weiterer Baustein liegt in einer genauen Beobachtung des Arbeitsmarktes in der Pflege. Michael Isfort vom Deutschen Institut für Pflegeforschung hat ein vorbildliches Monitoringkonzept für den Pflegepersonalbedarf entwickelt. Es ist eine der größten Herausforderungen, ausreichend Beschäftigte für die Langzeitpflege zu finden: Fachkräfte, aber auch Assistenzkräfte. Von Pflegehilfskräften spreche ich nicht gern. Die Semantik stammt aus der Logik von Kliniken mit ihren starren Hierarchien. Es geht jeweils um Hilfe und Assistenz für die Person. Der Arbeitsmarkt der Pflege ist ein regionaler. Insofern wird man sich in jedem Bundesland und in jeder Region Rechenschaft darüber ablegen müssen, wie man den heutigen und künftigen Bedarf an Beschäftigten in der Langzeitpflege wird decken können. Auch hierfür bedarf es landespolitischer Verpflichtungen. Beispielhaft hat der Freistaat Bayern der Bayerischen Vereinigung der Pflegenden in Bayern (VdPB) – eine Art Pflegekammerersatz mit freiwilliger Mitgliedschaft – genau diese Aufgabe des Monitorings als gesetzliche übertragen.

3. Ein dritter Baustein besteht in der Flexibilisierung des Leistungsrechts. Die Pflegeversicherung finanziert Einrichtungen und Dienste in einer Weise, die mitnichten unbedingt den pflegebedürftigen Menschen in ihrer spezifischen Bedarfssituation gerecht wird. So haben über Jahrzehnte Pflegedienste ihre Leistungen nach sogenannten Modulen abgerechnet: Große Toilette, kleine Toilette. In nur wenigen Situationen wird man auf diese Weise der häuslichen Bedarfssituation gerecht. Insofern bedarf es einer Flexibilisierung des Leistungsrechts. Man kann gerne

Module weiter vorhalten, das heißt Leistungspakete definieren und verpreisen. Es bedarf aber auch der Möglichkeit, in Zeitkontingenten abzurechnen oder aber die Verantwortung für die Versorgung eines Pflegehaushalts durch einen Pflegedienst insgesamt im Rahmen eines sogenannten Sachleistungsbudgets zu vereinbaren. Der inzwischen auch in Deutschland prominente Ansatz von Buurtzorg liegt ebenso auf dieser Linie wie das sogenannte Walzbachtaler Modell oder das Projekt »Pflege – attraktiv machen« des Caritas-Pflegedienstes Unterems unter der Leitung von Stefanie Freimuth-Hunfeld, das die Mitarbeiterzufriedenheit und die Bindung an das Unternehmen durch die Bildung von kleinen Teams mit regionalem Fokus erhöht. Beim Sachleistungsbudget erhält ein Pflegedienst einen festgelegten Betrag und übernimmt damit die Verantwortung, dass in enger Abstimmung und Aushandlung mit dem Pflegebedürftigen die Gesamtversorgung zu Hause sichergestellt wird. Das führt zu einem völlig veränderten Denken: Es geht nicht mehr um die schnelle Abgabe von abrechenbaren Einzelleistungen, sondern um die Einlösung der pflegerischen Verantwortung, ggf. rund um die Uhr. Das ist reizvoll für Dienste, die in der Tradition der alten Gemeindekrankenschwestern stehen und wie Buurtzorg dafür sorgen, dass die Verantwortung für die gute Versorgung mit An- und Zugehörigen, Nachbarn und anderen Netzwerkpartnern vor Ort gelingt. Auch das persönliche Budget ist als eine Option anzubieten: Viele managen ihre Pflege selbst oder für ihre Angehörigen in vorbildlicher Weise. Sie brauchen vielmehr Autonomie und Freiheit in der Ausgestaltung ihres Pflegearrangements. Bietet man diese vier Optionen der Finanzierung von Pflegeleistungen an, wird sich der Markt doch deutlich weiterentwickeln und eine viel stärkere Zentrierung auf die häusliche Pflege-situation und die individuelle Bedarfssituation einstellen. Das ist die begründete Erwartung und Hoffnung. Und noch ein Weiteres wird benötigt: Viele Angehörige in Deutschland geben ihre Erwerbsarbeit auf, um Pflegeauf-gaben zu übernehmen. Viele aus Not, etwa 20 Prozent, da sie sich schlicht die Pflege sonst nicht leisten können. Emmi Zeulner, Stimmkönigin der bayerischen CSU im Deut-schen Bundestag, selbst Krankenschwester, fordert nach skandinavischem Vorbild die Anstellung von pflegenden Angehörigen (auf Zeit), wenn sie auf Erwerbsarbeit ver-zichten. Lohnersatzleistungen, sie sind für pflegende An-gehörige, die sonst Erwerbsarbeit nachgehen würden, drin-gend gefragt und müssten als eine weitere leistungsrechtli-che Option angeboten werden. Es kann nicht bei dem homöopathischen Familienpflegegeld bleiben, auf das sich die Koalitionsparteien zuletzt haben einigen können – und das so gut wie nicht in Anspruch genommen wird.

4. Eine Flexibilisierung des Leistungsrechts und der Leistun-gen der Pflegeversicherung verlangen aber auch danach, die Finanzierung der Pflegeversicherung insgesamt umzustel-len. Schon lange wird die Forderung erhoben, nicht den Staat den Sockel für die Pflegekosten zahlen zu lassen, son-dern die Bürger*innen. Das, was Bürger*innen im Fall der Pflegebedürftigkeit an Unterstützungsleistungen in der Höhe benötigen, dafür muss der Staat die Verantwortung übernehmen. Gerade die Spitzenbedarfe führen Pflege-haushalte an den Rand – finanziell und kräftemäßig. Folge sind zum Teil dramatische Überlastungssituationen – und für immer mehr Menschen die Sozialhilfe. Weder in der Höhe noch in der zeitlichen Ausdehnung ist der Pflegebe-darf für die Bürger*innen kalkulierbar. Das ist im Übrigen

auch der Hintergrund dafür, dass es in Deutschland keine Pflegevorsorgeversicherung gibt, die wirklich ihren Namen verdient. Und es zeugt nicht von sonderlich viel ökonomischem Sachverstand bei den Pflegepolitikern der FDP, dass diese weiter auf einen letztlich nicht versicherbaren Weg der privaten Vorsorge setzen. Wie soll man einen vom Finanzvolumen unbezifferten Bedarf versichern? Da spielt keine gewinnorientierte Versicherung mit. Das sieht auch Prof. Dr. Christian Weller von der University of Massachusetts Boston und Volkswirt des Think Tanks der Demokraten in den USA so. In den USA haben sich die privaten Versicherungsunternehmen aus der Absicherung des Pflegerisikos zurückgezogen. Einige Bundesstaaten denken darüber nach, eine eigene Pflegesicherung einzuführen. Zu problematisch und dramatisch ist der Vermögensverbrauch im Falle der Pflegebedürftigkeit. Die Erstberatung der amerikanischen Alzheimergesellschaft nach der Diagnose »Demenz« ist zumeist eine Finanzberatung, so Dr. Anafidelia Tavaras (Alzheimer Gesellschaft New York). Wie kann vorhandenes Geld angelegt und wie können Ersparnisse für die Aufwendungen im Versorgungsfell Demenz effizient eingesetzt werden? Die Initiative Pro-Pflegereform hat schon im Jahre 2016 ein Konzept vorgelegt, mit dem für den stationären Bereich eine Sockel-Spitze-Umkehrung in der Finanzierung der Pflegeversicherung realisiert werden könnte, und dies – nach den Berechnungen von Heinz Rothgang – zu durchaus beitragssatztechnisch erträglichen und kaum zusätzliche Beiträge erfordernden Bedingungen. So wichtig auch die Initiative Pro-Pflegereform ist und so wichtig diese im Wesentlichen aus der Diakonie stammenden Impulse sind, eine Finanzreform der Pflegeversicherung darf nicht nur den stationären Bereich einbeziehen. Das sehen auch die Initiatoren von der Initiative Pro-Pflegereform, etwa Bernhard Schneider von der Evangelischen Heimstiftung Württemberg, so. Ein tragfähiges Modell wird allerdings noch gesucht. Ein gemeinsam mit Kolleg*innen diskutiertes Modell könnte wie folgt aussehen: Die Finanzierung des Pflegegeldes wäre aus der Pflegeversicherung herauszunehmen. Es würde künftig steuerfinanziert gewährt, wie etwa das Kindergeld oder Erziehungsgeld. Tatsächlich geht es beim Pflegegeld, so es nicht für osteuropäische Pflegekräfte – meist illegal – eingesetzt wird, nicht um die Vergütung von Pflegeleistungen, die von An- und Zugehörigen erbracht werden, oder den Ersatz von Aufwendungen. Es geht um eine Art Nachteilsausgleich für die auf Pflege angewiesenen Menschen. Entsprechend wird auch in Italien eine Art Behindertengeld steuerfinanziert gezahlt, völlig unabhängig von der Frage, woraus die Behinderung resultiert: Ob sie sich als Körperbehinderung, als seelische Behinderung oder als das darstellt, was wir in Deutschland Pflegebedürftigkeit nennen. Dieses Pflegegeld würde all jenen Personen gewährt werden, die mindestens den Pflegegrad I erreicht haben. Wenn sie mit dem Pflegegeld, wie bisher, zurechtkommen, keine weiteren Leistungen in Anspruch nehmen, dann bleibt für sie gewissermaßen alles beim Alten. Nehmen sie allerdings weitere Unterstützungsleistungen der Pflegeversicherung in Anspruch, so müssen sie Zuzahlungen entrichten, und dies bis zu einem Sockelbetrag, der zwischen 300 – 400 Euro liegen könnte, der auch aus dem Pflegegeld gezahlt werden könnte. Durch diesen Eigenbetrag würde die Überinanspruchnahme von Pflegeleistungen (moral hazard) reguliert. Alles, was oberhalb dieses Sockelbetrags an Unterstützungsleistungen notwendig wird, das wäre von der Pflegeversicherung zu zahlen, wobei auch hier faktisch Obergrenzen festgelegt werden können, wenn es nicht um unabweisbar hohe Bedarfe im Einzelfall geht. Die fachpflegerische Begleitung, die nicht die Übernahme von sogenannten Grundpflegeaufgaben beinhaltet, sie wäre ähnlich wie bei der hausärztlichen Versorgung von der gesetzlichen Krankenversicherung zu zahlen.

Ein solches Finanzierungsmodell würde die Pflegeversicherung wirklich auf grundlegend neue Beine stellen, würde die Trennung zwischen stationärer und häuslicher Versorgung in der Finanzierung aufheben helfen, könnte regionale Antworten und Infrastrukturdefizite deutlich unterstützen und würde einen wesentlichen Beitrag dazu leisten können, dass die pflegenden Angehörigen entlastet und nicht faktisch in die Übernahme von Pflegeaufgaben gezwungen werden. Und es findet in der Bevölkerung ausgesprochen positive Resonanz, wie Allensbach 2019 ermittelte. Wann auch immer eine neue Koalitionsvereinbarung ansteht, für den Politikbereich Pflege wären damit Eckpunkte formuliert, für die sich Pflegepolitiker*innen aus Union und Grünen durchaus offen zeigen – wenn nicht die Stakeholder auch pflegepolitisch das Sagen behalten.

14

»Wir sitzen in einem Boot«

CARING COMMUNITY ALS PARADIGMA
FÜR EINE NACHHALTIGE (PFLEGE-)POLITIK

Wen kümmern die Alten? International ist die Frage »Who cares?« zu einem zentralen Thema avanciert. Viele Länder schauen nach Deutschland, auf die Pflegeversicherung und auf die Reformfähigkeit der deutschen Pflegepolitik. Deutschland könnte eine wichtige Vorbildfunktion übernehmen, wenn es gelänge, durch eine Politik der Förderung sorgender Gemeinschaften ein neues Kapitel einer integrierten Gesellschafts-, Familien- und Sozialpolitik aufzuschlagen. Genauso wie das Thema Klima uns alle in unserer persönlichen Lebensführung angeht, ist auch das Thema »Sorge und Pflege« eines, bei dem wir nicht allein als Kunden, sondern vor allen Dingen als Bürger*innen gefragt sind. Wir bestimmen vor Ort mit, wie die von Heinz Bude-Klug analysierten Voraussetzungen für die Solidarität in der modernen Gesellschaft geschaffen und erhalten werden können. Die vielen Initiativen vor Ort, die sich mit Fragen der Zukunft der Sorge und Bedingungen guten Lebens für alle Bürger*innen befassen, auch und gerade für die auf Pflege Angewiesenen, für die Vulnerablen, sie bilden den Nährboden für eine neue, faire und nicht den Stakeholdern überlassene Pflege- und Sorgepolitik. Das entbindet die Bundespolitik in keiner Weise von einer klugen, institutionell gut strukturierten Pflegepolitik. Das verlangt von den Ländern viel Investition in Infrastrukturen, aber auch in Qualifikationen. Nur delegieren lässt sich das Thema »Pflege und Sorge« nicht. Im aristotelischen Sinne geht es in der Philosophie um das Ringen um gute Lebensbedingungen in der Polis, für alle. Mögen die Grenzen, die viele, insbesondere Pflegende erfahren haben, wenn es um Bewältigung von Pflegeaufgaben geht, mit einen Beitrag dazu leisten, dass es ein breit getragenes politisches Ringen um Pflege und Sorge gibt.

Das Thema Altern und Alter betrifft die ganze Welt, nicht mehr nur die entwickelten Länder. Ob China mit seiner Ein-Kind-Politik oder Brasilien, der demografische Wandel trifft alle. Der Weltaltenplan gibt der Politik Orientierung und formuliert Forderungen, die Weltgesundheitsorganisation (WHO) kämpft mit ihrer Kampagne »Active Aging« gegen Mythen und Diskriminierungen, die an vielen Orten die Lebenschancen von älteren Menschen einengen und ihren Beitrag zu einer vitalen Gesellschaft behindern. Alle vier Jahre treffen sich die Gerontologen der Welt. Knapp 4000 waren es im Juni 2013 in Seoul. Die Themen, die dort behandelt werden, deuten auf wichtige Trends hin, und dies nicht nur in Sachen Grundlagenforschung – Haben wir das Altersgen? –, sondern auch in Sachen Altenpolitik. Neben den immer drängenderen Themen der Geriatrie und Altersmedizin – etwa Diabetes, Schlaganfall und Sturzprophylaxe – gehörte 2013 das Thema Long-Term-Care, die Langzeitpflege, zu den Topthemen. Zahlreiche Symposien beschäftigten sich mit Fragen der Versorgung pflegebedürftiger Menschen, mit sozialpolitischen Konzepten, Hochrechnungen zum künftigen Pflegebedarf und Möglichkeiten der Prävention, um der Pflegeabhängigkeit zu entgehen oder ihre Zeit zu verkürzen. Einer der international angesehensten Gerontologen, Alan Walker aus Sheffield in

England, formulierte es so: »Live healthy, live longer, die faster.«

Wenn man die Prinzipien des »Active Aging« auf den Punkt bringt, wird deutlich: Das Thema aktives Alter hat nicht primär und allein etwas mit der Verlängerung der Lebensarbeitszeit und der Beteiligung älterer Menschen am Arbeitsleben zu tun, sondern entfaltet seine Wirkung über die gesamte Lebensspanne: Nur wenn wir etwas tun, um körperlich, geistig und sozial aktiv zu bleiben, wenn wir uns darum bemühen, negative Altersstereotypen zu überwinden und Menschen, die mit Barrieren zu kämpfen haben, dabei zu helfen, ihre Aktivität weiter zu entfalten, dann können wir viel zu einer Gesellschaft des langen Lebens beitragen. Das sollten die Sozialpolitiker erkennen. Das verlangt aber auch nach Aktivitäten auf allen Feldern der Stadtentwicklung, etwa im Bereich der Bildung und lokalen Infrastruktur, um die Teilhabebedingungen vor Ort zu verbessern.

Das von der WHO aufgegriffene Motto »Active Aging« wird immer mehr zu einem leitenden Begriff überall auf der Welt. Es fordert auf, einen gerontologischen Dilettantismus zu überwinden, der sowohl in der Bevölkerung als auch in besonderer Weise in der Politik verbreitet ist.

Es gibt viele Möglichkeiten, die Selbstständigkeit der Bürgerinnen und Bürger durch eine aktiv und präventiv ausgerichtete Sozialpolitik und ein entsprechendes Verhalten zu sichern, wodruch auch die Abhängigkeit von fremder Hilfe reduziert oder hinausgezögert werden kann. Das ist gesundheitsökonomisch hoch relevant. Durch bessere Gesundheit, Bildung und Einkommen kann das, was wir Pflegebedürftigkeit nennen, in seiner Dauer und Eintrittswahrscheinlichkeit reduziert werden. »Bleib gesund, lebe länger, stirb schneller.« So eingängig dieser Satz ist, so wenig darf man leugnen, dass es Menschen gibt, die auf längere Zeit auf Hilfe anderer angewiesen sein werden und die Verwiesenheit auf fremde Hilfe als Teil ihres Lebens akzeptieren müssen.

Das gilt weltweit. In vielen Ländern sucht man nach einer Politik, die das Lebensrisiko Pflege und Pflegebedürftigkeit auffangen kann. Allein auf die Familie zu setzen, funktioniert auch in China, Taiwan, Japan und Korea nicht mehr. Auch in der Türkei denkt man über eine Absicherung des Pflegerisikos nach (vgl. Tufan 2009).

Dabei schauen viele Verantwortliche nach Deutschland. Deutschland gilt für viele Länder, die auf der Suche nach einer sozialen Absicherung für Pflege sind, als Musterland. Aus deutscher Perspektive wird einem gerade auf internationalen Zusammenkünften noch einmal deutlich, dass wir keineswegs überall von einem gleichen Sicherungsniveau in Sachen Pflege ausgehen können. Auch gibt es international keine Übereinkunft über das, was wir in Deutschland Pflegebedürftigkeit nennen, entsprechend unterschiedlich sind auch die jeweils gehandelten Zahlen auf Pflege angewiesener Menschen. Die meisten Länder verzichten bewusst auf das Konstrukt »Pflegebedürftigkeit«

Es liegt im politischen Trend, das Thema Sicherung der Pflege als ein sozialpolitisches aufzugreifen. Ein wirklich fundiertes und tragfähiges Konzept liegt allerdings nirgends vor. Das Thema ernsthaft aufzugreifen, ist nicht »sexy«. Es kostet zu viel Geld. Steuererhöhungen und die Einführung neuer Belastungen durch Sozialversicherungen passen nicht in die Zeit.

Das Thema sitzt nicht nur in der Finanzklemme, sondern ist auch gefangen in der Ambivalenz: Man sieht seine Relevanz, zieht aber keine weitreichenden Schlussfolgerungen daraus. Das Ringen um sozialpolitische Lösungen zu Fragen der

Pflege weltweit – und auch in Deutschland – signalisiert immerhin, dass man sich mit dem Thema auseinandersetzt.

Deutschland hat eine wichtige Funktion in der sozialpolitischen Pflegediskussion. Man traut Deutschland viel zu, man orientiert sich an Deutschland, das spürt man an den vielen Einladungen an deutsche Expert*innen und Politiker*innen aus dem Ausland. Dabei hätte man die deutschen Erfahrungen aber sorgfältiger und ehrlicher kommunizieren müssen: Denn auch wir haben noch keine wirklich gute Lösung gefunden. Dass die Regierung und die Pflegekassen mit der Pflegeversicherung zufrieden sind, ist noch lange kein Ausweis für die Güte des Gesamtsystems. Dennoch muss man dabei respektieren und würdigen, dass es in Deutschland eine Pflegeversicherung gibt. Das schafft eine Basis. Auch und gerade für Europa hat Deutschland als Modell für die Verbindung von wirtschaftlichem Erfolg und sozialen, kulturellen und rechtsstaatlichen Standards eine nicht zu unterschätzende Bedeutung. Viele Konzepte, die in Deutschland realisiert werden – von Wohngruppen bis zum Quartiersmanagement –, sind international vorbildlich. Das gilt auch für das Engagement von älteren Menschen für neue Wohn- und Versorgungsformen. Eine neue soziale Architektur der Pflege (vgl. Frey/Klie/Köhler 2013), wie sie in Kapitel 11 in vielen Beispielen beschrieben wurde, veranschaulicht, wo die Perspektiven für eine neue Sorgestruktur und -kultur liegen können, wie intelligente Formen eines Wohlfahrtspluralismus aussehen können, wie familiale, nachbarschaftliche, bürgerschaftliche und professionelle Hilfen aufeinander bezogen funktionieren. Ob das Bielefelder oder das Freiburger Modell, ob SONG, die Aktion Demenz oder diakonische Hausgemeinschaften: Es sind im positiven Sinne Exportartikel wie seinerzeit die erneuerbaren Energieträger. Sie sind es in ihrer kulturellen, organisatorischen und finanziellen Ausrichtung und Konzeption. Sie sind es vor allem deshalb, weil sie sich durch breite Beteiligung der jeweils örtlichen Bevölkerung auszeichnen, sie subsidiär angelegt und gemeinwirtschaftlich kalkuliert sind. So wenig wie kapitalstockfinanzierte Alterssicherungsmodelle als Exportartikel für Entwicklungsländer taugen – es ist falsch, sich von spekulativen Systemen abhängig zu machen –, taugt ein Pflegeversicherungsmodell, das ganz wesentlich auf einer gewinnorientierten Pflegewirtschaft als Modell aufbaut. Es ist falsch, die Pflegeversicherung von spekulativen Systemen abhängig zu machen.

Hans Zacher, der Nestor des deutschen Sozialrechts, betonte, dass gerade wir in Europa besondere Verantwortung tragen, dass unsere sozialstaatlichen Konzepte nachhaltig angelegt und subsidiär konzipiert sind, die Verantwortung und Freiheit der Bürger betonen und fördern und ihre Selbstorganisationsfähigkeit stärken oder wiederherstellen. »Auf dem Weg zu einer Caring Community« – das ist das richtige Leitbild, wenn man es politisch deutet. Es ist eines, das die Gestaltungs- und Mitverantwortungsbereitschaft der Älteren ebenso anspricht und mobilisiert wie die Sorge für die vulnerablen Menschen sichern und organisieren hilft, das Potenziale des Alters sieht und die Sorgebedürftigkeit anerkennt. Für Deutschland bietet sich die Chance und Aufgabe, seine Pflegepolitik als Gesellschafts- und Familienpolitik in diesem Sinne weiterzuentwickeln – weit über einen neuen Pflegebedürftigkeitsbegriff hinaus. Da müssen aber viele mitspielen und ihre Gestaltungsbereitschaft unter Beweis stellen: die Wohlfahrtsverbände, die an sich für die Solidaritätsfähigkeit der Gesellschaft stehen, aber weithin ihre Rolle als sozialpolitischer Motor verloren haben, die Politik auf Bundes- und

Landesebene, die noch stark sektoral ausgerichtet ist, und die Kommunen, die ihre Defensive zum Pflegethema aufgeben müssen. Und gefragt ist eine vitale Zivilgesellschaft, die sich des Sorgethemas annimmt, und dies in koproduktiver Weise, die sich nicht abspeisen lässt mit Pflegenoten und einen Beitrag dazu leistet, die Ambivalenz des Sorgethemas zu überwinden. Die Konzepte liegen vor. Politikentwürfe auch. Die 19. Legislatur hat das Pflegethema immer öffentlichkeitswirksam aufgegriffen. Die 20. Legislatur muss neue Weichen stellen und das überwinden, was schon Kurt Biedenkopf für Deutschland als Hintergründe für den Reformstau in wichtigen Politikbereichen beschrieben hat: Es gelinge trotz dramatischer Probleme und vorliegender Analysen und der schlüssigen Argumente nicht, einen ernsthaften politischen Diskurs auszulösen. Das sei nicht nur den verfestigten sozialen Strukturen als solchen und der Widerstandskraft ihrer »Denkbesitzstände« geschuldet. Mindestens ebenso bedeutsam seien die engen Verflechtungen, die sich über die Zeit entwickelt haben: zwischen den staatlichen Sozialsystemen (Rentenversicherung, Krankenversicherung, Sozialhilfe, Grundsicherung für Arbeitssuchende »Hartz IV«, Pflegeversicherung, aber auch die expansive staatliche Familienförderung), den politischen Parteien, den Parlamenten, den Regierungen von Bund und Ländern, aber auch den großen organisierten Besitzständen (Biedenkopf 2013). Bleibt zu hoffen, dass das nicht weiter für das weltweit so bedeutsame Pflegethema gilt, bei dem Deutschland eine wichtige Vorbildfunktion zukommt. Mit der Aktion Pflege zeigt die Bundesregierung immerhin, dass sie das Thema ernster als in der Vergangenheit nehmen will. Es bleibt zu hoffen, dass ähnlich wie beim Klimawandel das Thema Sorge und Pflege zum Thema der örtlichen und nationalen Zivilgesellschaft wird. Care Revolution heißt es aus der feministischen Ecke. Andreas Heller von der Universität Graz äußert die Hoffnung, dass eine in die Breite und die Tiefe getragene zivilgesellschaftliche Sorgebereitschaft einen Beitrag zur Konstruktion neuer Formen der Solidarität leisten kann. Dies wäre angesichts zunehmender Isolierung und Einsamkeit von hoher symbolischer, aber auch realpolitischer Bedeutung. Sorge müsse weiter gedacht werden. Sorge ist eminent politisch.

LITERATUR

Achinger, Hans; Höffner, Joseph; Muthesius, Hans; Neundörfer, Ludwig (1955): Neuordnung der sozialen Leistungen. Denkschrift auf Anregung des Bundeskanzlers. Köln: Greven.

Anthes, Jochen; Karsch, Norbert (1977): Zur Organisationsstruktur des Altenheimes: Eine Inhaltsanalyse der Hausordnungen von Altenheimen in Nordrhein-Westfalen und Bayern. Köln: Kuratorium Deutsche Altershilfe e.V.

»Anti-Folter-Stelle soll Pflegeheime kontrollieren«. In: Frankfurter Rundschau vom 12.06.2013. Online im Internet: URL: http://www. fr-online. de/politik/pflege-in-deutschland-anti-folter-stelle-soll-pflegeheime-kontrollieren,1472596,23265264.html [Stand 12.08.2013].

ARD Monitor (2012): Pflege-Monopoly: Dubiose Geschäfte mit Pflege-Heimen. Sendung vom 15.11.2012. Online im Internet: URL: http://www.ardmediathek.de/das-erste/monitor/pflege-monopoly-dubiose-ge schaefte-mit-pflege-heimen?documentId=12466928 [Stand 17.07.2013].

Arend, Stefan (Hg.) (2012): Vernetzte Vielfalt – Neue Heime braucht das Land: Pflegeeinrichtungen der fünften Generation. In: Pompe, Hans-Georg (Hg.): Boom-Branchen 50plus: wie Unternehmen den Best-Ager-Markt für sich nutzen können. Wiesbaden: Gabler-Verlag, S. 151–154.

Arens, Christoph (2013): Gefährlicher Trend zur Ökonomisierung der Medizin. Interview mit Giovanni Maio. In: NWZ Nordwest-Zeitung online vom 18.05.2013. Online im Internet: URL: http://www.nwzonline.de/interview/gefaehrlicher-trend-zur-oekonomisierung-der-medizin_a_6,1,2199569550.html [Stand 31.07.2013].

Ärzte-Zeitung vom 12.01.2012: AOK: »Familie größter Pflegedienst der Nation«. Online im Internet: URL: http://www.aerztezeitung.de/politik_gesellschaft/pflege/article/583509/aok-familie-groesster-pflege-dienst-nation.html [Stand 12.08.2013].

Augurzky, Boris; Krolop, Sebastian; Hentschker, Corinna; Mennicken, Roman (2013): Pflegeheim Rating Report 2013. Ruhiges Fahrwasser erreicht. Hannover: Vincentz Network.

Baltes, Paul B. (1999): Altern und Alter als unvollendete Architektur der Humanontogenese. In: Zeitschrift für Gerontologie und Geriatrie 32 (6), S. 433–448.

Baumgartner, Alois; Korff, Wilhelm (1999): Sozialprinzipien als ethische Baugesetzlichkeiten der Gesellschaft. Personalität, Solidarität und Subsidiarität. In: Baumgartner, Alois; Korff, Wilhelm; Franz, Hermann; Genosko, Joachim; Homann, Karl; Kirchner, Christian; Kluxen, Wolfgang; Küpper, Hans U.; Picot, Arnold; Rendtorff, Trutz (Hg.): Handbuch der Wirtschaftsethik. Band I: Verhältnisbestimmung von Wirtschaft und Ethik. Gütersloh: Gütersloher Verlagshaus, S. 235–257.

Baur, Fritz (2013): Vortrag am 20.06.2013 beim Fachpolitischen Forum »Strukturreform Pflege und Teilhabe« der Robert Bosch Stiftung in Berlin.

Behrens, Johann (2008): Ökonomisches, soziales und kulturelles »Kapital« und die soziale Ungleichheit in der Pflege. In: Bauer, Ullrich; Büscher, Andreas (Hg.): Soziale Ungleichheit und Pflege: Beiträge sozialwissenschaftlich orientierter Pflegeforschung. Wiesbaden: VS Verlag für Sozialwissenschaften, S. 180–211.

Biberti, Ilse; Scherf, Henning (2009): Das Alter kommt auf meine Weise. Lebenskonzepte heute für morgen. München: Südwest.

Biedenkopf, Kurt; Bertram, Hans; Niejahr, Elisabeth (2009): Starke Familie – Solidarität, Subsidiarität und kleine Lebenskreise. Bericht der Kommission »Familie und demographischer Wandel«. Stuttgart: Robert Bosch Stiftung GmbH. Online im Internet: URL: http://www.bosch-stiftung.de/content/language1/downloads/demographiebericht_gesamt.pdf [Stand 04.08.2013].

Binding, Karl; Hoche, Alfred (1920): Die Freigabe der Vernichtung lebensunwerten Lebens. Ihr Maß und ihre Form. Leipzig: Felix Meiner.

Blinkert, Baldo; Klie, Thomas (2004): Solidarität in Gefahr? Pflegebereitschaft und Pflegebedarfsentwicklung im demografischen und sozialen Wandel. Die »Kasseler Studie«. Hannover: Vincentz Network.

Blinkert, Baldo; Klie, Thomas (2006): Die Zeiten der Pflege. In: Zeitschrift für Gerontologie und Geriatrie 39 (3), S. 202–210.

Blinkert, Baldo; Klie, Thomas (2017): Formen der Solidarität. Auswertung der Zeitverwendungsstudie zu den Fokusaktivitäten bürgerschaftliches Engagement, Nachbarschaftshilfe und Übernahme von Pflegeaufgaben. In: Statistisches Bundesamt (Hg.): Wie die Zeit vergeht. Analysen zur Zeitverwendung in Deutschland, S. 195–228.

Blüm, Norbert (2013): Falsches Glück. Gastbeitrag in FAZ vom 28.07.2013. Online im Internet: URL: http://www.faz.net/aktuell/politik/gastbeitrag-von-norbert-bluem-falsches-glueck-12307991.html [Stand 12.08.2013].

BMFSFJ (Hg.) (2010): Sechster Bericht zur Lage der älteren Generation in der Bundesrepublik Deutschland. Altersbilder in der Gesellschaft. Berlin. Online im Internet: URL: http://www.bmfsfj.de/RedaktionBMFS-

FJ/Pressestelle/Pdf-Anlagen/sechster-altenbericht,property=pdf,bereich
=bmfsfj,sprache=de,rwb=true.pdf [Stand 17.07.2013].

BMG (2011): Bericht der Bundesregierung über die Entwicklung der Pflegeversicherung und den Stand der pflegerischen Versorgung in der Bundesrepublik Deutschland. Online im Internet: URL: http://www.bmg.bund.
de/fileadmin/dateien/Publikationen/Pflege/Berichte/Bericht_der_Bun-
desregierung_ueber_die_Entwicklung_der_Pflegeversicherung_und_
den_Stand_der_pflegerischen_Versorgung_in_der_Bundesrepublik_
Deutschland.pdf [Stand 31.07.2013].

Böckenförde, Ernst-Wolfgang (1976): Staat, Gesellschaft, Freiheit. Studien
zur Staatstheorie und zum Verfassungsrecht. Frankfurt: Suhrkamp.

Borchardt, Alexandra; Schneider, Susanne (2013): »Vom Lieben und Vergessen«. Ursula von der Leyen und Maria Furtwängler im Gespräch über
ihre demenzkranken Väter. In: Süddeutsche Zeitung Nr. 28 vom
12.07.2013.

Bude, Heinz; Willisch, Andreas (2006): Das Problem der Exklusion. Ausge-
grenzte, Entbehrliche, Überflüssige. Hamburg: Hamburger Edition.

Bude, Heinz (2019): Solidarität. Die Zukunft einer großen Idee. München:
Carl Hanser Verlag.

Bundesministerium für Arbeit und Soziales (2013): Philippinische Pflegekräfte für Deutschland. Pressemitteilung. Online im Internet: URL:
http://www.bmas.de/DE/Service/Presse/Pressemitteilungen/philippinen
-abkommen-pflege.html [Stand 12.08.2013].

Bundesministerium für Arbeit, Soziales und Konsumentenschutz Österreich (Hg.) (2009): 24-Stunden-Betreuung zu Hause – Neues und Wis-
senswertes. 5. Aufl., Wien. Online im Internet: URL: http://www.bun-
dessozialamt.gv.at/cms/basb/attachments/7/5/4/CH0008/CMS
1198828863126/broschuere_auflage5_-_webversion_091019.pdf [Stand
12.08.2013].

Bundesministerium für Arbeit, Soziales und Konsumentenschutz Österreich (Hg.) (2009): 24-Stunden-Betreuung – Legalisierung im Überblick.
Online im Internet: URL: www.bundessozialamt.gv.at

Bundesministerium für Familie, Senioren, Frauen und Jugend (2012): Zeit
für Familie. Familienzeitpolitik als Chance einer nachhaltigen Familienpolitik. Achter Familienbericht. Berlin. Online im Internet: http://www.
bmfsfj.de/RedaktionBMFSFJ/Broschuerenstelle/Pdf-Anlagen/8.-Famili
enbericht,property=pdf,bereich=bmfsfj,sprache=de,rwb=true.pdf
[Stand 10.02.2014].

Bundesministerium für Verkehr, Bau und Stadtentwicklung (Hg.) (2011):
Wohnen im Alter. Marktprozesse und wohnungspolitischer Handlungs-

bedarf. Forschungen (147). Berlin. Online im Internet: URL: http://www.bbsr.bund.de/BBSR/DE/Veroeffentlichungen/BMVBS/Forschungen/2011/Heft147_DL.pdf?__blob=publication File&v=2 [Stand 12.08.2013].

Bundesregierung; Statistisches Bundesamt (Hg.) (2013): Erfüllungsaufwand im Bereich Pflege. Antragsverfahren auf gesetzliche Leistungen für Menschen, die pflegebedürftig oder chronisch krank sind. Projektreihe Bestimmung des bürokratischen Aufwands und Ansätze zur Entlastung. Berlin. Online im Internet: URL: http://www.bundesregierung.de/Content/DE/_Anlagen/Buerokratie abbau/2013-03-20-erfuellungsaufwand-pflege.pdf?__blob=publi cationFile&v=3 [Stand 31.07.2013].

Châtelet, Noëlle (2005): Die letzte Lektion. Aus dem Französischen von Uli Wittmann. Köln: Kiepenheuer & Witsch.

Coenen-Huther, Josette (2002): Das Familiengedächtnis. Wie Vergangenheit rekonstruiert wird. Konstanz: UVK Verlagsgesellschaft.

DHPV (11.06.2019). Gesundheitliche Vorsorge. Innehalten und Alternativen ermöglichen zu ACP und Versorgungsplanung i. S. d. § 132 g SGB V. Memorandum (erstellt von Mitgliedern des wissenschaftlichen Beirats des Deutschen Hospiz- und PalliativVerbands). Online unter: https://www.dhpv.de/tl_files/public/Aktuelles/News/20190611_ACP_Memorandum_EF.pdf.

Dietz, Berthold (2011): Die große Last mit der Pflege. Essay. In: Financial Times Deutschland vom 11.08.2011. Online im Internet: URL: http://www.ftd.de/politik/deutschland/:essay-berthold-dietz-die-grosse-last-mit-der-pflege/60090460.html [Stand 12.08.2013].

Dörner, Klaus (2007): Leben und sterben, wo ich hingehöre. Dritter Sozialraum und neues Hilfesystem. Neumünster: Paranus.

Dörner, Klaus (2009): Der Bürger-Profi-Mix – Deinstitutionalisierung im Gesundheits- und Sozialsystem. In: König, Joachim; Oerthel, Christian; Puch, Hans-Joachim (Hg.): Zukunft: Wertschöpfung durch Wertschätzung. ConSozial 2008. München: Allitera, S. 193– 200.

Dowideit, Anette (2012): Endstation Altenheim. Alltag und Missstände in der deutschen Pflege. München: Redline.

Ehret, Tanja (2012): Interview mit Alexander Künzel vom 12.06.2012. Online im Internet: https://www.caretrialog.de/index.php?id=120 &tx_ttnews[category_id]=13-34-2&tx_ttnews[tt_news]=502&cHash=e4c1466ec495924d2dbf8688a98ed82e&type=98 [Stand 12.08.2013].

Erikson, Erik H. (1997): The life cycle completed. Extended version with new chapters on the ninth stage by Joan M. Erikson. New York, London: W. W. Norton & Company.

Familienzeitpolitik als Chance einer nachhaltigen Familienpolitik, Achter Familienbericht, Berlin.

Feldhaus-Plumin, Erika (2011): Paare und Pflege – Wie verändert sich die Paarbeziehung durch Pflegebedürftigkeit? Online im Internet: URL: http://www.eaf-bund.de/fileadmin/user_upload/Paare_Navipunkte/4_Info_Text5_Pflege.pdf [Stand 12.08.2013].

Forum zur Beobachtung der Biowissenschaften und ihrer Technologien (BIOSKOP) e.V.: Das gesellschaftliche Tötungsverbot darf nicht angetastet werden! Infos zum Appell an den Deutschen Bundestag. Online im Internet: URL: http://www.bioskop-forum.de/publikationen/broschueren-flyer-dokumente/infos-zum-appell-an-den-bundestag.html [Stand 06.08.2013].

Franzen, Jonathan (2002): Das Gehirn meines Vaters. In: Franzen, Jonathan: Anleitung zum Einsamsein. Essays. Reinbek bei Hamburg: Rowohlt Taschenbuch.

Frey, Wolfgang; Klie, Thomas; Köhler, Judith (2013): Die neue Architektur der Pflege. Bausteine erfolgreicher Wohnmodelle, Freiburg 2013.

Fussek, Claus; Schober, Gottlob (2008): Im Netz der Pflegemafia: Wie mit menschenunwürdiger Pflege Geschäfte gemacht werden. München: Bertelsmann.

Generali-Zukunftsfonds (Hg.) (2013): Generali Altersstudie 2013: Wie ältere Menschen leben, denken und sich engagieren. Frankfurt am Main: Fischer Taschenbuch.

Gesundheit als Teil der Lebensqualität. Einleitungsvortrag zum 10. Krankenhaussymposion, TU Berlin, 10. März 1982. In: taz vom 23.3.1982.

Goffman, Erving (1961): Asylums. Essays on the Social Situation of Mental Patients and Other Inmates. New York: Anchor Books.

Gräff, Friederike (2013): »Die Alternative wäre, unter der Erde zu sein«. Gespräch mit Ursula Lehr. In: taz vom 05./06.01.2013, S. 30. Online im Internet: URL: http://www.taz.de/1/archiv/digitaz/artikel/?ressort=hi&dig=2013/01/05/a0027&cHash=c67254eecacd23b6ed883253cac4dfb0 [Stand 05.01.2013].

Grebe, Heinrich (2012): »Über der gewonnenen Zeit hängt eine Bedrohung«. Zur medialen Thematisierung von (hohem) Alter und Demenz. Inhalte, Strukturen, Diskursive Grundlagen. In: Kruse, Andreas; Rentsch, Thomas; Zimmermann, Harm-Peter (Hg.): Gutes Leben im hohen Alter. Das Altern in seinen Entwicklungsmöglichkeiten und Entwicklungsgrenzen verstehen. Heidelberg: Akademische Verlagsgesellschaft, S. 97–107.

Gronemeyer, Reimer (2013): Das 4. Lebensalter. Demenz ist keine Krankheit. München: Pattloch.

Gröning, Katharina (2012): Vortrag zum Thema »Familiendynamik und Demenz« im Rahmen der Tagung »Lebensqualität bei Demenz« des Dialog- und Transferzentrums Demenz (DZD) am 30. Oktober 2012 an der privaten Universität Witten/Herdecke. Online im Internet: URL: http://dzd.blog.uni-wh.de/files/2012/11/Vortrag-von-Prof.-Dr.-Katharina-Gröning-im-Rahmen-der-Tagung-Lebensqualität-bei-Demenz_30.10.2012.pdf [Stand 12.08.2013].

Haemel, Kerstin (2012): Öffnung und Engagement. Altenpflegeheime zwischen staatlicher Regulierung, Wettbewerb und zivilgesellschaftlicher Einbettung. Reihe Sozialpolitik und Sozialstaat. Wiesbaden: VS Verlag für Sozialwissenschaften.

Hardinghaus, Barbara (2013): Das letzte Leben. In: Der Spiegel (29), S. 50 ff.

Haubner, Tine (2017): Die Ausbeutung der sorgenden Gemeinschaft. Laienpflege in Deutschland. 1. Aufl. Frankfurt: Campus-Verlag.

Haumann, Wilhelm (2018): Bilder und Erfahrungen der Pflege in Deutschland und in den Bundesländern. In: Klie, Thomas: Pflegereport 2018. Pflege vor Ort – gelingendes Leben mit Pflegebedürftigkeit. Hg. v. Andreas Storm und DAK-Gesundheit. Heidelberg: medhochzwei, S. 31–108.

Hoberg, Rolf; Klie, Thomas; Künzel, Gerd (2013): Eckpunkte Strukturreform Pflege und Teilhabe. Freiburg, Berlin.

Höffe, Otfried (2004): Wirtschaftsbürger, Staatsbürger, Weltbürger: Politische Ethik im Zeitalter der Globalisierung, München.

Hoffmann, Birgit (2010): Schutzpflichten der Fachkräfte des Allgemeinen Sozialen Diensts gegenüber Erwachsenen – Garantenstellung nach dem SGB XII. In: Zeitschrift für die sozialrechtliche Praxis 49 (1), S. 7–13.

Hoffmann, Birgit; Klie, Thomas (2012): Freiheitsentziehende Maßnahmen im Betreuungs- und Kindschaftsrecht. Voraussetzungen, Verfahren, Praxis. 2. Aufl. Heidelberg: C.F. Müller.

Homepage der 4. Bundeskonferenz Pflegemarkt 2011 »Die Ökonomisierung der Pflege: Kosten und Konzepte« am 15. und 16. Februar 2011, Düsseldorf. URL: http://www.bundeskonferenz-pflegemarkt.de/ [Stand 31.07.2013] und http://www.bundessozialamt.gv.at/cms/basb/attachments/7/5/4/CH0008/CMS1198828863126/pflege24_legalisierung_infoblatt_inter.pdf [Stand 12.08.2013].

Hüther, Michael (2011): Die disziplinierte Freiheit. Eine neue Balance von Staat und Markt, Hamburg: Murmann.

Hummel, Konrad (1988): Öffnet die Altersheime. Weinheim: Beltz.

Initiative Hausnotruf (Hg.) (2010): Wirkungs- und Potenzialanalyse zum Hausnotruf in Deutschland. Weimar. Online im Internet: URL: http://

www.initiative-hausnotruf.de/fileadmin/inhalts_bilder_dateien/Downloads/Presse/Studie-HNR-Endbericht.pdf [Stand 12.08.2013].

Jacobs, Klaus et al. (Hg.) (2017): AOK Pflege-Report 2017. Die Versorgung der Pflegebedürftigen. Stuttgart: Schattauer.

Jaspers, Karl (1973): Philosophie. Band 2: Existenzerhellung. 4. Aufl., Berlin u. a.: Springer.

Jegge, Jürg (1981): Dummheit ist lernbar. Erfahrungen mit »Schulversagern«. Zürich: Ex Libris.

Jochemsen, Henk (2004): Sterbehilfe in den Niederlanden. In: Beckmann, Rainer; Löhr, Mechthild; Schätzle, Julia (Hg.): Sterben in Würde. Beiträge zur Debatte über Sterbehilfe. Krefeld: Sinus, S. 235 ff.

Kafka, Franz (1973): Der Prozeß. Frankfurt: Fischer.

Kalbermatten, Urs (2012): Schlüsselqualifikation im Alter: Diversifizierung der Lebensgestaltung. In: BFH impuls (2), S. 36–37.

Kästner, Erhart (1956): Die Stundentrommel vom heiligen Berg Athos, Wiesbaden: Insel Taschenbuch.

Klie, Thomas (2011): Das Recht auf Risiko. In: Demenz – Das Magazin (10), S. 38–41.

Klie, Thomas; Gutknecht, Dorothee (2012): Perspektive Caring Community. Antworten auf den aktuellen Krippen- und Pflegediskurs. In: Edtbauer, Richard; Köhler-Offierski, Alexa (Hg.): Welt – Geld – Gott. Evangelische Hochschulperspektiven (8). Freiburg: FEL Verlag, S. 105–114.

Klie, Thomas; Siebert, Annerose (2011): Das Integrierte Budget. Schriftenreihe Modellprogramm zur Weiterentwicklung der Pflegeversicherung, Band 5. Essen: CW Haarfeld.

Klie, Thomas; Student, Johann-Christoph (2011): Patientenverfügung – So gibt sie Ihnen Sicherheit. Freiburg im Breisgau: Kreuz.

Klie, Thomas (2017): Pflegereport 2017. Gutes Leben mit Demenz: Daten, Erfahrungen und Praxis. Hg. v. Andreas Storm und DAK-Gesundheit. Heidelberg: medhochzwei Verlag.

Klie, Thomas; Arend, Stefan (2017): Arbeitsplatz Langzeitpflege. Schlüsselfaktor Personalarbeit. Heidelberg: medhochzwei Verlag.

Klie, Thomas; Schuchter, Patrick; Wegleitner, Klaus (o.J.): Caring Communities: Wiener Thesen zu einer sorgenden Gesellschaft. Im Erscheinen.

Klie, Thomas (2018): Pflegereport 2018. Pflege vor Ort – gelingendes Leben mit Pflegebedürftigkeit. Hg. v. Andreas Storm und DAK-Gesundheit. Heidelberg: medhochzwei Verlag.

Klie, Thomas; Wernicke, Florian; Lissek, Katarina (2018): Daseinsvorsorge neu gedacht: Bürgergenossenschaften – gemeinwohlorientiert, demokratisch, zukunftssicher. In: Genograph. Journal für die Genossenschaften in Baden-Württemberg (10), S. 53–54.

Klie, Thomas (2019): Fall- und Systemverantwortung in Altenhilfe und Pflege. Schutzpflichten von Fachkräften und Case Managern im Allgemeinen Sozialdienst gegenüber Erwachsenen. In: Case Management 2/2019 (im Erscheinen).

Klie, Thomas; Blinkert, Baldo (2019): Demokratische Integration in Deutschland. Monitoring der Raumordnungsregionen in Deutschland. Wiesbaden: Springer (im Erscheinen).

Klose, Hans-Ulrich; Mackroth, Petra (1993): Zwischen Teilhabe und Rückzug: Handlungspotentiale der Älteren. Bonn: SPD-Parteivorstand, Referat Seniorenpolitik.

Koch-Straube, Ursula (1997): Fremde Welt Pflegeheim. Bern und andere: Huber Verlag.

Kocka, Jürgen; Brauer, Kai (2009): Einleitung. In: Kocka, Jürgen; Kohli, Martin; Streeck, Wolfgang (Hg.): Altern: Familie, Zivilgesellschaft, Politik. Altern in Deutschland, Band 8. Stuttgart: Wissenschaftliche Verlagsgesellschaft.

Kruse, Andreas (2007): Das letzte Lebensjahr. Zur körperlichen, psychischen und sozialen Situation des alten Menschen am Ende seines Lebens. Stuttgart: Kohlhammer Verlag.

Kruse, Andreas (2012): Entwicklung im sehr hohen Alter. In: Kruse, Andreas; Rentsch, Thomas; Zimmermann, Harm-Peter (Hg.): Gutes Leben im hohen Alter. Das Altern in seinen Entwicklungsmöglichkeiten und Entwicklungsgrenzen verstehen. Heidelberg: Akademische Verlagsgesellschaft, S. 33–61.

Kruse, Andreas (2013): Alternde Gesellschaft – eine Bedrohung? Ein Gegenentwurf. Berlin: Deutscher Verein für öffentliche und private Fürsorge.

Kruse, Andreas (2018): Lebensphase hohes Alter: Verletzlichkeit und Reife. Berlin, Heidelberg: Springer Verlag.

Kühntopf, Stephan; Tivig, Thusnelda (2006): Renteneintrittsalter und Lebensdauer: Was kostet Frühverrentung? Thuenen-Series of Applied Economic Theory, Working Paper No. 67, Universität Rostock.

Kuhse, Helga; Singer, Peter (1993): Voluntary Euthanasia and the Nurse: An Australian Survey. In: International Journal of Nursing Studies 30 (4), S. 311–322.

Lamura, Giovanni; Melchiorre, Maria Gabriella; Mengani, Massimo (1999): Die Versorgung älterer hilfe- und pflegebedürftiger Menschen in Italien: Heutige Situation und Perspektiven für die Zukunft. In: Reichert, Monika; Naegele, Gerhard (Hg.): Vereinbarkeit von Erwerbstätigkeit und

Pflege: nationale und internationale Perspektiven. Dortmunder Beiträge zur angewandten Gerontologie, Band 8. 2. Aufl., Hannover: Vincentz Network, S. 33–62.

Leininger, Madeleine M. (Hg.) (1988): Care: The Essence of Nursing and Health. Detroit: Wayne State University Press.

Lennartz, Peter; Kersel, Hans (2011): Stationärer Pflegemarkt im Wandel. Gewinner und Verlierer 2020. Freiburg: Ernest & Young. Online im Internet: URL: http://www.ey.com/Publication/vwLUAssets/Pflegemarktstudie_2011/$FILE/Pflegemarktstudie%202011%20EY.pdf [Stand 31.07.2013].

Merkel, Angela (2012): Rede von Bundeskanzlerin Angela Merkel anlässlich der Verabschiedung der Oberbürgermeisterin der Stadt Frankfurt/Main, Frau Petra Roth, am 11.06.2012 in Frankfurt/Main. Online im Internet: URL: http://www.bundesregierung.de/Content/DE/Rede/2012/06/ 2012 -06-11-merkel-frankfurt.html?nn=43640&__site=Meseberg [Stand 06.08. 2013].

Merkel, Angela (2013): Rede von Bundeskanzlerin Angela Merkel beim Jahresempfang des Deutschen Caritasverbandes am 18.04.2013 in Berlin. Online im Internet: URL: http://www.bundeskanzlerin.de/Content/ DE/Rede/2013/04/2013-04-18-merkel-caritas.html [Stand 31.07.2013].

Müller-Busch, Hans-Christof; Andres, Inge; Jehser, Thomas (2003): Sedation in Palliative Care – a Critical Analysis of 7 Years Experience. In: BMC Palliative Care 2:2. Online im Internet: URL: http://www.biomedcentral.com/content/pdf/1472-684X-2-2.pdf [Stand 04.08.2013].

Nowossadeck, Sonja; Vogel, Claudia (2013): Aktives Altern: Erwerbsarbeit und freiwilliges Engagement. Report Altersdaten (2). Berlin: Deutsches Zentrum für Altersfragen. Online im Internet: URL: http://www.dza. de/fileadmin/dza/pdf/Gerostat_Report_Altersdaten_Heft_2_2013_PW. pdf [Stand 31.07.2013].

Otto, Welf-Gerrit (2012): Zugewinn im Defizit – Sinnfenster in der populären Rezeption von Demenzen. In: Kruse, Andreas; Rentsch, Thomas; Zimmermann, Harm-Peter (Hg.): Gutes Leben im hohen Alter. Das Altern in seinen Entwicklungsmöglichkeiten und Entwicklungsgrenzen verstehen. Heidelberg: Akademische Verlagsgesellschaft, S. 109–120.

Papst Johannes Paul II. (1991): Enzyklika Centesimus annus. Ziffer 48. Online im Internet: URL: http://www.vatican.va/edocs/DEU0071 /__P7. HTM [Stand 18.07.2013].

Papst Pius XI. (1931): Sozialenzyklika Quadragesimo anno, Nr. 79. Online im Internet: URL: http://www.uibk.ac.at/theol/leseraum/texte/319.html [Stand 18.07.2013].

Petermann, Arne (2018): Regulating Care Migration in Europe? Präsentation zum Workshop am 19. November 2018 in Warschau. Pflegeheime unter Generalverdacht: Bald Folterkontrollen in deutschen Altenheimen. In: Focus vom 11.01.2013. Online im Internet: URL: http://www.focus.de/politik/deutschland/pflegeheime-unter-generalverdacht-bald-folterkontrollen-in-deutschen-altenheimen_aid_895832.html [Stand 31.07.2013].

Pleschberger, Sabine (2005): Nur nicht zur Last fallen. Sterben in Würde aus der Sicht alter Menschen in Pflegeheimen. Freiburg im Breisgau: Lambertus.

Post, Stephen G. (2000): The Concept of Alzheimer Disease in a Hypercognitive Society. In: Whitehouse, Peter J.; Maurer, Konrad; Ballenger, Jesse F. (Hg.): Concepts of Alzheimer disease. Biological, clinical, and cultural perspectives. Baltimore, London: Johns Hopkins University Press, S. 245–256.

Postman, Neil (1992): Das Verschwinden der Kindheit. Frankfurt am Main.

Precht, Richard David (2012): Engagement in pragmatischer Hinsicht: Überlegungen zur sozialen Pflicht. In: agora42 (2), S. 22–31.

Precht, Richard David (2013): Anna, die Schule und der liebe Gott. Der Verrat des Bildungssystems an unseren Kindern. München: Goldmann.

Rauschenbach, Thomas; Bien, Walter (Hg.) (2012): Aufwachsen in Deutschland. AID:A – Der neue DJI Survey, Weinheim: Beltz Juventa.

rbb-online (2019): »Die Wahrheit über … das Altwerden«. Online unter: https://www.rbb-online.de/wahrheit/archiv/die-wahrheit-ueber----das-altwerden.html [Abruf vom 31.05.2019].

Remmers, Hartmut; Walter, Ulla (2012): Der Einfluss von Altersbildern auf Behandlung von Pflege. In: Kruse, Andreas; Rentsch, Thomas; Zimmermann, Harm-Peter (Hg.): Gutes Leben im hohen Alter. Das Altern in seinen Entwicklungsmöglichkeiten und Entwicklungsgrenzen verstehen. Heidelberg: Akademische Verlagsgesellschaft, S. 205–230.

Rentsch, Thomas (Hg.) (2007): Martin Heidegger, Sein und Zeit. 2. Aufl. Berlin: Akademie Verlag.

Rieger, Hans-Martin (2013): Gesundheit: Erkundungen zu einem menschenangemessenen Konzept, Leipzig: Evangelische Verlagsanstalt.

Robert Bosch Stiftung (2011): Memorandum: Kooperation der Gesundheitsberufe. Qualität und Sicherstellung der zukünftigen Gesundheitsversorgung. Stuttgart. Online im Internet: URL: http://www.bosch-stiftung.de/content/language1/downloads/Memorandum_Kooperation_der_Gesundheitsberufe.pdf [Stand 12.08.2013].

Robertson, Anne (1990): The politics of Alzheimer's disease. A case study in apocalyptic demography. In: International Journal of Health Services (20), S. 429–442.

Rosa, Hartmut (2016): Resonanz. Eine Soziologie der Weltbeziehung. Berlin: Suhrkamp.

Rosenberg, Martina (2013): Mutter, wann stirbst du endlich? Wenn die Pflege der kranken Eltern zur Zerreißprobe wird. 2. Aufl. München: Blanvalet.

Rothgang, Heinz; Müller, Rolf; Unger, Rainer (2012): Themenreport »Pflege 2030«. Was ist zu erwarten – was ist zu tun? Gütersloh: Bertelsmann Stiftung.

Rothgang, Heinz; Kalwitzki, Thomas: Alternative Ausgestaltung der Pflegeversicherung. Abbau der Sektorengrenzen und bedarfsgerechte Leistungsstruktur. Initiative Pro-Pflegereform.

Rothgang, Heinz; Müller, Rolf (2018): Pflegereport 2018. Hg. v. BARMER GEK. Berlin (Schriftenreihe zur Gesundheitsanalyse, 12).

Sandel, Michael J.; Reuter, Helmut (2012): Was man für Geld nicht kaufen kann. Die moralischen Grenzen des Marktes. 6. Aufl. Berlin: Ullstein.

Schiller, Friedrich (1976): Gesammelte Werke. Band 3: Dramatische Dichtungen, Gütersloh: Bertelsmann.

Schirrmacher, Frank (2013): Ego. Das Spiel des Lebens. München: Blessing.

Schmidt, Roland (2001): Altenhilfeplanung und Quasi-Marktsteuerungen im Pflegewesen. In: Zeng, Matthias (Hg.): Sozialberichterstattung in den neuen Ländern. Betrachtungen eines unübersichtlichen Feldes. Oldenburg: Dialogische Erziehung, S. 129–144.

Schnepp, Wilfried (2002): Familiale Sorge in der Gruppe der russlanddeutschen Spätaussiedler. Funktion und Gestaltung. Bern, Göttingen, Toronto u. a.: Hans Huber.

Schuhmacher, Birgit (2018): Inklusion für Menschen mit Demenz. Exklusionsrisiken und Teilhabechancen. Wiesbaden: Springer Verlag.

Schulz–Nieswand (2013): Wohnen im Alter in der Gemeinde – zwingende Gründe und kulturelle Barrieren der De-Institutionalisierung in: Informationsdienst Altersfragen (40) (4) 2013, S. 9–15.

Schuntermann, Michael F. (2005): Einführung in die ICF. Grundkurs, Übungen, offene Fragen. Landsberg am Lech: Ecomed.

Schurr, Thomas (2018): KWA Zukunftspioniere. KWA Bewohner übernehmen Verantwortung für die Zukunft. alternovum 3/2018, S. 34.

Schützendorf, Erich; Wallrafen-Dreisow, Helmut (1991): In Ruhe verrückt werden dürfen. Für ein anderes Denken in der Altenpflege. Frankfurt am Main: Fischer.

Sennett, Richard (2002): Respekt im Zeitalter der Ungleichheit. Berlin: Berlin Verlag.

Sloterdijk, Peter (1996): Alte Leute und letzte Menschen. Notiz zur Kritik der Generationenvernunft. In: Tews, Hans Peter; Klie, Thomas; Schütz, Rudolf M. (Hg.): Altern und Politik. Melsungen: Bibliomed, S. 7–21.

Steffens, Barbara (2012): Rede der Gesundheitsministerin Barbara Steffens zur Eröffnung des REHACARE Kongresses 2012. Online im Internet: URL: http://www.rehacare.de/cipp/md_rehacare/lib/all/lob/return_down load,ticket,g_u_e_s_t/bid,1305/no_mime_type,0/~/121010_REHA CARE_Kongress_Einfuehrungsvortrag_Ministerin_Steffens.pdf [Stand 31.07.2013].

Steiner, Iren (1994): Gepflegte Geschichten. Pflegende Angehörige erzählen. Schreibwerkstatt am Bürgertreff Nürtingen. Frickenhausen: Sindlinger-Burchartz.

Stevens, Christine A.; Hassan, Riaz (1994): Nurses and the Management of Death, Dying and Euthanasia. In: Medicine and Law 13 (5–6), S. 541–554.

Tießler-Marenda, Elke (2011): Pflege und Migration in Europa. Online im Internet: http://www.caritas.de/fuerprofis/fachthemen/migration/pfle-geundmigrationineuropa [Stand 12.08.2013].

Tufan, Ismail (2009): Altern und Alter in der Türkei. Ergebnisse des ersten Altenberichtes der Türkei. In: Zeitschrift für Gerontologie & Geriatrie 42 (1), S. 25–47.

Uchatius, Wolfgang (2011): Die Riester-Bombe. In: DIE ZEIT Nr. 21 vom 19.05.2011. Online im Internet: URL: http://www.zeit.de/2011/21/DOS-Streubomben [Stand 31.07.2013].

Udsching, Peter (2007): Die Entwicklung des Sozialrechts für ältere Menschen am Beispiel der Pflegeversicherung. In: Das Recht der älteren Menschen; von Igl, Gerhard; Klie, Thomas (Hg.), Baden-Baden 2007.

Unschuld, Paul U. (2011): Ware Gesundheit. Das Ende der klassischen Medizin. 2. Aufl. München: Beck.

Ver.di Bundesvorstand (2012): Gutachten zur Pflege: Solidarische Vollversicherung ist längst überfällig und bezahlbar. Pressemitteilung vom 15.11.2012. Online im Internet: URL: http://www.verdi.de/presse/press emitteilungen/++co++04a7bd68-2efd-11e2-a735-0019b9e321cb [Stand 12.08.2013].

Weizsäcker, Viktor von (1986): Der Gestaltkreis. Theorie der Einheit von Wahrnehmen und Bewegen. 5. Aufl., Stuttgart u. a.: Thieme.

Weltgesundheitsorganisation: Verfassung der Weltgesundheitsorganisation; unterzeichnet in New York am 22. Juli 1946; (Stand am 25. Juni 2009).

Wilhelm-Gößling, Claudia (1998): Neuroleptikaverordnungen bei dementen Alterspatienten. Zum Verlauf in Altenheimen nach stationär-psychiatrischer Behandlung. In: Der Nervenarzt (69), S. 999–1006.

Wingenfeld, Klaus; Büscher, Andreas; Gansweid, Barbara (2008): Das neue Begutachtungsassessment zur Feststellung von Pflegebedürftigkeit. Bielefeld, Münster.

Wolf, Nadja (2013): Unten am Bach. In: Frankfurter Allgemeine Sonntagszeitung Nr. 10 vom 13.01.2013, S. 10.

Zank, Susanne; Hedtke-Becker, Astrid (2008): Generationen in Familie und Gesellschaft im demographischen Wandel. Europäische Perspektiven. Stuttgart: Kohlhammer.

Zeman, Peter (1997): Altersbilder, Selbstreflexibilität und die neue Kultur des Alter(n)s. In: Deutsches Zentrum für Altersfragen e.V. (Hg.): Jahrbuch des DZA 1996. Beiträge zur sozialen Gerontologie und Alterssozialpolitik. Schriften zur Sozialpolitik, Band 2. Weiden, Regensburg: Eurotrans, S. 291–322.

Zimmermann, Harm-Peter (2012): Über die Macht der Altersbilder: Kultur – Diskurs – Dispositiv. In: Kruse, Andreas; Rentsch, Thomas; Zimmermann, Harm-Peter (Hg.): Gutes Leben im hohen Alter. Das Altern in seinen Entwicklungsmöglichkeiten und Entwicklungsgrenzen verstehen. Heidelberg: Akademische Verlagsgesellschaft, S. 75–85.